食药环执法办案实务丛书
中国人民公安大学食品药品与环境犯罪研究中心

总主编◎李春雷

涉网食品药品与知识产权案件查办实务

李春雷 陈涛 张伟珂◎著

中国出版集团
研究出版社

图书在版编目（CIP）数据

涉网食品药品与知识产权案件查办实务 / 李春雷，陈涛，张伟珂著．— 北京：研究出版社，2018.8

ISBN 978-7-5199-0468-5

Ⅰ．①涉… Ⅱ．①李… ②陈… ③张… Ⅲ．①食品—知识产权—案例—中国②药品—知识产权—案例—中国 Ⅳ．①D923.405

中国版本图书馆 CIP 数据核字 (2018) 第 198996 号

出 品 人：赵卜慧
责任编辑：张立明　庞　敏

涉网食品药品与知识产权案件查办实务
SHEWANG SHIPIN YAOPIN YU ZHISHI CHANQUAN ANJIAN CHABAN SHIWU

作　　者　李春雷　陈涛　张伟珂　著
出版发行　研究出版社
地　　址　北京市朝阳区安定门外安华里 504 号 A 座（100011）
电　　话　010-64217619　64217612（发行中心）
网　　址　www.yanjiuchubanshe.com
印　　刷　北京顶佳世纪印刷有限公司
版　　次　2018 年 8 月第 1 版　　2018 年 8 月第 1 次印刷
开　　本　787 毫米 ×1092 毫米　1/16
印　　张　16.75
字　　数　235 千字
书　　号　ISBN 978-7-5199-0468-5
定　　价　49.80 元

总 序

党的十八届三中全会通过的《中共中央关于全面深化改革若干重大问题的决定》明确："使市场在资源配置中起决定性作用和更好发挥政府作用"。"市场在资源配置中起决定性作用"和"更好发挥政府作用"是现代经济体制的一体两面，"看不见的手"和"看得见的手"良性互动、发挥合力，方能保障经济社会的健康、有序和持续发展。当前，相较其他领域，食品、药品和环境安全领域，理应更加突出地强调"更好发挥政府作用"这只"看得见的手"的作用。这是因为：第一，伴随着高度发达的现代化和工业化进程的深化，部分发达国家自由主义化的市场经济弊端日益暴露，如周期性的经济危机、经济行为的短期性、信息不对称、两极分化、外部不经济……其中，食品、药品和环境领域存在的极为严重的种种安全问题，无不显露"看不见的手"的典型弊端。为了解决这些问题，这些现代国家的"行政国家"色彩日益浓厚，以图运用强大的政府力量应对之；第二，多元主体共建共享共治的治理体系和治理格局在我国公共政策领域初见端倪，但受制于经济社会发展水平，依赖于政府执法解决公共问题是我国治理的基本特征，而且这种状态与特征会延续相当长的一段时期。更重要的是，发轫于二十世纪七八十年代的"新公共管理运动"的治理理念，体现的是新自由主义"回归市场"的呼声，它主要是解决经济性规制的政府失灵问题，但对食品有害、药品伪劣、环境污染等市场失灵问题的社会性规制之完善献策乏力，从而难以从根本上撼动政府执法保障食品、药品和环境安全的地位。同时，我们必须认识到，新中国的法治进程缓慢、法治程度不高，法治政府建设更是起点较低、时间较短，从1999年国务院出台《关于全面推进依法行政的决定》为标志的法治政府建设明确设计算起，至今不到二十年，诸多案例和事件所暴露出的问题反映了我国政府执法现状不容乐观、执法能力亟待提升的客观事实。从“三鹿奶粉”事件到“松花江水污染”事件再到“长生假疫苗”事件，一系列令人心悸的图片和文字报道，无不是对政府执法公信力的拷问。综上而言，我国在今后相当长时间内，政府执法能力的明显不足和人民群众日益增长的食品、药品和环境安全需求之间的矛盾是我国食品、药品和环境安全领域的突出矛盾。

毋庸置疑，对食品、药品和环境安全领域的违法犯罪行为的查办是“看得见的手”的政府作用的体现，严厉执法是我国当前保障食品、药品和环境安全的中心环节。为了“更好发挥政府作用”，切实保障食品、药品和环境安全，我们必须从国家基本战略和人民根本诉求的高度上充分认识到食品、药品和环境安全执法办案能力和水平提升的极端重要性。从目前的实践来看，我国食品、药品和环境安全执法办案中的一些突出问题，主要体现在：第一，执法体制处在从部门执法向综合执法的过渡阶段，执法机构和执法人员不稳定，这在很大程度上影响到食品、药品和环境安全执法办案的专业性；第二，对食品、药品和环境违法犯罪行为的“双轨制”查办机制，使得行政执法和刑事司法难以也不可能实现“无缝衔接”；第三，食品、药品和环境安全问题，本身是现代工业技术发展的产物，也是国家和社会控制食品、药品和环境风险或者使风险最小化的结果，法律和技术、伦理和科技存在紧张和冲突情形，如假药的认定、食品犯罪抽象危险犯的判定、污染物排放标准的评估等，这些都会不可避免地导致食品、药品和环境安全领域立法语言的模糊、不精准，以致执法办案难以有效进行；第四，违法犯罪的升级必然加大了食品、药品和环境安全的执法办案难度，如粗线条的协查制度不足以应对跨区域甚至跨国别案件，政务信息壁垒林立又使得各部门之间的共享不畅等。正是对这些问题抱有严重的忧虑和不安，中国人民公安大学食品药品与环境犯罪研究中心的科研人员及部分一线检验检测、执法办案人员，基于保护食品、药品和环境安全的社会使命感，聚焦问题，潜心研究，形成了这套食品、药品和环境安全执法办案实务丛书。

本丛书具有这样一些主要特点：第一，实践性。即每本著作都是通过大量的调研实践，提炼归纳出食品、药品和环境安全执法办案中存在的突出问题，从理论和实践相结合的角度对食品、药品和环境安全执法办案进行比较深入地探讨，力求为执法办案人员对实务中的重点和难点问题进行释明和指引。第二，建言性。即本丛书作为理论研究与执法实践紧密互动的成果，尽可能直面我国食品、药品和环境安全领域政策和立法中存在的不足，积极献言献策，为问题的解决和制度的建设提出具有说服性的意见。第三，开放性。即本丛书对食品、药品和环境安全执法办案各个领域的问题进行了分类别的专门性和系统性研究，无论是实体问题还是程序问题，无论是行政执法问题还是刑事司法问题，只要该问题是食品、药品和环境安全执法办案实务中亟待解决的，就具有价值，就是真问题。对其给予力所能及的回答，就是本丛书作者们义不容辞的责任。总体而言，这套丛书的作者队伍专业，内容涵盖全面，写作风格朴实，针对性、指导性和实用性较强，非常适合作为食品、药品和环境安全领域的立法者以及执法者的案头书。同时，相信本丛书亦能为广大食药环领域科研人员提供有益参考。

作为总主编，我对本套丛书倾注了不少心血。早在2014年，我就萌生出版这套实务丛书的念头，但受多方面因素制约，直到今天，它们方与读者见面，也总算兑现了我对广大从事食品、药品和环境安全执法办案朋友的一个承诺。

在丛书付梓成册之际，我要真诚感谢为本丛书的编写与出版给予了大力支持和热情帮助的各位朋友！在此，就不再一一列举你们的名字，唯有带领团队，继续秉持“关注实践、注重实效”的研究理念，坚持理论研究与社会实践相结合，不断出品更好的研究成果，并大力推动研究成果的实践转化，服务立法执法，服务社会公众，以此回报朋友们的热切期待，表达我们深深的谢意！

中国人民公安大学犯罪学学院　教授

食品药品与环境犯罪研究中心　主任

2018年8月

目　录　Contents

绪 论

涉网售假现状、趋势与治理

当前，我国进入互联网快速发展期。随着互联网技术的迅速普及尤其是移动互联时代的到来，网络违法犯罪呈井喷式、爆炸式发展态势，网络违法犯罪呈现隐蔽性、跨界性和广发性特点。随着各类互联网活动的蓬勃发展，网络购物更是以其便捷、高效和低价等特点，受到广大网民青睐，增长迅猛（图 1）。通过对全国及部分典型地区数据分析发现，近年来，在各级行政执法部门和刑事司法部门的严格监管与严厉打击下，我国网络秩序总体向稳向好，新时代的打假治假工作步入综合治理新常态。但网络销售伪劣商品的违法犯罪行为依然打而不绝、攀高不下，仍存在一些亟待解决的普遍性、长期性、突出性问题。

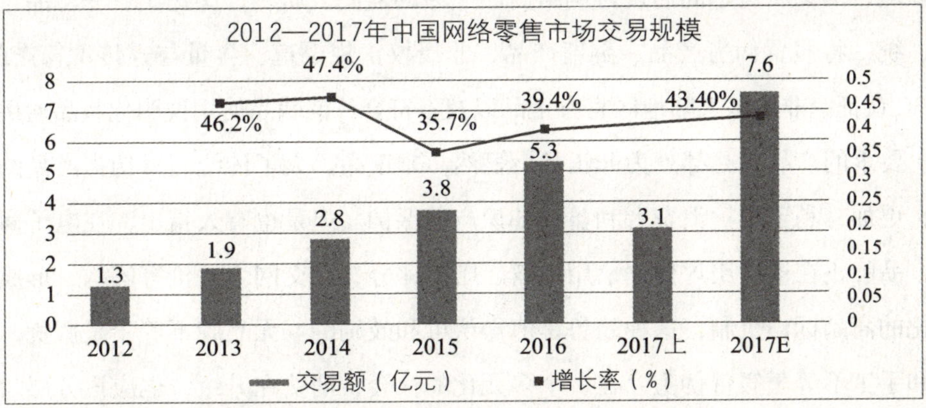

图 1　2012—2017 年中国网络零售市场交易规模①

① 中国电子商务研究中心：《2017 中国网络零售市场数据监测报告》，见 http://b2b.toocle.com/zt/17wllsbg1/。

一、网络售假流变

（一）关于网络假货

假货一词最早出现在1998年由中央宣传部、国内贸易部、国家工商行政管理局、国家技术监督局联合印发的《关于进一步开展“百城万店无假货”活动的通知》这一规范性文件中，但该文件并未明确界定假货。不过，根据我国《产品质量法（2009修正）》第5条关于产品质量欺诈的规定、国家质检总局的解释，结合执法实践及民众通常的认识，可以将假货分为伪劣商品和假冒商品。其中，假冒商品，是指使用虚假商标、厂名、厂址、产品名称、产品标识等，使客户、消费者误以为该产品就是正版商品的商品；伪劣商品，指质量低劣或者失去使用性能的商品。《中华人民共和国刑法》（以下简称《刑法》）所规定的生产、销售伪劣产品犯罪，则是指生产者或销售者在产品中掺杂掺假、以假充真、以次充好或者以不合格产品冒充合格产品且情节严重的行为。随着互联网技术和电商模式的发展，国家质监总局通过对网络商品交易的监测、研判，又提出“非正品”概念，统一将假冒伪劣产品、翻新产品、非授权正规渠道、含量与宣传不符产品、无3C认证、非中国大陆地区官方正品以及不符合《消费品使用说明化妆品通用标签》要求的产品等，都列为非正品。显然，非正品扩大了传统假冒伪劣产品的范围，更加有利于维护消费者利益和知识产权保护。但是也有人指出，在电子商务中，品牌正在被信用评价、信用披露、店铺评分、社交网络评价等解构，形成多元化的商品标识机制，这种趋势是值得认可和鼓励的。无品牌不等于是假货，低价和手工不等于假冒伪劣，在一个多元化的社会，消费在升级，也应该分层。鼓励无品牌的存在和消费的分层，体现了社会公平和普惠性消费。[①] 确实，在互联网

---

① 中国电子商务协会政策法律委员会网规研究中心：《大数据开启打假新时代——2014年度中国电子商务打假前沿报告》，见 http://www.aliresearch.com/blog/article/detail/id/20068.html。

交易中，网络假货与传统假货的界定必然有所区别。由于商品交易的平台发生了变化，交易双方的时间和空间发生了分离，因此假货的界定范围就被呈几何级放大了。互联网上出现的农产品销售、个性化手工艺品销售或者其他一些新型产品的销售，需要我们重新审视现有制度对假货范畴的规定。根据国家质检总局的规定，经销前述产品经指正又不改正的，即视为经销伪劣产品。这无疑将许多网络商品置于非常尴尬的境地，其合法性需要立法给予明确。①

由此，我们可以认为，互联网交易中的"假货"指未通过正规渠道流入国内市场，或未经受知识产权保护的正品品牌商授权的，因而无法享受正品知识产权保护的所有商品和服务。按照产品对实体经济市场影响的强弱，可以将互联网假货划分为三个层次：第一，与事实描述严重不符的商品；第二，没有通过正常的报关渠道和税项缴纳的商品；第三，侵犯知识产权的假冒商品。②

（二）网络售假的流变

本书的网络售假，是指在电商平台、经营者以及消费者之间形成的三角关系环境下的售假行为。对于某些平台又在自建平台开设自营店铺的，其平台属性被经营者属性所吸收，法律关系简单且售假行为另有特点，不在此讨论。在此概念界定下，以网络经济的发展与知识产权的兴起为标志，可以将网络售假的发展概括为三个阶段③。

第一阶段在知识产权立法之前。在此阶段，仿制没有法律惩治的依据，因此并不构成违法行为，市场处于无品牌时代。无品牌时代也存在假货，但主要是劣质产品，并没有法律意义上的假冒产品。第二阶段在知识产权法立法之

---

① 郭晓莉：《假货治理在电商时代遭遇的法律困境及其应对》，载《湖南科技大学学报》2016年第2期。

② 刘鑫：《互联网假货交易的现状及原因探析》，载《中国市场》2016年第27期。

③ 阳超、吕庆华：《基于知识产权制度的网络假货根源研究》，载《科技管理研究》2013年第2期。

后，电子商务兴起之前。随着知识产权法的确立以及市场经济的迅速发展，企业经济进入了品牌时代。这个阶段出现了以仿制品牌企业的产品，从而获取超额品牌价值为目标的假冒产品，但电子商务还未成为新的购物方式，这个阶段的假冒产品主要在线下进行交易。第三阶段是企业品牌为社会所认可与电子商务兴起的时代，也是目前所处的阶段。在这个阶段，电子商务作为一种新的流通渠道渐趋成熟，在极大促进网络经济、便利民众消费的同时，也为假冒产品流入市场提供了便利，网络假货从此作为一种社会问题诞生。目前，在上述三个层次的网络假货划分基础上，网售假货可以细分为四大类：第一类是三无作坊生产的未经工商登记、没有任何检验检测的产品；第二类是以次充好的伪劣产品；第三类是假冒品牌的产品；第四类是某些品牌厂商生产的与线下渠道在售商品的型号、款式相同但质量相对较差的“专供电商”商品。

二、网络售假现状

随着我国经济社会的迅速发展，国内电子商务发展迅猛，带来了网络交易市场的极大繁荣。但与此同时，被称为网络毒瘤之一的网络售假问题，也如影随形、日渐猖獗。其中，因不同类型的电子商务平台经营模式差别较大，[①] 平台售假问题表现出的形式与特点也各不相同[②]。2016 年 4 月，国务院还就此专门发布通知，严厉打击网络零售平台售假行为。

---

① 电子商务模式是指企业运用互联网开展经营取得营业收入的基本方式，也就是指在网络环境中基于一定技术基础的商务运作方式和盈利模式。目前，常见的电子商务模式主要有 B2B、B2C、C2B、C2C、O2O 等几种，本书主要针对与网购消费者密切相关的 C2C、B2C 模式展开讨论。

② 许光：《互联网假货交易的现状、根源及其应对策略》，载《学术交流》2011 年第 1 期。

（一）网络购物交易模式[①]

我国网络销售可以分为两类经营模式。

第一类是购物网站模式（图 2）。这个模式又包括两种经营平台。一种是垂直类网络经营平台。这种模式是由企业向网络服务提供商提出申请后自己建立。在这种模式下，网站销售的基本上都是本企业的产品。网络的平台作用在这种模式里表现不明显。一般所售商品出现问题就直接向商品经营者追责即可。这种经营模式包括 B2B、B2C 两种交易模式，一般不会出现 C2C 这种情况。中粮我买网是这种模式的典型。另外一种是平台式购物网站。这种模式由网络平台服务商有偿建立服务平台。其对入驻平台的商家有自己的准入规定。在商家向平台提出申请后，经平台同意，商家才能在自己的网络虚拟商铺进行交易。这种经营平台包括 B2B、B2C、C2C、O2O 等多种交易形式。典型的平台式购物网站模式包括淘宝、天猫、京东等平台。

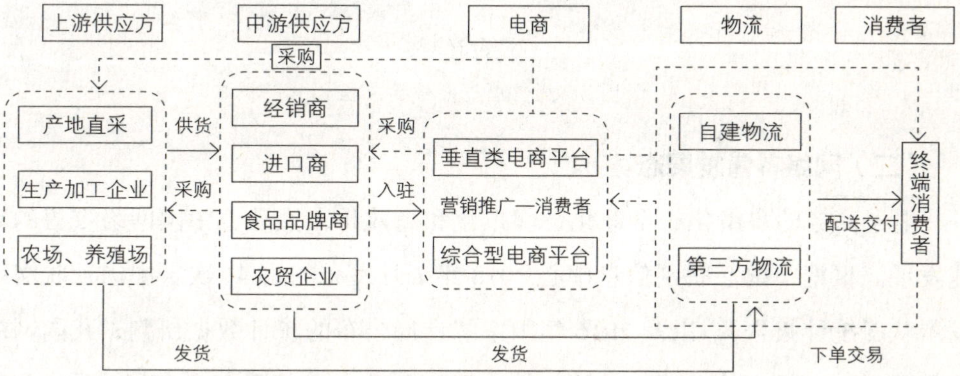

图 2　购物网站交易模式图（以食品为例）

第二类是社交网络型销售模式。这类销售模式不以固定网页为基础，只需要通过社交网络中好友的影响力来完成销售。典型的如通过微信朋友圈销售商品

① 参见陈鹏：《我国涉网危害食品安全犯罪防控研究》，中国人民公安大学硕士毕业论文，2018 年。

（图 3）。微信朋友圈本是好友之间发表文字或图片，与朋友互动的重要平台，之后部分人在其中发现了商机，利用朋友圈发表商品图片，为增加可信度也会配上文字说明来介绍商品的购入途径、生产过程等。顾客购买商品的信息来源主要就来自商家的自我描述，除了口头承诺质量合格外，并没有更多的官方保障。

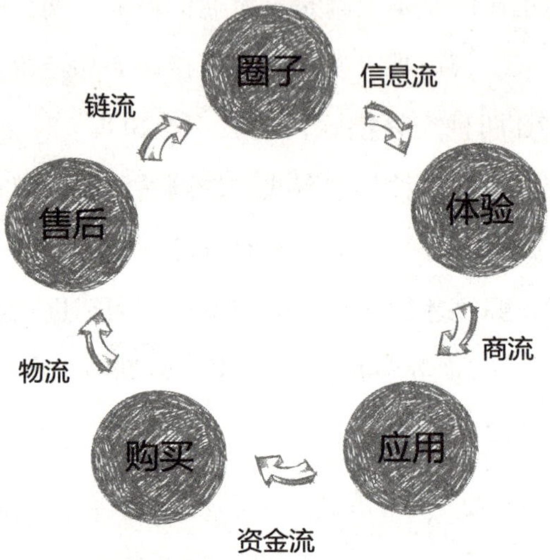

图 3　微信朋友圈营销流程

（二）网络零售发展态势

电子商务的自由化、全球化、虚拟化和高效化，推动着中国网络零售的高速发展。根据中国互联网信息中心 2018 年 1 月发布的第 41 次《中国互联网络发展状况统计报告》，以及 2016 年国家统计局公布的统计数据研判，我国网络零售呈以下发展态势：第一，网络接入群体基数大。截至 2017 年 12 月，我国网民规模达 7.72 亿人，普及率达到 55.8%，超过全球平均水平（51.7%）4.1 个百分点，超过亚洲平均水平（46.7%）9.1 个百分点。第二，网民上网时间长。2017 年，中国网民的人均周上网时长为 27.0 小时，相比 2016 年提高 0.6 个小时。第三，网购人数比例高。截至 2017 年 12 月，我国网络购物用户规模达到 5.33 亿人，较 2016 年增长 14.3%，占网民总体的 69.1%。手机网络购物用户规模达到5.06亿人，同比增长14.7%，使用比例由63.4%增至67.2%。第四，网络零售规模大。截至2017年12月，我国使用网上支付的用户规模达到5.31亿人，较2016年底增加5661万人，年增长率为11.9%，使用率达68.8%。据国家统计局统计，2016年全国网上零售额达51556亿元，占社会消费品零售总额比重超过15.5%。根据国家发改委官网发布的《2016年"双十一"网购节综合信用评价报告》显示，2016年"双十一"网购节全网交易额达1770.4亿元，同比增长44%。在全球范围内看，根据德勤中国与中国连锁经营协会联合发布的《2016中国网络零售市场发展研究报告》显示，2016年中国网络零售占社会总零售比例为13.5%，居世界第一位。中国已成为世界上最大的互联网市场和网络零售市场。

（三）我国网络售假现状

随着我国网络零售业的迅猛发展，网络售假问题也日渐突出，以致无网不假、无货不假，成为严重影响网络交易健康发展的巨大毒瘤。总体上，当前我国网络售假呈现以下特点：

1. 网络售假规模巨大且攀高不下

随着信息技术的发展，电商网站越来越多。庞大的市场潜力和便捷的购物环境造就了网络销售的奇迹，同时也造就了网络售假的畸形、迅猛发展，假货随之快速蔓延。据中国电子商务研究中心《2015年度中国电子商务用户体验与投诉监测报告》显示，当年零售电商类投诉占电子商务领域投诉的64.2%，位列第一。而网络售假投诉占网络零售投诉的18.1%，位列第一，其中尤以化妆品、手机、服装、鞋子和珠宝首饰类为最。根据新浪科技发起的一项网络调查显示，75.5%的网友有网上买到假货的经历。据国家工商总局抽查，2014年网购正品率只有58.7%。[①]目前，互联网交易中假货的数量大，且呈逐年增加趋

① 贾路路：《论网络零售平台销假行为及其法律规制》，兰州大学硕士论文，2017年。

势。《2015 年（上）中国电子商务市场数据监测报告》显示，2015 年电商投诉比例比 2014 年同期高 2.03%，超三成为网络购物；投诉商品达 14.58 万件，比同期增长 87.3%[①]。

2. 网络售假面广、人多、金额大

由电商平台的技术特点所决定，近年来，网络售假猖獗蔓延，面广、人多、金额大的特点显著。犯罪分子通常在隐蔽之地设立制假窝点，再通过网上、线下批发给下家，下家再通过各种网络平台、社交平台或当地市场进行销售。整个犯罪网络动辄涉及全国十几个省市，甚至覆盖全国、延至境外，参与网店众多，涉及人员常常上百人甚至几千人，涉案金额往往高达上亿元。如 2016 年 5 月初，浙江台州经侦支队掌握到一条涉嫌销售假冒品牌内存条的案件线索。在相关企业的协助下，警方发现内存条制假者是在广东省深圳市华强北一带设立制假窝点，通过网上、线下批发给下家，下家再通过网络或当地电子市场进行销售。整个犯罪网络涉及广东、浙江、北京、湖南、上海、江苏、黑龙江、四川、安徽、山东、江西、福建等 12 个省市，58 家网店，总涉案金额达上亿元。2016 年 7 月，公安部经侦局统一指挥，各涉案地公安机关相继开展收网行动，共捣毁生产销售假冒内存条窝点 13 个，抓获犯罪嫌疑人 16 名，当场查获假冒"金士顿""三星"品牌的内存条 1.5 万余根，及配套商标、标识 10 万余套，总涉案金额共计 1.2 亿余元。此案即具有涉及面广、涉案人员众多、涉案金额巨大的明显特点。由于此类案件涉及多省市，需调用相当多的线下警力参战，并要与多地警方细致协调，因而难以做到对所有犯罪嫌疑人同时收网，一些犯罪分子不免脱漏。此外，个别品牌商、权利人出于种种考虑，对产品鉴定不积极配合，也对这类打假行动造成困难。

---

① 中国电子商务研究中心：《2015 年（上）中国电子商务市场数据监测报告》，见 http://www.drcnet.com.cn/eD R Cnet. com-mon.web/DocSummary.aspx?leafid=21062，2015（09）。

3. 网络售假以仿品为主

近年来，由于我国知识产权保护力度不断加大，以及电子商务公司打假决心渐趋坚定、打击力量不断增强。同时，随着国民收入的提高和高端品牌在国内宣传力度的增加，日渐狡猾的网络售假者们也都摒弃了销售伪劣商品的低层次经营模式，不再销售那些低端的“一眼假”仿品，各种侵犯商标权的手法不断翻新。具体来说，主要表现为三种形式：一是仿冒他人商标。线下制假人投入更大的物力、财力，以较高的工艺技术模仿和抄袭国际知名品牌，将未经授权的国内外著名商标的图案、标识，用于同类商品，再通过各种网点大肆销售。这种具有较高工艺技术和较高质量的精仿品和“超A货”，能够极大满足国内甚至国际上大量“知假买假”消费者的特殊需求。同时，这类假货具有很强的隐蔽性，不具备专业鉴别知识的消费者很难在短时间内从商品包装和外观上将其识别出来，甚至品牌商等权利人都难以识别，足以“以假乱真”。例如，一些制假售假大案中，制假人买通品牌商委托的加工方，精细了解正式加工方购买物料的渠道与厂家，购买与其完全相同的加工材料，再加之高薪聘请业内高级技术人员，通过自行研发或“反向工程”，掌握品牌产品的工艺特点，指导熟练技工加工生产，导致假冒产品与品牌正品几乎完全相同，难以辨别。虽然一些国际品牌产品更新迭代很快，但高仿品制造商亦具有很强的解构、模仿与抄袭能力，谁流行就抄袭谁，被下架或查封了就改头换面、另开一家，使得线上线下的网络打假疲于应对、效果不佳。二是恶意抢注商标。主要是钻商标注册保护地域性、须经权利人主张才能得到保护的空子，恶意抢注他人已使用而未注册商标或抢注他人在他地注册商标的行为。[①] 三是傍名牌进行不正当竞争。随着电商平台的发展和反假打假的突进，部分售假者改变策略，采取先效仿大牌即所谓的“山寨品牌”，然后再慢慢培育、发展、推广自己的品牌，导

① 马海舰：《假冒伪劣犯罪侦查总论》，法律出版社2016年版，第27页。

致此类网络灰黑产业日渐“繁荣”。其行为常常表现为攀附他人已注册商标的商誉，与知名品牌混淆，误导、欺骗消费者，获取高额不当利益。这些“山寨品牌”和著名品牌非常相似，但是这些相似的商标都是通过国家正式注册的，电商平台无权无效化此类商标。对于这类商标，各电商平台都进行了各种各样的治理探索。其中，一些电商平台在假货治理中，重点关注的是这类商标和其他品牌商的商标到底像不像，以及消费者是否满意自己所购买的商品。但由此产生的问题是，消费者认知的假货和法律认定的假货有着明显差异。这也成为电商平台对此类商品治理的难题。

4. 新型“通讯电商”售假趋势明显

一些新型的社交软件、通讯工具以其新奇的功能、独特的社交途径而备受人们青睐。这种新潮交友平台的兴起，在为市民聊天交友大开方便之门的同时，也正成为不法分子进军的“新领地”，大量假货流向这些“避难所”。这些新型“通讯电商”的形成有以下因素：一方面，朋友交往功能的推出，被商家发现其中有宣传的价值；另一方面，电商持续高压的打假，假货需要找到一个新出口。于是，借助这些新型社交软件，催生出了一个新行当——“通讯电商”。相对于第三方电商平台对买卖行为的全方位监护，新兴的社交软件、通讯工具中的交易行为往往是买卖双方的独立交易，产品质量、货物款项等存在更高的风险性。与传统的网络商品交易模式相比，基于社交网络建起的经营模式推销范围更广、经营自由度更高，无门槛、零成本的便利条件使得这类经营逐渐发展为规模化的新型网络商品交易模式。这种后起的商品交易模式在迅速发展的同时，也导致了三无产品、骚扰广告、走私、传销、欺诈等违规违法问题的出现。在 2016 年的“3 · 15”晚会上，针对这类卖家经营行为的投诉成为针对新网络购物投诉问题的热点。例如，2016 年 9 月，在一些电商平台打假部门的协助下，湖南省怀化市公安局、怀化市食品药品监督管理局联合出击，成功破获一宗特大生产、销售“闪电瘦”有害假冒减肥药案。抓获以姚某某为首的22名犯罪嫌疑人，成功阻止60万粒有害保健食品流入市场。2016年期间，犯罪嫌疑人姚某某通过上述新型社交软件，建立了自上而下的“闪电瘦”有害减肥药品完整销售网络。其本人及代理商通过这一渠道，将“闪电瘦”这一产品销售到全国各地，其销售人员一度达到数千人，涉案资金超亿元。

三、网络售假危害

网络售假不但直接损害消费者利益，而且对品牌商、电商平台以及正常的商业秩序，都会造成巨大侵害，危害巨大。

（一）消费者权益及身心健康遭受严重损害

由于商品本身的属性不同，在千差万别的网络假货中，不同的假货对消费者造成的影响也是不同的。对消费者权益和身体健康造成最大损害的网络假货主要有两大类：一类是直接危害人体的假货，如假药、假奶粉、假化妆品和假保健品等（见表1）。在电商平台打假部门配合警方查办的类似案件中，这类直接口服、外用的假货，极大损害了广大消费者的身心健康与安全，有些被害人因此终身残疾甚至贻误救治、付出生命的代价。另一类是影响消费者购物体验和消费效应的贵重奢侈品，如假冒手机、手表、珠宝及其他高档电子产品等。上述两类假货对消费者的危害最大、最直接，理应成为当前网络打假的重点。

表 1 涉案药品种类与名称

分类	种类	药品名称	药品剂型
化学药品	性保健药品	标哥男宝胶囊、力加力、德国黑蚂蚁、海狗鞭、金枪不倒、金 V9、美国男性阴茎增大胶囊、美国强根、飞毛腿导弹胶囊、海狗丸、前列康、黑蚂蚁生精片、绿色伟哥、万艾可	胶囊剂、片剂
	抗肿瘤药	格列卫、易瑞沙、达沙替尼、索拉菲尼、多吉美、特罗凯	片剂、胶囊
	治疗风湿骨病药	骨筋康胶囊、甲茸壮骨通痹胶囊、骨质回春丹胶囊、华佗筋骨宁、骨质增生一贴灵、杨氏伸筋骨胶囊、风湿消骨镇痛宁、华佗风痛宝、骨友丸、骨痛宁胶囊、骨痛康丸、风湿灵	胶囊剂、贴剂
	心血管疾病用药	消平、植物稳压肽	片剂
	止咳平喘药	平喘咳胶囊、复方川羚定喘胶囊、咳喘	胶囊
	糖尿病药	糖霸王、糖连清胶囊、胰复康、消糖康、百草清糖、黄精苦瓜胶囊、养阴降糖胶囊、糖宁	胶囊、片剂
	美容减肥药	注射玻尿酸、肉毒素、溶脂针、西布曲明、贝芙妮“BAVENE”、MCCM 祛痘针剂、白玉灰姑娘维他命 C、溶脂晶、奥利安东、排毒养颜胶囊、葛根丰胸胶囊、大 S 美白针、瑞士美容针	注射剂、胶囊
	其他药品	咽舒、毓婷、米非司酮、米索前列醇、同仁眼黄金、灭银消癣王、拜耳益脑康软胶囊、辉春素、保妥适、逍遥神贴、少林膏药、999 皮炎平、妇科金鸡凝胶、妇科千金凝胶、盐酸吗啉胍、六味地黄丸、复方丹参滴丸	片剂、胶囊、软膏剂、贴剂、滴丸、滴眼剂
生物制品	糖尿病	胰岛素、虫草二代胰岛素、降压酶、人血白蛋白、人免疫球蛋白、门冬胰岛素 30 注射液、注射用重组生长激素	注射剂

续表

分类	种类	药品名称	药品剂型
中药	补阴益精、感冒发热、祛痘、减肥	雪莲虫草王、熟地、榆白皮、柴胡、虎牌中药片、祛痘中药、减肥中药、中药面霜	饮片、乳膏剂

（二）品牌商的形象及经济遭受双重侵害

网售假货与实体店售假的危害具有高度一致性，都会对正品厂商品牌形象与经济收益造成双重损害。2004 年 6 月 30 日，《环球时报》撰文指出，数据显示，每年因为网络假货的销售，瑞士钟表业所遭受的直接经济损失高达 8 亿瑞士法郎，占瑞士钟表年出口总额的 8%。2006 年 1 月 18 日，《金融时报》也曾指出，LV、香奈儿和普拉达等高档奢侈品牌因网络售假每年仅在日本的损失就超过 43 亿美元。时至今日，电子商务获得了几何级的长足发展，网售假货仍然如此猖獗，相比于十几年前，品牌商的损失将达到何种惊人程度，可想而知！品牌是企业巨大的无形资产，一个品牌的确立、维护与提升，需要企业源源不断地投入巨大的人力、物力成本。电商平台假货的泛滥与冲击，会使消费者对正品品牌产生抵触甚至不信任心理，极大地降低了正品的品牌效应，多年投入、辛苦经营的品牌，将被逐渐侵蚀乃至倒下，导致品牌商长久且不可逆转的品牌、经济双重损失。对于民族品牌而言，这一状况将使其崛起与发展举步维艰；并且国外品牌将视中国网售如畏途，不敢介入中国市场，严重阻碍多边经济往来。

（三）电商平台的健康发展遭受严重阻滞

在我国，电子商务方兴未艾。正因其为蓬勃发展的新生事物，相关法律规制远未完善，监管与执法部门对网售假货的治理也刚刚起步，各电商平台只能边经营、边探索，可谓“摸着石头过河”。在此背景下，受到网售假货侵害而导致利益受损时，广大消费者和品牌商几乎无不将指责的矛头指向电子商务公司。这当然无可厚非。但究其实质，没有线下的源头造假、实体制假，就不会有网络假货的泛滥。可以说，网络售假并非电子商务公司单方面的责任，甚至其不占主要责任。但面对汹涌而来的假货，各电子商务公司又不得不投入越来越多的人力和物力，事前把关、事中监控、事后打击，并与各地警方密切合作，担负起网络打假新职责，无形中给电子商务公司增加了巨大的运营成本。但电子商务公司毕竟不是法定执法部门，更非专业鉴定机构，不但打假困难重重，而且正常经营秩序被严重扰乱。长此以往，电商声誉必将遭受极大损害，进而出现“劣币驱良币”的局面，假货充斥平台。随着经济社会的综合、良性发展，大量消费者和优秀品牌商必然会逐渐远离这一“肮脏”平台。失去了“衣食父母”的电商平台，显然无法继续生存。

（四）诚信交易的市场秩序被严重扰乱

网络交易具有极强的隐蔽性、“背对背”特点，大多是在人、货信息不充分的情况下完成的，消费者对平台展示的商品无法进行直观查看、检验，卖家之前的交易记录与顾客评价就成为重要的购物参考，这与传统的线下实体店面的交易有着很大不同。为此，网络交易的顺利进行，离不开支付宝等技术手段的一定保障，但更需要相关各方的彼此信任。但在网络诚信交易机制不健全的情况下，卖家自己或雇人虚假“炒信”已由行业潜规则流变为行业明规则，消费者在与卖家的交涉中始终处于信息不充分甚至被欺骗的被动地位。在此情况下，网售假货的泛滥，使网络交易的氛围变得诡诈多“坑”，诚信交易的市场秩序被严重扰乱。这不仅会使消费者对电商平台交易逐渐失去信心，还会导致相关各方之间的不信任，乃至社会生活中人与人的信任度大幅降低，危害巨大。

四、网络售假原因

假冒伪劣商品不仅严重侵害了品牌商和消费者的权益，而且会造成“劣币驱逐良币”、创新动力不足等阻碍经济发展的结构性缺陷、深远性伤害，贻害匪浅。为此，对假货的零容忍已成为世界共识。实际上，针对日益凸显的网络假货问题，政府、电商平台和第三方机构都已经采取了大量治理措施，包括出台《网络交易管理办法》等法规，实施随机检查的“神秘抽检”制度，7天无理由退货，单独成立网上打假部门并密切配合公安部门联勤联动、联合打假等措施。但为什么我国的网络假货问题依然严峻？我国网络假货治理到底面临哪些复杂性难题？我国网络假货治理的复杂性，从根本上来说是由我国与部分发达国家存在的两个根本性差异所决定的：一是假货的原发型和输入型差异，二是平台型和自营型的差异。[①] 这两种差异是由社会发展阶段、消费习惯等多种历史与现实因素导致的，短期内难以解决。但也正是这些参差叠加的差异，决定了我国网售假货治理的鲜明中国特色，其复杂性、困难性，要远远高于欧美国家。

（一）线下厂商“知假产假”成为源头

历经40年的改革开放，我国经济获得了长足发展。但总体上，作为发展中国家，我们国民收入水平相对较低，农村、城镇都还存在大量的中低收入者，价格往往成为影响其消费的决定性因素。为此，大量厂商倾向于生产价格低、质量差的低端产品。在上述低端需求巨大，而创新能力和知识产权保护意识又较为薄弱的情况下，直接“山寨”国内外成熟的技术和产品，便成为快速打开市场的有效途径。加之在此发展阶段，我国创新能力还很不足，很大程度上是作为世界工厂开展来料加工、定制加工贸易。在此过程中，承揽加工的厂商也零距离接触了来自世界各地的品牌商品，开阔了视野，并且制造加工的技术和工艺得到很大提升。在具备了较强的复制和模仿能力后，部分不法厂商开始进行一本万利的假冒、“山寨”，使假货成为一种特殊的经济现象。对此，一些地方出于“政绩”考量，对假货的生产加工的打击整治不力或变相保护，以图当地经济的快速“繁

① 李强治：《论我国网络假货治理的复杂性》，载《现代电信科技》2016年第3期。

荣”。如此经年累月，这些地区还形成了大大小小的声名远扬的假货制造村（镇、县、市）、假货批发地，再通过电商平台兜售，辐射全国。对于如此巨大的假货体量来说，网络显然是其最为理想的销售渠道。总体上，假冒伪劣问题是我国当前经济发展水平下的原发性、内生性问题。便捷而强大的电商平台，则使这种低端供需被进一步汇集和放大。可以说，线下制假产假一日不除，网络售假就会长期存在。

（二）线上店铺“假货真卖”本小利大

网络售假本小利大，导致大量网店趋之若骛。这里的“本小”，既指网店售假经营的资金投入少，更指其违法成本小、违法风险小：其一，因为网络零售的虚拟性，网上开店不仅费用低，且几乎不需要任何门槛。对于公众而言，只需在电商的零售平台注册一个账户，即可进行经营，省去了大部分实体店所必需的费用。此外，除了假货本身的成本非常低，还可免费搭乘正品的“顺风车”，省去其一大笔宣传费用。其二，网络售假的机会成本极低。一些电商平台的网店注册流程较为简单，亦无明确的经营者主体准入制度。即使被网络零售平台发现，最严重的情况只不过是封掉网络虚拟店铺。而经营者可以利用别人的身份信息重新申请账户，卷土重来。另外由于平台之间缺乏信息交流，在一个平台被查封，经营者还可以在其他电商平台或社交平台开展经营活动。其三，网络售假被查处的风险很小。网店及其展示商品的虚拟性增加了执法部门的监管难度，至今执法部门也未能对其进行全面有效监管。消费者难以辨识、执法部门难以监管，导致网店被查处的风险很小，相较于实体商店，更敢于肆无忌惮地销售假货。其四，网络售假的非法获利却相当惊人，几十元、几百元的仿制品、冒牌货，能够轻易卖出高出数倍的价格，且网上交易“流水”可观，正可谓违法成本低、违法风险小、违法收益高，对不法分子的吸引力巨大。

（三）买家“知假买假”纵容售假

网络售假之所以难以根除，还与维权流程繁琐耗时，众多消费者懈怠甚至放弃维权有着很大关系。一些电商平台要求，买家若欲维权，首先应当将所买物品拍照，截取交易信息，之后上传申诉材料进行维权，这一流程往往耗时很长。而且只有当平台认证为假货时，平台才会采取下一步的行动。但更为主要的原因是，受收入水平和消费习惯的制约，假货在我国有着极大的市场需求，“知假买假”者众多。消费者在斟酌自身收入、消费预算和假货功效基础上，为满足自身需求而做出买假的理性选择。这种假货的本土原发性特点，是我国显著区别于欧美等发达国家的特殊国情。当前，电商平台不断加大打假力度，线上巡查与线下打击越来越紧，但在“知假买假”甚至“专门买假”被接受、被视为理所当然的市场环境中，这些严密的打假体系可谓杯水车薪、形同虚设。可以说，我国消费者对网络假货的接受和纵容，使电商公司失去了打假最基础的支持。这也对执法部门提出警示，应客观关注网络打假的全链条，而不能仅仅盯住网络销售这一中间环节。

（四）电商“知假卖假”怠于自律

良好的市场秩序需要企业自律、行业自治，以及在此基础上的政府监管。随着相关法律法规的逐步完善，各方压力的加大，同时也意识到假货对自身的伤害，大部分电商都在尽力阻截、防控、打击假货，并与执法部门密切协作、合力共治。但也有部分电商“鼠目寸光”，只见眼前利益不顾长远发展，对平台上的假货“睁一只眼闭一只眼”、象征性打击，长期“知假售假”甚至与经营者合作售假，进而加剧了网售假货的泛滥。大多电商平台与各种品牌商品打交道多年，并拥有先进的经营与技术手段，对平台上的假货有着基本的辨别能力、阻截能力，却自我辩解说对假货无能为力，这是站不住脚的。但由于国内大部分电商平台的收入主要依赖于向大小卖家收取形式不一的促销广告费用、交易佣金和店铺租金，若进行严格的审查，必然会减少卖家的进驻量，降低其收入；而且“电子商务，流量为王”。一定时期内，假货会以其便宜的价格给网站带来大量的人气，海量的访问流、交易流，会为电子商务公司带来直接或间接的无穷利益，导致受益者难以“壮士断腕”。可以说，电商平台作为网络交易的促成者，对网售假货亦应负有一定责任。

五、网络售假治理

网络售假需要政府监管部门、生产方、网络平台提供者、网络销售方及消费者的合力共治。但受我国历史和经济社会发展水平、消费习惯等综合因素影响，以及网络售假原发性、平台型等特点，治理工作艰难而复杂，不能奢望仅仅开展几个专项行动即可解决，要设法调动、倒逼网售各方主体的打假积极性，利用法律、行政、司法、文化、社会等各种手段，加快建立多元化、多维度、立体化、常态化的综合治理体系，稳定、持久发力，多方挤压网络假货生存空间，逐步实现网络交易的“风清月明”。因此，在积极推进引导消费者“知假拒假”、推进品牌商协同打假、强化稽侦执法能力等工作的同时，更需要集中优势兵力，重点解决以下几个问题。

（一）加大线下打假力度

线下制假是线上售假的源头。实质破除网售假货的线下来源及其供货渠道，是有效解决网络售假的根本之道。但目前这一线下治理工作远未理想。这既有社会转型、经济发展的国情因素、历史阶段因素，也与地方政府重视不够、执法部门打击不力有着莫大的关系。某些“特色假货”生产加工地，假货的猖獗发展带来了当地经济的畸形繁荣、制假者的盆满钵满、当地百姓的高薪就业和官员官位的一路亨通，甚至成为其他地区参观学习的榜样，可谓一假多赢。为此，在我国当前制度与经济环境下，假货的治理确实需要各方参与、社会共治，但更需要假货生产地政府部门的监管决心和整治力度的加大，切实根治这一严重破坏国家经济发展秩序和企业创新能力的毒瘤。为此，对假货猖獗、形成“品牌”的重点地区，实施上级挂牌督办制；将假货问题的治理，纳入综治考核并加大考核权重；对打击假货不力、失职渎职的当地主管领导、执法人员，严肃问责追责。总之，在当前“制假乱局”下，宜“乱局重典”。市场监督管理局等行政执法部门以及公安机关、检察机关、法院等刑事司法部门，以“宽严相济、以严为主”为指导，加大打假治假力度，严格落实“双罚制”，对制假售假单位和相关责任人进行严厉惩处。具体操作中，有关部门可尝试建立官民联合打假网，设立类似食品药品投诉举报“12331”热线的民众和正牌厂商专用举报平台，及时对各种制假、售假线索进行举报。此外，为防止制假、售假者另起炉灶、继续为害，可探索建立黑名单制度，通过网络、微信等广而告之，并与交通、金融等部门探索诚信积分制度；对有制假、售假“前科”的单位和个人则进行重点监管。真正让线下制假售假者成为过街瘟鼠并付出沉重而长久的代价，最终以线下的“源头治污”换来线上的“水清木华”。

（二）严厉规制物流企业

随着我国经济的快速发展和电子商务的跳跃式成长，大大小小的物流公司如雨后春笋般涌出，极大地助推了线下实体经济和线上网络经济的繁荣。但与此同时，规范物流企业的法律制度明显滞后，物流公司的创立者亦良莠不齐，导致其“野蛮生长”，相当一部分物流公司深度卷入网络售假活动中，甚至成为线下制假与线上售假的黏合剂、“黑媒婆”，沦为制假售假的共犯，成为网络售假链条上不可或缺的关键一环。接受制假者请托，不依规“收寄验视”，或为其代收现金、“换枪扫码”等，已然成为业内常态。一些制假厂商高招迭出，还采取或加盟物流公司，或几家合作、直接建立自己的物流公司等手段，以便利货运、规避监管。但审视全国涉假案件的侦办、审理，被告席中极少见到上述违法经营的物流公司的身影。为此，在大力引导物流行业自律的同时，极有必要深入开展对邮政信箱、快递服务的全面深度整治，完善快递市场准入制度，加强对邮政、快递公司等物流企业的规束与监管，健全日常监督机制，严格其法律责任，督促其建立并严格执行实名制和收件验视制度，尽快形成大数据环境下货物运送的有效监管模式。在此基础上，执法部门要与邮政管理部门、海关缉私部门以及电子商务公司密切合作，重点查办、严厉打击物流企业在明知他人网络售假的情况下，继续提供递送业务的行为，并严格落实“人企双罚”制度。与此同时，要严厉查处邮政企业违规开办邮政信箱的行为，严肃追究失职渎职、徇私舞弊的行政管理人员的法律责任。

（三）完善网络交易制度

电子商务是一个世界性的新型商品交易形式，相关制度远未规范，这对农业文明历史久远、商品经济刚刚起步的中国来说，更是一个崭新的领域。因此，在立法层面，各种法律法规都还处于“摸着石头过河”的探路阶段，需要逐步完善；在电商平台交易层面，面对海量的网上交易，电子商务公司也更是在被迫与假共舞的同时，潮头寻岸，积极探索防假治假之路。

1. 逐步完善网络交易规范

网络交易规范的完善，可从政府、企业与行业三个层面着手：

其一，国家层面的法律法规建设。因电子商务本身的新兴性、发展的迅猛性，导致我国相关法律法规的建设远远滞后于电商安全发展的迫切需求。同时，也恰恰因其属于新兴事物，尚处于快速变化发展阶段，许多问题都尚未明朗、定型，立法者、管理者需要有一个谨慎观察、全面总结的过程，不宜草率出台规制方案，否则，对电子商务这一新兴事物的发展，可能会造成过度干预、阻遏创新。此外，相比于线下实体交易，网络交易模式相对复杂，且交易参与方众多，准确界定各行为主体在交易中的地位及其责任也确实有一定的难度。[①] 为此，总体上，我国法律对网络交易各方的权利、义务和责任的划分还不明确，网络售假的监管和处置存在较多的法律漏洞甚至空白。因此，加快电子商务的调研与比较研究，尽快完善相关法律法规。

其二，电商企业自身交易规则的完善。当前，法律规制尚不完善、线下打假步履维艰、电商市场竞争日趋激烈，这在导致网络售假泛滥的同时，也使不同经营模式的电商平台的自我净化、自我修复、自我规范能力不断增强。各类电商平台探索制定的《注册协议》《服务协议》等"网规"，是这些电子商务企业在与假货长久的攻防中积累的有效治理措施，是电商平台在缺乏完善的法律支持和执法部门有力执法保障的情况下，不断总结经验教训、交付大量"学费"而探索出来的实战经验。在实务中，网络交易平台的自身规则应当得到重视。应当说，法律发展理论和行业自治规则的实践，尤其是电子商务领域已经存在的由自治到规范的实践，为电子商务中网络安全法律监管从自治到规范提供了宝贵的样本。不过，在网络售假打击治理方面，当前只有政府相关执法部门有明确的执法主体资格，平台本身只是一个市场主体，虽然有种种内部规则，但并无法律直接授权，在主动打假和纠纷处置中不可避免会面临诸多困难和法律风险。为此，如何让电商平台的网络规范在民事纠纷、涉罪案件的处理中得到认可与应用，依然需要立法者与司法者的协同智慧与不懈努力，在这种个案处理中沉淀规则，逐步完善我国电子商务领域的法律法规。

其三，提高电子商务行业自治水平。在现代社会管理中，行业协会是重要的社会自治组织。与政府监管相比，行业协会利用专业优势，通过行业自律对市

---

① 比如，在第三方电子商务平台中，由各方的交易角色和内容所决定，不同的平台可能会分别具有"居间人""市场管理者"或"合营"等不同的性质。但总体上，不管性质如何，在这类纠纷案件的司法审理中，美国有关部门倾向于给予平台更多的支持，即只要平台尽到必要的义务，就不要求平台承担售假的连带责任；而欧洲一些国家、特别是英国，则更倾向于品牌商，其通常会要求平台商承担网店售假的连带责任。我国偏近于美国的做法。

场加以规束、治理，让许多经营、管理问题消化在行业层次，避免了所有问题都被提升到法律规制和政府监管层面，是一种更为有效、经济的解决问题方式。在电子商务这种融商贸、法律、技术于一体的新兴领域，挖掘计算机行业协会、电子商务协会等相关协会的自治潜能、加强行业自我管理，更为必要。在网络经营中，行业协会可对本行业的经营准则、规矩进行调研、整理，并向全行业从业人员宣传、推广，对网上不同类别的商品经营行为进行严密监测，达到自我管理、自我约束的效果。例如，在互联网食品药品经营的管理方面，我国食品、药品行业协会的力量还远未发挥出来。美国食品药品监督管理局（FDA）则特别重视与相关协会的合作，行业协会的网上规范、教育的行业自律作用得到充分发挥；美国国家药房管理协会（NABP）制订了一套严格的"网上药店开业站点认证计划"（VIPPS）的认证标准。在英国，英国皇家医药学会负责指导和规范互联网药事服务，并担负起相关人员和业务的日常监管工作。英国其他类似机构还有监管非处方药广告的行业协会、监管处方药广告的"处方药准则实践协会"等。在亚洲，日本由医疗领域专家、律师及病人代表组成了"日本网络医学联盟"，这一非营利公民组织提出了"信息资源指导规则"，对业内行为进行自我规制。德国药剂师协会同样负责网上药店的监管，并随时将销售假药的网站名单报送政府部门。欧盟则通过建立第三方评估信息质量的标准体系——医学关注联盟，帮助消费者准确鉴别与健康相关的网上信息，避免了药事服务的误选误判。总体上，我国当前大部分行业协会尚处于"收费协会""老爷协会""养老协会"的状态，远未起到规制行业发展、积极献言献策、完善法律规范的作用，亟待大力整饬、脱胎换骨、提升效能，真正起到接天连地的起承转合与上下贯通作用。

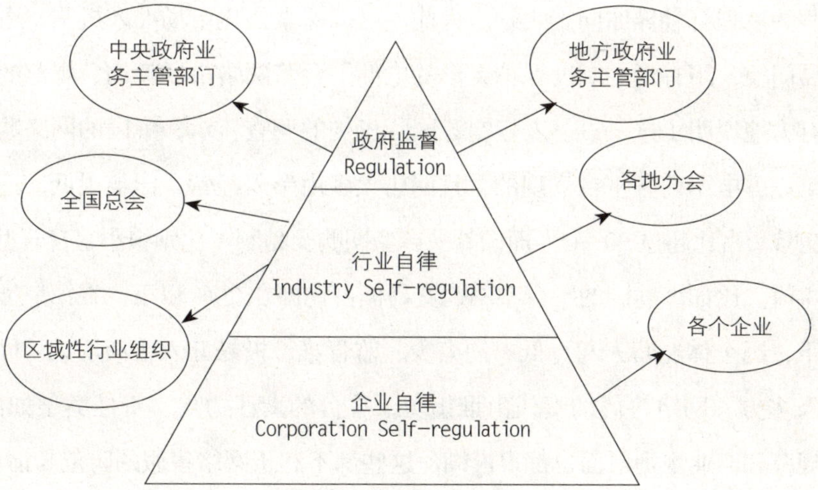

图 4　市场秩序共治模式图[①]

2. 尽快强化市场准入机制

当前，线下打假短期内还难以达到比较理想的效果。对此，我们要有清醒的认知。近年来的网络交易发展证明，对网络假货进行事前预防将比事后处理、打击要节省若干倍的时间、金钱和机会成本。东汉思想家荀悦有言："进忠有三术：一曰防；二曰救；三曰戒。先其未然谓之防，发而止之谓之救，行而责之谓之戒。防为上，救次之，戒为下。"（《申鉴·杂言》）在我国电子商务发展尚不成熟的情况下，电子商务公司应积极确立网络假货预防机制。这既能最大限度维护自身利益，还能极大推进我国电子商务的健康发展。根据犯罪情境预防理论[②]，虽然短期内我们不能改变小偷的偷窃想法，但却可以通过各种情境预防措施的强化，让其偷不成。这与

① 郭薇：《政府监管与行业自律》，南开大学博士学位论文，2010 年。

② 犯罪情境预防（Situational Crime Prevention）是指通过管理、环境设计、监督等方式来减少犯罪机会或条件，进而预防犯罪发生的一系列的活动和措施。犯罪情境预防尤其适合在犯罪高发区或易发区实施。这类犯罪预防措施的目的在于通过环境设计或者物理防范、技术防范等措施来减少犯罪机会或犯罪收益，同时提高犯罪人的犯罪成本，进而达到犯罪预防的目的。由于这些措施简单易行，且成本低、效果好，所以逐步得到很多国家的警务部门和民众的认可，被迅速推广。

网络售假的治理有着异曲同工之妙。为此，可以探索强化市场准入机制、适当提高网络交易门槛，用有形的制度保护无形的电商平台。网络市场整饬、规范的国际经验，也有力地说明了这一点。麦肯锡等国际机构的调查显示，中国的网络购物主要是通过第三方电子商务平台实现的，且网店大多由个人经营，门槛很低，这种平台型网购交易额占比超过 90%；[1] 而国外平台型网购交易额占比则很小，自营型网购占据绝对主流。比如，美国的平台型网购交易额占比即在 20% 以下。在第三方平台经营模式下，因个体经营人起点低、约束少、监管难，极易介入售假活动。同时，因交易涉及多方，网络售假的责任由谁担负，平台的责任边界、责任类型如何确定，在法律规范和商业规则层面也都很模糊。这些都不利于网络售假的防范与治理。

---

① 3GPP TS23.402Vd.1.0. Technical Specification Group Services and System Aspects;Architecture enhancements for non-3GPP accesses[S]，2015.

第一篇

涉网食品药品与知识产权行政案件稽查

第一章
涉网食品药品与知识产权行政案件现状

一、我国互联网的发展

（一）我国互联网的现状

如前所述，自互联网传入我国以来，短短的几十年得到迅猛发展。“互联网行业持续稳健发展，互联网已成为推动我国经济社会发展的重要力量。以互联网为代表的数字技术正在加速与经济社会各领域深度融合，成为促进我国消费升级、经济社会转型、构建国家竞争新优势的重要推动力”。①

（二）我国互联网发展的历史阶段

互联网，美国称因特网，始于1969年的美国。是美军在ARPA（阿帕网，美国国防部研究计划署）制定的协定下，首先用于军事连接，后将美国西南部的加利福尼亚大学洛杉矶分校、斯坦福大学研究学院、UCSB（加利福尼亚大学）和犹他州大学的四台主要的计算机连接起来。这个协定由剑桥大学的BBN和MA执行，在1969年12月开始联机。1983年，保罗·莫卡派乔斯发明了DNS，1984年，

① CNNIC发布最新报告：《中国网民7.51亿占全球网民五分之一》，见人民网2017年8月7日。http://media.people.com.cn/n1/2017/0807/c14677-29454705.html。

美国国防部把TCP/IP确定为网络计算机的标准，为互联网的发展奠定了标准基础；1989年蒂姆·伯纳斯·李发明了万维网，使得互联网在全球快速发展。

1980年，香港建成了一个国际在线信息检索终端，向国内科研机构提供服务；1981年12月，北京通过传真线设立了一个国际在线检索终端；1994年，我国实现了与国际互联网的全功能接入。至此，我国的互联网得到迅猛发展。根据陈建功、李晓东的研究认为，中国互联网发展历史分为三个阶段：即引入期、商业价值发展期、社会价值凸显期①。这种将商业价值和社会价值截然分开的划分存在一定争议，因为商业价值和社会价值是很难做明确的界分的，在其文章中对商业价值发展期只标注了开始的年代，没标明结束的年份就说明了这一点，且商业活动本身就属于社会活动的范畴。在此，笔者认为我国的互联网的发展阶段暂时可以划分为引入期、曲折发展期、跨越式发展期。引入期，即“互联网作为舶来品从美国引入中国的过程”②，时间应该从20世纪80年代到1994年；曲折发展期，即互联网正式进入中国后，在我国社会快速而又曲折的发展阶段，时间应该从1994年到大数据、云计算等技术的出现；跨越式发展期，则是从大数据、云计算的技术的广泛应用开始。

（三）互联网的功能

随着互联网的快速发展，其功能也从最初的通讯和信息检索向全功能发展，并在信息化新技术的推动下，从虚拟社会向虚拟社会与实体社会融合转变，人工智能也渐露端倪。目前来看，互联网已经初步具备了社会功能并在进一步发展。从目前具有代表性的功能来看，主要有如下功能。

1. 社交通讯工具功能

目前，互联网已经从传统功能的电子邮件，发展到全方位的多功能通讯，既

---

① 陈建功、李晓东：《中国互联网发展的历史阶段划分》，载《互联网天地》2014年第3期。

② 陈建功、李晓东：《中国互联网发展的历史阶段划分》，载《互联网天地》2014年第3期。

包括文字、音频、视频的通讯，也涵盖了即时通讯和非即时通讯。互联网实现了人际交往和人际关系的网络化和虚拟化，在各类社交软件的推动下，虚拟社交空间已经与实体社会实现贯通。

2. 信息资源的共享功能

此功能从最初的信息检索发展而来，并形成了门户资源、论坛资源、专业资源、存储资源、咨询信息等社会信息资源的共享。特别是在大数据、云端服务等技术支撑下，资源的共享将日渐服务于全社会。

3. 网上贸易功能

互联网的商业价值日益凸显，并已衍生出共享经济等经济发展新模式。目前来看，网上贸易涵盖了生产的组织、生产经营的学习、商品服务的广告宣传、商品交易、资金的给付和流动、商品的传递、售后服务、权利保护等诸多贸易功能。

4. 社会管理服务功能

互联网的发展也为政府管理社会提供了新的工具和平台。借助互联网，政府实现了社会管理与服务的全域化。如政府信息公开、政府网上办公平台、政府工作的监督检查、政府服务信息的反馈，等等。

二、网络数据资源的种类

互联网的发展带来了信息数据的急剧膨胀，呈现出格式种类繁多、表现形式多样、功能各异等特点，并根据不同的标准可以做出不同的划分，如政府、社会服务网页数据资源，可以包括政府机关所建设的内部办公平台数据资源，各类对公众服务的网络数据资源，具有公共服务功能的组织建设的网络数据资源，互联网公司建设的具有社会服务、信息提供等功能的网络数据资源等。实际上，在执法办案过程中，网络交易业务过程中产生大量数据，众多的互联网公司积淀了海量数据。目前，各互联网企业和政府的网络等构成了一个大的网络生态圈，包括网上信息公开、网上服务、通讯联络、地理信息、住宿管理、航旅信息等，都会在网络平台上积累沉淀，从而为行为人的行为分析提供依据。现有的交易平台，都在交易过程中沉淀下来大量数据，同样可以用来刻画行为人的交易行为。制售假货的违法犯罪嫌疑人既可能是买家，也可能是卖家，包括借助网络购买生产资料和包装材料、销售产品、委托快递等，都会在平台上沉淀数据，形成交易的信息流。网络交易的繁荣，离不开完备的物流体系，使互联网电商销售能够进行下去；互联网的繁荣也造就了物流的繁荣，形成一个相互依存的关系，这其中就蕴藏着大量的违法犯罪行为信息。

由于本书主要基于交易平台的数据分析，在此以商务平台数据为例，包括注册类数据、维权类数据、登录维护类数据、交易数据、物流信息等。这些数据的产生不是偶然的，都是人类网络行为所伴生，直接或间接地反映着网络社会与人类社会之间的各种关系，也称为关系数据。所谓关系数据，是指能够反映出不同的对象之间关系的数据。在网络世界里，每一个数据的产生都不是无缘无故的，都会与其他数据之间产生这样那样的关系，从广义角度上可以说每一个数据都是关系数据。关系数据分为两类，第一类是没有方向的数据，即无法反映比较明确关系的数据。某些设备关系数据就是没有方向的数据，如从一个 Wifi 发出的数据即是没有方向的数据。第二类是有方向的数据，即能够反映比较明确关系的数据。如网络交通出行信息、Wifi 用户登录信息、手机号码信息等。

（一）注册类数据

网上交易的繁荣进一步催生了大量交易平台的产生，包括企业自建营销平台，第三方提供的交易平台，以通讯为主要功能附带衍生的交易平台，如以微信的朋友圈平台衍生的“微商”等。网络上存在的这些大量的交易平台，每天都会生成海量的信息数据。用户要使用这些交易平台，大多数需要进行身份账号注册，就会产生注册类信息。根据平台注册规定的不同，注册类信息会有所差别，一般包括姓名、手机号、身份证号码、银行卡账号等。由于账号是为了实现交易，因此有些网店注册类数据还涵盖店铺的信息，如店铺名称、装修风格、商品类信息、广告词等。

（二）维权类数据

网络交易平台在运行过程中，维权类数据主要产生于两类人的投诉维权行为。一是买家，即消费者的投诉维权。消费者在对网络服务或产品不满时，产生投诉维权的网络行为，生成消费者维权类数据。有的是线上的评论，还有线下的打电话投诉。由于现在消费者可以获取的产品信息量越来越多，对于假货的辨识度也越来越高，对假货投诉的数据专业水平也不断攀升，其投诉行为中包含大量有价值的数据。二是卖家，即店主或商家的投诉维权。包括普通的店主和品牌代理或持有人（权利人），他们出于保护自身品牌利益的目的对网店或商家销售假货进行维权，或者出于恶意竞争管控渠道和价格进行恶意投诉，产生卖家维权数据。

（三）登录维护类数据

这类数据是用户在登录账户，或对账户进行维护时所生成的数据，是动态数据，包括登录地址的变化，登录后信息的维护等。行为人的登录数据包括行为人的用户登录信息、登录时间、登录的网络环境、登录的设备、登录时密码输入情况，这都是用户登录产生的数据。维护类信息则主要是当事人在登录后对账户信息的变更维护过程中生成的数据。因为很多身份信息如果不更新，就会导致交易失败，如注册的电话号码如果变了没有更新，那所对应的人就出现错误。

（四）浏览搜索类数据

用户浏览的数据，包括搜索历史、搜索习惯等。搜索历史数据有时候可以实现预防违法犯罪的功能，因为用户的搜索反映了其下一步的行为指向。互联网公司可以根据其掌握的三个工具进行分析判断：一是浏览器，因为浏览器可以采集到大量的用户信息，用户的上网信息；二是输入法，输入法可以记忆使用者的习惯和输入的内容；三是电子地图信息，可以掌握用户所在位置。在上述三方面采集数据的基础上，就可以对行为人的行为进行网上分析。

（五）交易数据

网络注册的账户是为了实现交易，其只要进行交易，就会产生大量的交易数据。这些交易数据是有方向的，一般包含两类：一是资金数据，资金的流动有流入、暂时性账户停留、流出三个阶段性数据。资金数据是由网上的资金流动产生的数据，包括网上银行账户之间的流转，银行账户与支付宝、微信第三方支付平台之间的资金流转，不同或相同的第三方支付平台之间的资金流转，等等。为了误导调查方向，一些网上交易会频繁地实现各种不同的账号、平台间的资金流转。二是交易行为数据，涵盖了浏览、咨询、砍价、购买、发货、物流等多个阶段性数据。另外还有历史成交数据，以及它的好评、差评等数据。

（六）物流类数据

物流行为包括收发货和退货两大类数据，每一类都会有三种信息，收（发）货地址、姓名、联系人电话。为了掩盖行踪，制售假货者的这三种信息多存在错误和假信息，但由于要实现交易，必然需要联系上特定的目标人。因此不能单独看某一个信息，要把这三个信息综合起来分析，这些信息必须要让快递员找到目标人。从实际办案中来看，很多收货地址不规范，很多物流信息填写比较随意，特别是地址信息的混乱使得以地址信息查找地址时遇到很大障碍。因此地址信息的标准化对推动物流快递业发展，规范地址的准确方面将发挥极大作用。

（七）其他关系数据

其他关系数据包括网络环境的、网络设备的、共同出行的、共同生活缴费的等能够反映人与人、人与地、人与网、人与社会等之间关系的数据。

三、涉网食品药品与知识产权行政案件的特点

（一）基本概念梳理

1. 食品药品的含义

现实生活中，能够作为食品药品的物质非常广泛。由于本书是从案件办理的角度来界定，此处所指的食品药品是被纳入《中华人民共和国食品安全法》（以下简称《食品安全法》）和《中华人民共和国药品管理法》（以下简称《药品管理法》）等法律法规所规制范畴的物质。根据《食品安全法》第150条规定，食品，指各种供人食用或者饮用的成品和原料以及按照传统既是食品又是中药材的物品，但是不包括以治疗为目的的物品。根据《药品管理法》第100条规定，药品，是指用于预防、治疗、诊断人的疾病，有目的地调节人的生理机能并规定有适应症或者功能主治、用法和用量的物质，包括中药材、中药饮片、中成药、化学原料药及其制剂、抗生素、生化药品、放射性药品、血清、疫苗、血液制品和诊断药品等。

从目前行政执法的内容来看，食品药品一般包括"四品一械"，即食品、保健食品、药品、化妆品和医疗器械。

2. 知识产权的含义

对于知识产权的含义目前存在较大争议，可以从广义和狭义两个视角来界定。一般认为，广义上的知识产权，是一种人们就其创造的无形财产（智力成果和工商业信誉）所依法享有的权利；狭义的知识产权则是指公民、法人或者其他社会组织依据法律的规定，对其在科学技术和文学艺术等领域创造的知识产品所享有的专有权利。知识产权被划分为工业产权和版权。概而言之，工业产权，主要包括专利权和商标权，它是一种对于工业、农业、商业及其他产业具有实际经济意义的知识产权。版权（著作权）中则包括作者权和传播者权（邻接权）。从

我国目前知识产权法律体系的规定来看，知识产权在范围上主要包括商标权、专利权（含发明、实用新型及工业品外观设计权）、著作权、商业秘密权等。[①]

3. 食品药品与知识产权案件

在本书中，由于是针对食品药品、知识产权行政违法及涉嫌犯罪的行为，在此主要是指违反了有关行政法律法规的规定，危害食品药品安全和侵犯知识产权的行政案件，以及违反刑事法律法规的规定，构成危害食品药品安全犯罪和侵犯知识产权犯罪案件。

（二）涉网食品药品违法案件的特点

互联网作为现代科技发展的伟大成果，同样具备科学技术的双刃剑效应，在服务社会的同时，也被不法分子和敌对势力所利用，成为威胁我国国家安全和社会稳定的重要因素之一。从食品药品安全和知识产权保护的视角，借助互联网实施侵害食品药品安全和知识产权的案件屡见不鲜，并且日渐高发。根据公安部官网消息，2017 年上半年，各地破获食品安全犯罪案件 3500 余起，公安部挂牌督办重大食品安全犯罪案件 80 余起，其中涉互联网犯罪案件占 40% 以上。

1. 从违法经营产品来看，各种产品都难免受侵害，但以保健品、非处方药等为主

随着社会生活水平的提高，保健类食品作为调节人体机能、维护人体健康的食品而受到民众青睐；同时，保健类食品因具有减肥、辅助降血压、增强免疫力等辅助功能，其价格也远高于普通食品，市场需求和利润空间可谓巨大。由此，一些不法食品经营商家利用低价诱惑、虚假宣传等手段通过网络来坑害广大消费者的行为也随之频频发生。

① 高晓莹：《知识产权犯罪研究——主要从犯罪学角度》，中国政法大学博士论文，2009 年。

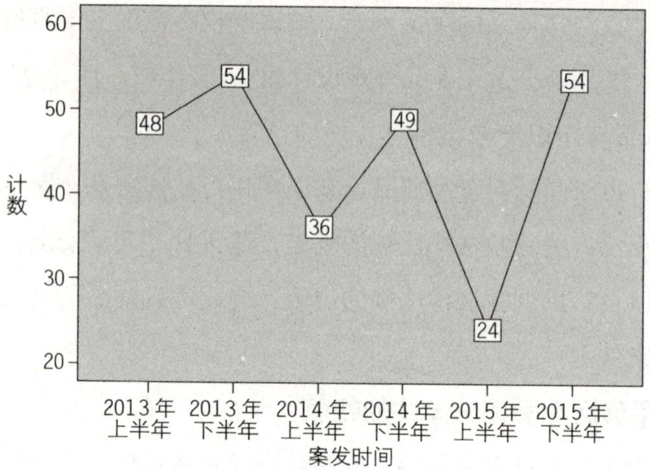

图1　近年保健食品犯罪的案发数和类别分析（2013年1月—2016年2月）[①]

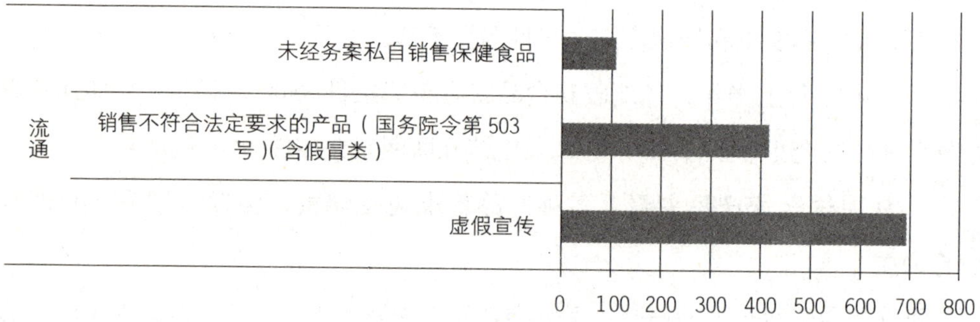

图2　2017年度河北省投诉举报中保健食品经营环节的主要问题[②]

在网络销售假冒伪劣药品的违法犯罪中，非处方类药品因其销售门槛低、国家监管相对不严和人们日常需求大等原因，成为假冒伪劣的"重灾区"，售假比例一度占到了四成多。同时，网售药品违法犯罪中有几类药品的假冒伪劣现象较为严重，其中计生类药品和抗癌药等重症救治药品的售假比例较大。这与在实体

① 任韧：《我国保健食品相关犯罪问题研究》，中国人民公安大学硕士学位论文，2017年。

② 河北省食品药品监督管理局稽查局：《2017年度河北省投诉举报统计分析》（本书编写课题组调研资料）。

药店购买计生类药品略显尴尬，抗癌药等重症救治药品利润巨大而治疗效果却难以验证等原因密不可分。

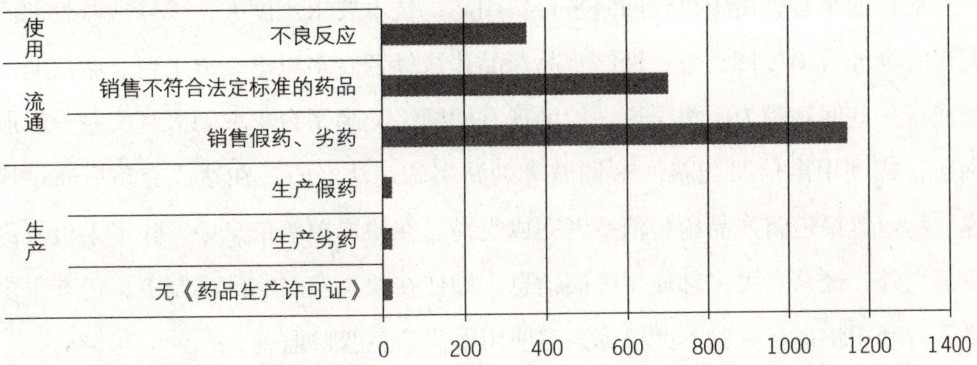

图 3　2017 年度河北省投诉举报中药品各环节的主要问题[①]

2. 以侵害对象来看范围广泛，特定群体特征明显

网售假冒伪劣食品销售对象以中年人群为主。根据对近年来网络销售假冒伪劣食品的受害人群的统计发现，中年人群成为主要受害对象。总体来看，中年人群正处在健康的下坡、经济的上坡时期，该人群对自身的身体健康开始关注并出现焦虑，有了较强的保养与维护意识，但该年龄人群的网购经验和技巧都不如青年人群，极易成为网络不法商家侵害的对象。

网售假冒伪劣药品销售对象涉及广泛。由于药品的种类多，不同人群对药品需求也不一样，因此各类受害人群均有涉及。但药品类案件最为突出的一个特点是涉及特定严重病情的人群多。这是因为患严重类疾病的病人及家属对药品的需求急切，而这类药品又多为进口药品，价格昂贵、利润丰厚，使非法商家趋之若鹜。

---

① 河北省食品药品监督管理局稽查局：《2017 年度河北省投诉举报统计分析》（本书编写课题组调研资料）。

3. 从违法经营渠道来看，借助第三方平台进行销售为主，以快递物流为渠道

从目前来看，由于自建网络平台费用高，技术要求难度大，一旦被监管部门发现并查处后损失惨重等，网络食品药品违法经营者多以第三方平台、微信朋友圈或者一些网站等为销售渠道。借助现有的网络交易平台采取隐匿真实身份注册网店，或利用微信朋友圈、58 同城等网站实施违法经营。在达成交易后通过快递、物流等渠道将产品给付消费者完成交易。在快递单等信息中，除了手机号码等信息外，经营者大多都使用虚假信息。即使在快递实名制的强制下，仍有很多经营者利用快递员查验不严格等漏洞使用虚假信息躲避监管。

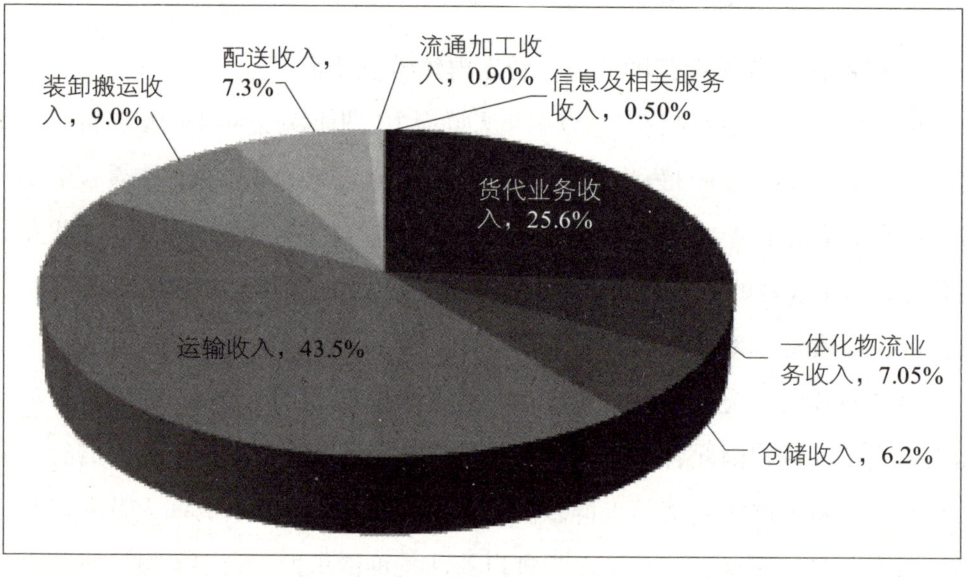

图 4　2016 物流企业主营业务收入构成情况（单位：%）[①]

---

① 中国物流与采购联合会、中国物流信息中心：《2017 年全国重点物流企业统计调查报告》，载《中国物流与采购》2018 年第 1 期。

4. 从线索来源看以群众举报为主，但总体上消费者维权意识较差

从目前来看，消费者的举报成为案件线索主要来源，从国家食品药品监管投诉举报中心获取的数据来看，2016 年全年通过电话、网络等渠道接受消费者投诉举报 100 余万次。但是相比较我国网络食品药品经营的整体情况来看，消费者维权的意识较差，更多的消费者在被欺骗后，由于网络的虚拟性和息事宁人的心理，多选择忍气吞声。例如，无锡市有关机构在对该市五大高校 250 名大学生网购食品情况的问卷调查中发现，因网购食品维权程序繁杂、时间漫长、举证艰难、退换货需买方承担运费等原因，使得 35.4% 的学生仅选择给予商家差评；高达 40.8% 的学生则选择了忍气吞声。[①]

（三）涉网侵犯知识产权违法案件的特点

目前来看，网络侵犯知识产权的案件类型有借助网络侵犯著作权，借助网络侵犯商标权，借助网络侵犯专利权和借助网络侵犯商业秘密等违法行为。所采取的手段则包括利用网络非法获取、披露、使用，利用网络非法传播，利用网络假冒、销售等行为。表现手段则不断翻新，呈现出前所未有的复杂性。如有些人专门在网上搜罗生活中常用的热词进行合法注册，然后使用这些正规的注册商标来投诉正规的卖家。如破洞牛仔裤在淘宝平台上可以搜索到近六十万家店铺，有人就注册了“破洞”这个商标来投诉卖破洞牛仔裤的卖家实施敲诈勒索。再如，淘宝平台销售的拜耳的防晒液，它的外包装上的“冲浪娃娃”的图形是没有注册商标的，因为企业不可能把商品上的卡通图案和要素都注册成商标，有人就借此机会实施违法行为。如在某案件中违法行为人把“冲浪娃娃”注册成了商标，随后就开始投诉。说从来没有生产过这样的东西，这个商品上使用了他的商标所以要投诉。他还注册了一些别的商品上的元素作为商标，然后挨个店铺进行投诉，找卖家要钱，并且表示付费五万元起，以这种方式对卖家进行勒索。卖家耗不起这

---

① 徐维欣：《“食药总局”管不管网售食品》，载《文汇报》2013 年 3 月 13 日。

样的恶意投诉，一个投诉导致整个流量都没有了，即使恢复了流量还是会受损失，互联网本来就是流量变现的，所以卖家有时候只能给他钱。目前，涉网侵犯知识产权案件的特点主要有：

1. 借助互联网的便捷性，违法主体的范围更加广泛

在前信息化时代，印刷方式、复印等传统发行技术决定了违法者实施侵犯知识产权行为更多地依赖于专业机构。而网络技术、通讯技术等的快速发展，可以实现文字、音频、视频等各种格式文件的快速传播，使得侵犯他人作品的行为成为一种技术含量极低的简单操作行为。数量大、速度快、成本低，几乎任何人都可以通过互联网这个便捷的渠道获取或向他人传送包括侵犯知识产权内容的信息。网络侵犯知识产权甚至成为一种大众性的行为。再者，我国以阿里巴巴、京东、腾讯等为代表的网络新兴科技企业的兴起、网上知识产权交易的普及，使得网络知识产权贸易行为更加便捷。这都使各层级主体有能力、有渠道参与到知识产权交易活动中去，从而存在侵犯知识产权的可能。

2. 借助互联网的隐蔽性，使得侵权行为更容易实现且很难被识别

网络侵犯知识产权的行为发生在网络这个虚拟空间，其隐蔽性一方面使得违法当事人很容易借助网络技术快速实现对数字作品的大量复制、传播；另一方面由于数字产品在复制传播中“损耗”极少，基本与原件一样，普通消费者很难区分真伪。数字化及网络技术大大降低了知识产权侵害的自然障碍，侵权行为人的目的更易得逞[①]。

3. 借助互联网的全球性，侵犯知识产权行为的性质更加严重

传统环境下，侵权行为的后果受到实施范围的局限。网络环境的无地域性，使得行为人的行为对象、行为相对人均得以从具体的场所限制中解放出来。犯罪

① 管瑞哲：《网络知识产权犯罪研究》，华东政法学院硕士学位论文，2007 年。

的对象、受害人更为广泛，其危害结果也更为深远。[①] 如果说传统侵犯知识产权的行为更可能涉嫌违反行政法规，借助互联网实施的侵犯知识产权案件则由于其传播的快捷和复制数量的巨大，更可能涉嫌刑事犯罪，从而引发行政执法与刑事司法的衔接。

4. 借助互联网竞争的残酷性，恶意竞争更加猖獗

商业世界充满了竞争，良性竞争可以促进市场经济良性运行；恶性竞争是市场经济的毒瘤，会侵蚀市场的肌体，危害经济的健康发展。互联网世界的商业行为竞争更加隐蔽，更加残酷，更加难以辨别，也使得恶性竞争更加猖獗。

（四）涉网食品药品与知识产权案件查办的困境

1. 虚拟网络的非接触式感受使得违法行为更加具有欺骗性

由于互联网的虚拟性、跨区域性，且与消费者之间的交流是非直接的，使得网络食品药品的经营者和侵犯知识产权的当事人可以通过互联网营销平台将产品进行展示，供大众选择。但是由于缺乏直接接触的可能，消费者通过这种间接感受到的商品和商品的实际状况存在差异，进而导致消费者认知错误。

2. 网络违法经营商家实名制落实不严格致使踪迹难寻

由于网络营销门槛低，即使正规的网络交易平台等，也大多是要求开网店者提供身份证、照片、银行账户等即可通过验证。而这些证明性资料完全可以通过伪造、变造或者假冒他人身份等获取。虽然目前一些电子商务公司不断升级网店注册审核程序，但是大量新建网上交易平台为吸引商家，多存在审核不严的问题。这些假冒身份的商家实施违法经营后，一旦其违法犯罪行为暴露，往往第一时间销声匿迹，很难查找其行踪并对他们进行惩罚。

3. 网络违法当事人的网络违法行为取证困难

网络违法行为人面对的是全国乃至全球的消费者，区域跨度大，经营者可能

---

① 管瑞哲：《网络知识产权犯罪研究》，华东政法学院硕士学位论文，2007 年。

连实体性的经营场所都没有，提供的经营地址大多隐匿在居民区，甚至乡村。整个销售过程以电子数据的形式存储在系统中，缺乏传统的实体性材料。食品药品监管部门和知识产权行政执法部门，一方面缺乏切实可行的取证手段，难以有效收集相关电子数据类证据；另一方面也很难构筑一个完整的、确实充分的证据链，进而导致对网络违法经营行为无法处罚。

4. 行政监管部门网络监管手段滞后，难以提前发现违法线索

网络技术的飞速发展以及网络商业模式所带来的挑战，都需要食品药品监管部门和知识产权行政执法部门与时俱进地提升网络技术。但是从目前监管部门的现状看，既不具有相应的网络技术，也缺乏相关专门人才；在法律层面更没有好的手段来实现对网络违法营销的监管，这些都导致网络违法案件的监管的理念、手段滞后于现实需求，以至于发生了涉嫌犯罪的违法经营行为也难以第一时间发现，并移交公安机关实施侦查。

第二章

食品药品与知识产权案件的行政处罚

近年来，随着经济社会的发展，危害食品药品安全的行政违法案件与侵犯知识产权案件大量发生，对我国经济社会的健康发展带来严重损害。据统计，2015年全国各级工商、市场监管部门共立案查处涉嫌侵权假冒案件5.1万件，办结案件4.7万件，案值7.4亿元。[①] 根据《2016年中国知识产权保护状况》白皮书披露，2016年全国行政执法机关共查处各类侵权假冒案件18.9万件。

食品药品与知识产权行政处罚程序，是对食品药品与知识产权违法行政处罚实施过程中，食品药品监督管理部门和知识产权行政管理部门及当事人必须遵循的方式、步骤、顺序和时限。设置行政处罚程序的目的，一方面，为食品药品监督管理部门、知识产权行政管理部门（行政处罚机关）提供一套处罚操作规范；另一方面，通过确立一套程序规范，要求食品药品监督管理部门和知识产权行政管理部门必须依照法定程序办事，以保障处罚行为的合法和公正，保护行政相对人的合法权益。

需要注意以下三点：一要把握行政处罚程序的法定性、严肃性和不可变动性，不可混同于一般的工作步骤和程序；二要把握行政处罚程序是整个行政处

① 张维：《去年批捕涉及侵犯知识产权犯罪4445人》，载《法制日报》2016年4月20日第1版。

罚过程中行政执法部门和当事人必须遵循的规范和制度，方式、步骤、顺序和时限在行政处罚实施过程中与作出的处罚决定同等重要；三要把握程序违法后果的严重性，不仅实施的行政处罚要撤销或变更，相关人员还有可能要被依法追责。

一、食品药品与知识产权行政案件的管辖

食品药品与知识产权案件的管辖，是指行使行政处罚权的食品药品与知识产权监督管理部门在调查处理具体违法行为时实施行政处罚的权限和分工。也就是确定对某个行政违法行为应由哪一级或者哪一个行政监督机关实施行政处罚的制度。十三届全国人民代表大会一次会议审议通过的《国务院机构改革方案》，将国家食品药品监督管理总局、国家工商行政管理总局和国家质量监督检验检疫总局合并为国家市场监管总局，重新组建国家知识产权局，由国家市场监督管理总局管理，并对地方机构改革提出了原则性要求和时间表。这就意味着对于食品药品和知识产权的执法可能将由统一的市场监管综合执法队伍承担，并将对现有的法律法规规章进行重新审查梳理，以确定相关法律法规和规章的修、改、废、立等。鉴于此项工作不是短时间能够完成，本书依然按照现有关于案件管辖的规定进行明确。

根据《中华人民共和国行政处罚法》(以下简称《行政处罚法》)《食品安全法》《药品管理法》《食品药品行政处罚程序规定》,《中华人民共和国专利法》《中华人民共和国专利法实施细则》《专利行政执法办法》《中华人民共和国商标法》《中华人民共和国商标法实施条例》《中华人民共和国著作权法》《中华人民共和国著作权法实施条例》《工商行政管理机关行政处罚程序规定》等法律法规和规章的规定，食品药品违法与侵犯知识产权的行政处罚的管辖包括地域管辖、级别管辖、优先管辖、协商管辖、指定管辖和移送管辖等。

（一）地域管辖

地域管辖是横向划分同级人民政府之间及其所属的食品药品监督管理部门和知识产权的行政执法部门，在各自管辖区内实施食品药品、知识产权行政处罚的权限。它解决的是行政处罚权的“块”划分问题。《行政处罚法》第20条规定，“行政处罚由违法行为发生地的县级以上地方人民政府具有行政处罚权的行政机关管辖”。据此，《食品药品行政处罚程序规定》第6条对食品药品行政处罚的级别管辖作了原则性规定，“行政处罚由违法行为发生地的食品药品监督管理部门管辖”。食品药品行政处罚由“违法行为发生地”的食品药品监督管理部门管辖的规定，就体现了地域管辖的原则。《工商行政管理机关行政处罚程序规定》第5条规定，“行政处罚由违法行为发生地的县级以上（含县级，下同）工商行政管理机关管辖。法律、行政法规另有规定的除外”。第8条规定，“对利用广播、电影、电视、报纸、期刊、互联网等媒介发布违法广告的行为实施行政处罚，由广告发布者所在地工商行政管理机关管辖。广告发布者所在地工商行政管理机关管辖异地广告主、广告经营者有困难的，可以将广告主、广告经营者的违法情况移交广告主、广告经营者所在地工商行政管理机关处理”。

（二）级别管辖

级别管辖是指上下级食品药品监督管理部门、知识产权行政执法部门之间在实施行政处罚权上的分工，主要是解决上下级行政机关之间的工作量和合理性问题。

《食品药品行政处罚程序规定》明确规定，绝大多数食品药品、侵犯知识产权行政处罚案件是由县级行政执法机关管辖的。省级食品药品监督管理部门管辖本行政区域内重大、复杂的食品药品行政处罚案件。国家食品药品监督管理部门管辖应当由自己实施行政处罚的案件及全国范围内发生的重大、复杂的食品药品行政处罚案件。省、自治区、直辖市食品药品监督管理部门可以依据法律法规和规章，结合本地区实际，规定本行政区域内级别管辖的具体分工。县级食品药品监督管理部门在乡镇或者区域设置的食品药品监督管理派出机构，依照法律法规和规章的规定，行使行政处罚权。

《工商行政管理机关行政处罚程序规定》第 6 条规定，“县（区）、市（地、州）工商行政管理机关依职权管辖本辖区内发生的案件。省、自治区、直辖市工商行政管理机关依职权管辖本辖区内发生的重大、复杂案件。国家工商行政管理总局依职权管辖应当由自己实施行政处罚的案件及全国范围内发生的重大、复杂案件”。

（三）优先管辖

优先管辖是指当两个以上行政执法部门都有权管辖时，根据时间先后，由先行立案的机关管辖的原则。《食品药品行政处罚程序规定》第 10 条规定，“对当事人的同一违法行为，两个以上食品药品监督管理部门均有管辖权的，由先行立案的食品药品监督管理部门管辖”。《工商行政管理机关行政处罚程序规定》第 9 条规定，“对当事人的同一违法行为，两个以上工商行政管理机关都有管辖权的，由最先立案的工商行政管理机关管辖”。

（四）协商管辖和指定管辖

协商管辖是指当两个以上行政执法部门都有权管辖，发生管辖争议时，协商决定案件的管辖权。指定管辖是上级行政执法部门以决定方式指定下一级部门对某一行政案件处罚行使管辖权。指定管辖是一种具有法律效力的行政行为，应当以书面形式作出。《行政处罚法》第 21 条规定，对管辖发生争议的，报请共同的上一级行政机关指定管辖。一般有以下三种情况：一是对管辖权有争议且协商不成的，报请共同的上一级部门指定管辖；二是下级行政执法部门对本部门管辖的案件由于特殊原因（如管辖不明确或者发现管辖空白）不能行使管辖权的，可以报请上级行政执法部门管辖或者指定管辖。上级行政执法部门接到管辖争议或者报请指定管辖请示后，应当在 10 个工作日内作出指定管辖的决定，并书面通知下级部门。三是上级食品药品监督管理部门认为必要时可以直接查处下级食品药品监督管理部门管辖的案件，也可以将自己管辖的案件移交下级食品药品监督管理部门查处。

《食品药品行政处罚程序规定》第 10 条规定，“……对管辖权有争议的，应当协商解决；协商不成的，报请共同的上一级食品药品监督管理部门指定管辖”。第 11 条规定，“上级食品药品监督管理部门认为必要时可以直接查处下级食品药品监督管理部门管辖的案件，也可以将自己管辖的案件移交下级食品药品监督管理部门查处。下级食品药品监督管理部门对本部门管辖的案件由于特殊原因不能行使管辖权的，可以报请上级食品药品监督管理部门管辖或者指定管辖”。第 12 条规定，“上级食品药品监督管理部门接到管辖争议或者报请指定管辖请示后，应当在 10 个工作日内作出指定管辖的决定，并书面通知下级部门”。《工商行政管理机关行政处罚程序规定》第 10 条规定，“两个以上工商行政管理机关因管辖权发生争议的，应当协商解决，协商不成的，报请共同上一级工商行政管理机关指定管辖”。

（五）移送管辖

移送管辖是指行政执法部门对立案的行政违法案件，经审查发现不属于本机关管辖，移送有管辖权的行政机关管辖的情形。在案件查办中，行政执法机关发现案件不属于本部门管辖时，应当及时移送有管辖权的相关行政管理部门处理。受移送的食品药品监督管理部门、知识产权行政执法部门应当将案件查处结果及时函告移送案件的部门；认为移送不当的，应当报请共同的上一级部门指定管辖，不得再次移送。

《食品药品行政处罚程序规定》第 13 条规定，“食品药品监督管理部门发现案件不属于本部门管辖的，应当及时移送有管辖权的食品药品监督管理部门或者相关行政管理部门处理。受移送的食品药品监督管理部门应当将案件查处结果及时函告移送案件的食品药品监督管理部门；认为移送不当的，应当报请共同的上一级食品药品监督管理部门指定管辖，不得再次移送”。《工商行政管理机关行政处罚程序规定》第 11 条规定，“工商行政管理机关发现所查处的案件不属于自己管辖时，应当将案件移送有管辖权的工商行政管理机关。受移送的工商行政管理机关对管辖权有异议的，应当报请共同上一级工商行政管理机关指定管辖，不得再自行移送”。

发现违法行为涉嫌犯罪的，应当按照《行政执法机关移送涉嫌犯罪案件的规定》的要求，及时移送同级公安机关。公安机关决定立案的，食品药品监督管理部门应当自接到公安机关立案通知书之日起 3 日内将涉案物品以及与案件有关的其他材料移交公安机关，并办结交接手续；对涉案的查封扣押物品，还应当填写查封扣押物品移交通知书，并书面告知当事人。需要其他地区食品药品监督管理部门协助调查、取证的，应当出具协助调查函。协助部门一般应当在接到协助调查函之日起 15 个工作日内完成相关工作；需要延期完成的，应当及时告知提出协查请求的部门。对依法应当吊销许可证或者撤销批准证明文件的，在其权限内依法实施行政处罚的同时，应当将取得的证据及相关材料报送原发证、批准的食品药品监督管理部门，由原发证、批准的部门依法作出是否吊销许可证或者撤销批准证明文件的行政处罚决定。需由国家食品药品监督管理总局撤销批准证明文件的，由省、自治区、直辖市食品药品监督管理部门报国家食品药品监督管理总局决定。

《工商行政管理机关行政处罚程序规定》第 15 条规定，“工商行政管理机关发现所查处的案件属于其他行政机关管辖的，应当依法移送其他有关机关。工商行政管理机关发现违法行为涉嫌犯罪的，应当依照有关规定将案件移送司法机关”。

二、行政处罚的简易程序

《行政处罚法》第 33 条规定，“违法事实确凿并有法定依据，对公民处以五十元以下、对法人或者其他组织处以一千元以下罚款或者警告的行政处罚的，可以当场作出行政处罚决定”。对于事实清楚、情节简单、后果轻微的食品药品、侵犯知识产权违法行为，需要食品药品监督管理部门和知识产权行政执法部门更有效率地作出行政处罚决定或者依照一般程序无法有效实施行政处罚，此时采用简易程序。简易程序是当场处罚的适用程序，因此，行政处罚简易程序也称当场处罚程序。

（一）简易程序的适用条件

适用简易程序必须符合法律规定的要件：（1）违法事实清楚、证据确凿；（2）有法定依据；（3）对公民处以 50 元以下、对法人或者其他组织处以 1000 元以下罚款或者警告的食品药品违法或侵犯知识产权的行政处罚。

（二）简易程序的实施要点

（1）表明执法人员身份。执法人员应当主动向当事人出示执法证件，表明执法人员身份。

（2）做好现场检查笔录。应当场了解清楚当事人的违法事实，制作现场检查笔录，收集必要的证据。

（3）告知。告知当事人拟作出行政处罚决定的违法事实、依据，并告知当事人享有陈述和申辩的权利。

（4）复核。应当场听取当事人的陈述和申辩意见，对当事人提出的不同事实、理由和证据进行复核。对当事人的陈述和申辩意见，可以口头予以答复，对当事人提出的事实、理由或证据成立的，执法人员应当采纳。如果争议较大的，应当做好书面记录，并考虑是否适用一般程序进行处理。

（5）下达处罚决定书。填写预定格式、编有号码、加盖行政执法部门公章的《当场行政处罚决定书》，并当场交付当事人。当场行政处罚决定书应当载明当事人的违法行为、行政处罚依据、罚款数额、时间、地点以及行政机关名称，并由执法人员签名或者盖章。

（6）责令改正。对已有证据证明当事人有违法行为的，应当责令当事人改正或者限期改正违法行为，向当事人出具《责令改正通知书》，写明当事人的违法事实、具体的责令改正意见、改正期限和法律依据。

（7）依法收缴罚款。处罚决定下达后，当事人应当自收到行政处罚决定书之日起15日内，到指定的银行缴纳罚款。但在两种特殊情况下，执法人员可以当场收缴罚款：一种是给予20元以下的罚款的，或者不当场收缴事后难以执行的；另一种是在边远、水上、交通不便地区，当事人向指定的银行缴纳罚款确有困难，经当事人提出的。当场收缴罚款的，必须向当事人出具财政部门统一制发的罚款收据，并在2日内交至行政执法部门，在水上当场收缴的罚款，应当自抵岸之日起2日内交至行政执法部门，行政执法部门应当在2日内将罚款缴付指定的银行。

（8）备案。执法人员当场作出的行政处罚决定，应当在7个工作日以内报所属部门备案。

三、行政处罚的一般程序

一般程序又称为普通程序，是食品药品监督管理部门、知识产权行政执法部门实施行政处罚时应当遵守的基本程序，是在调查取证辨清事实的基础上，正确地适用法律作出处罚决定的步骤、方法、时限和顺序的总和。一般程序包括立案、调查取证、处罚决定等。

（一）立案

立案是食品药品、知识产权行政处罚程序的启动，要对食品药品和知识产权违法行为予以行政处罚，首先要在初步调查的基础上立案。

1. 案件的来源

根据《食品药品行政处罚程序规定》《工商行政管理机关行政处罚程序规定》的规定，食品药品和知识产权类案件来源主要有以下途径：

（1）在监督检查及抽验中发现案件线索的；

（2）公民、法人或者其他组织投诉、申诉、举报的；

（3）上级机关交办或者下级机关报请查处的；

（4）有关部门移送或者经由新闻媒体等其他方式、途径披露的，等等。

2. 立案的条件

根据《食品药品行政处罚程序规定》，要对获取的线索予以核查，确定是否符合立案的条件。违法行为符合下列条件的，食品药品监督管理部门应当在 7 个工作日内立案：

（1）有明确的违法嫌疑人；

（2）有违法事实；

（3）属于食品药品监督管理行政处罚的范围；

（4）属于本部门管辖。

《工商行政管理机关行政处罚程序规定》对立案的条件没做出具体规定。其第 17 条规定，工商行政管理机关应当自收到投诉、申诉、举报、其他机关移送、上级机关交办的材料之日起七个工作日内予以核查，并决定是否立案；特殊情况下，可以延长至十五个工作日内决定是否立案。在审查立案时可以参考《食品药品行政处罚程序规定》的规定，但考虑到很多案件发现涉案问题食品药品或侵犯知识产权行为存在时，往往还不能确定"明确的违法嫌疑人"，需要立案调查后予以确认。因此建议立案不应将是否有明确的违法嫌疑人作为条件之一。

3. 立案的审批与告知

根据《食品药品行政处罚程序规定》《工商行政管理机关行政处罚程序规定》规定，符合立案条件的，应当填写《立案审批表》，说明立案的理由、案情摘要、当事人涉嫌违反的具体法规条款等。报请食品药品监督管理部门分管负责人批准，或县级以上工商行政管理机关负责人批准后，为正式立案，同时确定 2 名以上执法人员为案件承办人。

立案后应该制作《立案通知书》告知当事人等。国家食品药品监督管理总局《食品药品行政处罚文书规范》(食药监稽〔2014〕64号)中取消了《立案通知书》,但有的地区仍然使用此文书。《工商行政管理机关行政处罚程序规定》对于立案的没有规定告知义务,但是规定了不予立案的告知的义务,第19条规定,对于不予立案的投诉、举报、申诉,经工商行政管理机关负责人批准后,由办案机构将结果告知具名的投诉人、申诉人、举报人。

4. 案件承办人的回避

所谓回避,是在案件承办人可能存在与案件有利害关系,或其他可能影响公正处理案件的因素时,依照法律规定不再参加本案件的办理的规定。在案件办理中,办案人员有下列情形之一的应当自行回避,当事人也有权申请其回避:(1)是本案的当事人或者当事人的近亲属;(2)与本案有直接利害关系;(3)与本案当事人有其他关系,可能影响案件公正处理的。

对此,《食品药品行政处罚程序规定》第19条规定,办案人员的回避由食品药品监督管理部门分管负责人决定,负责人的回避由部门其他负责人集体研究决定。回避决定作出前,被申请回避人员不得擅自停止对案件的调查处理。《工商行政管理机关行政处罚程序规定》第44条规定,办案人员的回避,由工商行政管理机关负责人决定。但是,在回避决定作出前,被申请回避人员不得擅自停止对案件的调查处理。

(二)调查取证

调查取证过程是对决定立案处理的案件,为查明案情、收集证据,依据法定程序进行的调查取证和依法采取的相关措施。

1. 收集证据的种类

从证据的含义来看,只要是能够证明案件事实的材料都是证据。但是根据证据的属性,即合法性、客观性和关联性,在实际执法中,并不是所有的材料都能够作为所调查案件的证据。只有符合证据三个属性的材料才可以作为本案证据。

其中证据的合法性，包括取证的主体要合法，取证的程序要合法，证据要符合法律规定的形式。

根据《食品药品行政处罚程序规定》《工商行政管理机关行政处罚程序规定》的规定，办案人员应当依法收集与案件有关的证据，包括书证、物证、视听资料、证人证言、当事人陈述、检验报告、鉴定意见、调查笔录、电子数据、勘验笔录、现场检查笔录等。

2. 调查取证的措施

根据食品药品与知识产权的相关法律法规和部门规章的规定，在行政执法过程中，可以采取检查、询问、抽样取证、查封、扣押、检验、检疫、检测、鉴定、先行登记保存、记录、复制、拍照、录像、调取证据等调查措施来收集证据。

3. 调查取证的一般要求

在食品药品、知识产权行政处罚过程中，调查取证极其关键，决定着案件办理的成功与否，因此要按照取证程序的要求和证据的特点来实施。

（1）权利义务的告知。一是告知其有申请办案人员回避的权利；二是告知其有如实提供证据的义务。《食品药品行政处罚程序规定》第 20 条、《工商行政管理机关行政处罚程序规定》第 20 条均对此作了规定。

（2）检查的实施。执法人员进行现场检查时，执法人员不得少于 2 人，并应当出示执法证件。应当制作笔录。笔录应当注明执法人员身份、证件名称、证件编号及调查目的。执法人员应当在笔录上签字。笔录经核对无误后，被调查人应当在笔录上逐页签字或者按指纹，并在笔录上注明对笔录真实性的意见。笔录修改处，应当由被调查人签字或者捺指纹。

被调查人或者有关人员应当如实回答询问并协助、配合调查，及时提供依法应当保存的票据、凭证、记录等相关材料，不得阻挠、干扰案件的调查。办案过程中涉及国家秘密、商业秘密和个人隐私的，执法人员应当保守秘密。

（3）收集调取的证据要求。调取的证据应当是原件、原物。调取原件、原物确有困难的，可以由提交证据的单位或者个人在复制品上签字或者加盖公章，并注明“此件由 ××× 提供，经核对与原件（物）相同”的字样或者文字说明。

在中华人民共和国领域外形成的证据，应当说明来源，经所在国公证机关证明，并经中华人民共和国驻该国使领馆认证，或者履行中华人民共和国与证据所在国订立的有关条约中规定的证明手续。境外证据所包含的语言、文字应当提供经具有翻译资质的机构翻译的或者其他翻译准确的中文译文。在中华人民共和国香港特别行政区、澳门特别行政区和台湾地区形成的证据，应当按照有关规定办理证明手续。

4. 先行登记保存的实施

先行登记保存是行政机关收集证据的一种方法，是指行政机关执法人员在执行公务进行监督检查时，在证据可能灭失或以后难以取得的情况下，对相对物品和其他相关资料予以清点并登记造册的一种证据保全措施。

根据《食品药品行政处罚程序规定》《工商行政管理机关行政处罚程序规定》的规定，调查取证过程中，在证据可能灭失或者以后难以取得的情况下，经食品药品监督管理部门分管负责人批准，或应当经工商行政管理机关负责人批准可以先行登记保存。先行登记保存期间，当事人或者有关人员不得损毁、销毁或者转移证据。具体操作程序如下：

（1）执法人员应当填写《先行登记保存物品审批表》，报食品药品监督管理部门分管领导批准，或应当经工商行政管理机关负责人批准。

（2）执法人员应当向当事人出具《先行登记保存物品通知书》，并开列物品清单，写明保存条件、保存期限、保存地点以及保存证据等有关内容。实施先行登记保存时，应当有当事人在场。当事人拒绝到场的，执法人员可以邀请有关人员参加。《先行登记保存物品通知书》和《先行登记保存物品清单》应由执法人员、当事人或者有关人员签字或者加盖公章。当事人拒绝签字、盖章或者接收的，应由 2 名以上执法人员签字并说明情况。

（3）对先行登记保存的物品，应当在 7 日内及时作出处理决定。一般按照以下方式分别处理：需要采取证据保全措施的，采取记录、复制、拍照、录像等证据保全措施后予以返还；需要检验、检测、检疫、鉴定的，送交检验、检测、检疫、鉴定；依法应当予以没收的，作出行政处罚决定，没收违法物品；需要查封、扣押的，依法采取查封、扣押措施；违法事实不成立，或者违法事实成立但依法不应当予以查封、扣押或者没收的，解除先行登记保存措施。逾期未作出处理决定的，应当解除先行登记保存。

5. 查封、扣押的实施

食品药品监督管理部门、知识产权行政执法部门在案件调查时，经食品药品监督管理部门分管负责人批准，或经工商行政管理机关负责人批准，可以依法采取查封、扣押等行政强制措施，执法人员应当向当事人出具查封、扣押决定书。

在实施查封、扣押时，应当通知当事人到场，并在现场检查笔录中对采取的相关措施情况予以记载。对查封、扣押的场所、设施或者财物，应当使用盖有本部门公章的封条就地或者异地封存，当事人不得擅自启封。情况紧急需要当场采取查封、扣押措施的，应当在法律、法规规定的期限内补办查封、扣押手续。

查封、扣押的期限不得超过 30 日；情况复杂的，经行政机关负责人批准，可以延长，但是延长期限不得超过 30 日。法律、行政法规另有规定的除外。对物品需要进行检测、检验、检疫或者技术鉴定的，查封、扣押的期间不包括检测、检验、检疫或者技术鉴定的期间。检测、检验、检疫或者技术鉴定的期间应当明确，并书面告知当事人。检测、检验、检疫或者技术鉴定的费用由行政机关承担。

对容易腐烂、变质的物品，法律法规规定可以直接先行处理的，或者当事人同意先行处理的，经食品药品监督管理部门分管负责人批准，或工商行政管理机关主要负责人批准，在采取相关措施留存证据后可以先行处理。查封、扣押的财物应当妥善保管，严禁动用、调换或者损毁。

经调查取证，有下列情形之一的，应当及时作出解除查封、扣押决定，向当事人出具《解除查封（扣押）决定书》，立即退还财物：（1）当事人没有违法行为的；（2）查封、扣押的场所、设施或者财物与违法行为无关的；（3）行政机关对违法行为已经作出处理决定，不再需要查封、扣押的；（4）查封、扣押期限已经届满的；（5）其他不再需要采取查封、扣押措施的情形。

6. 撤案

案件调查过程中，经调查确认当事人违法事实不成立或者属于不予行政处罚的情形，案件承办人应当填写《撤案审批表》，经食品药品监督管理部门分管负责人批准，或工商行政管理机关主要负责人批准，并告知当事人。

（三）处罚决定

行政处罚决定是在调查取证的基础上，依法认定违法事实适用法律，对违法行为的主体作出制裁和惩戒的过程。

1. 决定前的准备

（1）撰写案件调查终结报告。案件调查终结报告是行政执法部门对立案调查的案件，认为已经查清违法事实，需要给予行政处罚，由案件承办人写出案件情况和处理意见提请行政执法部门的书面报告。《食品药品行政处罚程序规定》第33条规定，案件调查终结后，案件承办人应当撰写调查终结报告，简易程序除外。调查终结报告内容包括：当事人基本情况、案由、违法事实及证据、调查经过等；拟给予行政处罚的，还应当包括所适用的依据及处罚建议。《工商行政管理机关行政处罚程序规定》第45条规定，案件调查终结，或者办案机构认为应当终止调查的，按照下列方式处理：认为违法事实成立，应当予以行政处罚的，写出调查终结报告，草拟行政处罚建议书，连同案卷交由核审机构核审。调查终结报告应当包括当事人的基本情况、违法事实、相关证据及其证明事项、案件性质、自由裁量理由、处罚依据、处罚建议等。

（2）食品药品案件的讨论决定。在食品药品行政处罚过程中有三项程序性的工作需要讨论决定：一是处罚决定的讨论；二是处罚的事先告知；三是陈述申辩。根据案件大小和案情复杂程度的不同，处罚决定讨论形式有两个层次：一个层次是一般案件，采用合议讨论决定；另一个层次是重大复杂案件，由行政机关负责人集体讨论决定。

合议，是在案件调查终结后，由食品药品监督管理部门组织 3 名以上有关人员对案件违法行为的事实、性质、情节、社会危害程度、办案程序等进行综合分析和审议的过程。合议应当根据认定的事实，提出予以处罚、补充证据、重新调查、撤销案件或者其他处理意见。一般案件，直接提出给予处罚、移送、退回补证或撤销案件的意见；重大复杂案件，提出合议建议，提请领导集体讨论决定。重大案件在合议后，负责人集体讨论前，一般需法制审核环节。一般案件合议认为需要提请领导集体讨论的，也可以提请领导集体讨论。合议的过程形成《案件合议记录》，经参加合议的人员和记录人核对无误后签字确认。合议由执法机构负责人或其指定的人员主持，也可由主管行政处罚的领导主持。

合议和集体讨论的主要程序是：主持人宣布开会、案件主办人汇报案情、讨论发言、主持人归纳合议意见或讨论决定。一般案件与重大复杂案件的区分在法律法规中没有具体的规定，通常由各级行政机关根据各自的实际情况确定。不同级别、不同地区的食品药品监督管理部门对重大复杂案件的划分有不同标准。多数情况下，符合听证程序的案件一般会作为重大案件。

（3）知识产权案件的核审。根据《工商行政管理机关行政处罚程序规定》的规定，知识产权案件在作出处罚决定前，应该进行核审。案件核审由工商行政管理机关的法制机构负责实施。工商行政管理所以自己的名义实施行政处罚的案件，由工商行政管理所的法制员负责核审。

案件核审的主要内容包括：①所办案件是否具有管辖权；②当事人的基本情况是否清楚；③案件事实是否清楚、证据是否充分；④定性是否准确；⑤适用依据是否正确；⑥处罚是否适当；⑦程序是否合法。

核审机构经过对案件进行核审，提出以下书面意见和建议：①对事实清楚、证据确凿、适用依据正确、定性准确、处罚适当、程序合法的案件，同意办案机构意见，建议报机关负责人批准后告知当事人；②对定性不准、适用依据错误、处罚不当的案件，建议办案机构修改；③对事实不清、证据不足的案件，建议办案机构补正；④对程序不合法的案件，建议办案机构纠正；⑤对违法事实不成立或者已超过追责期限的案件，建议销案；⑥对违法事实轻微并及时纠正，没有造成危害后果的案件，建议不予行政处罚；⑦对超出管辖权的案件，建议办案机构按有关规定移送；⑧对涉嫌犯罪的案件，建议移送司法机关。

2. 处罚决定的审批

拟作出的行政处罚决定的应当报食品药品监督管理机关或工商行政管理机关负责人审查。机关负责人根据不同情况，分别作出如下决定：（1）确有应受行政处罚的违法行为的，根据情节轻重及具体情况，作出行政处罚决定；（2）违法行为轻微，依法可以不予行政处罚的，不予行政处罚；（3）违法事实不能成立的，不得给予行政处罚；（4）违法行为已构成犯罪的，移送公安机关。

一般案件经食品药品监督管理部门负责人审批；重大复杂案件经食品药品监督管理部门主要负责人或主管行政处罚的领导根据集体讨论的决定审批。工商行政管理机关对重大、复杂的知识产权案件，或者重大违法行为给予较重处罚的案件，应当提交工商行政管理机关有关会议集体讨论决定。重大、复杂案件，或者重大违法行为给予较重处罚的案件范围，由省级工商行政管理机关确定。

3. 决定书的制作

案件承办人员根据审批的《行政处罚审批表》制作正式的《行政处罚决定书》，行政处罚决定书应当载明下列事项：（1）当事人的姓名或者名称、地址；（2）违反法律、法规或者规章的事实和证据；（3）行政处罚的种类和依据；（4）行政处罚的履行方式和期限；（5）不服行政处罚决定，申请行政复议或者提起行政诉讼的途径和期限；（6）作出行政处罚决定的部门名称和作出决定的日期。行政处罚决定中涉及没收食品药品或者其他有关物品的，还应当附没收物品凭证。行政处罚决定书应当盖有作出行政处罚决定的部门的公章。一般情况下，制作《行政处罚决定书》的同时，制作《送达回执》。

4. 处罚决定的送达

《行政处罚决定书》应当在宣告后当场交付当事人，并由当事人在《送达回执》上签字。当事人不在场的，应当在7日内依照规定，将《行政处罚决定书》送达当事人。根据《民事诉讼法》《食品药品行政处罚程序规定》《工商行政管理机关行政处罚程序规定》等规定，送达的方式主要有五种：直接送达、留置送达、委托送达、邮寄送达、公告送达。

（1）直接送达。《行政处罚决定书》由承办人直接送交当事人签收。受送达人（当事人）是公民的，本人不在时，交其同住成年家属签收；受送达人是法人或者其他组织的，应当由其法定代表人、其他组织的主要负责人或者该法人、组织负责收件的人签收；受送达人有代理人的，可以送交其代理人签收。受送达人应当在送达回执上注明收到日期并签字或者盖章。签收日期即为送达日期。

（2）留置送达。留置送达，是指当事人或者其同住成年家属无理拒收文书时，送达人依法将《行政处罚决定书》放置在当事人的住所并产生送达法律效力的送达方式。受送达人或者其同住成年家属拒收行政处罚决定书的，送达人可以邀请有关基层组织或者所在单位人员到场并说明情况，在送达回执上注明拒收事由和日期，由送达人、见证人签字或者盖章，将行政处罚决定书留在受送达人的住所，即视为送达。

（3）委托送达。委托送达，是指委托当事人就近的食品药品监督管理部门、工商行政管理部门代为送达的方式。一般情况下，直接送达有困难的可以采用委托送达的方式。另外，国家食品药品监督管理总局作出的撤销食品药品批准证明文件的行政处罚，交由当事人所在地的省、自治区、直辖市食品药品监督管理部门送达。

（4）邮寄送达。邮寄送达，是指将《行政处罚决定书》通过邮政局并用挂号信、专递方式等寄给当事人的方式。邮寄送达，应当附有送达回执。挂号信回执上注明的收件日期与送达回执上注明的收件日期不一致的，或者送达回执没有寄回的，以挂号信回执上注明的收件日期为送达日期。需要注意的是，邮寄送达是特指通过邮政局寄送，而非其他快递公司；所附的送达回执应注明所送达的文书名称、编号和主要内容。

（5）公告送达。公告送达，是指食品药品监督管理部门、工商行政管理部门以张贴公告、报纸、电视、网站等公众媒介将《行政处罚决定书》公诸于众，发布之日起满 60 日即为送达。采用公告送达必须是受送达人下落不明，或者用其他方式无法送达时，才能适用。公告应制作影印件并收入案卷，在案卷中载明公告送达的原因和经过。

四、听证与执行

（一）听证的实施

听证程序，是指行政执法部门在作出重大行政处罚决定之前，依当事人申请，举行听证会，充分听取当事人及利害关系人与执法人员进行质证的程序。它不是与简易程序、一般程序相并列的第三种程序，只是一般程序中的一个环节。《食品药品行政处罚程序规定》《工商行政管理机关行政处罚程序规定》都没对听证的程序作出具体规定，只是分别在第 37 条、第 52 条做了原则性规定。

1. 听证程序的适用范围

按照《行政处罚法》《食品药品行政处罚程序规定》《工商行政管理机关行政处罚程序规定》等的有关规定，食品药品监督管理部门、工商行政管理部门拟作出下列行政处罚的，应适用听证程序：责令停产停业、吊销许可证、撤销批准证明文件、较大数额罚款、没收较大数额财物等。较大数额的划定标准应按照所在省、自治区、直辖市的具体规定执行。应适用听证程序而未按照规定适用的，所作出的行政处罚决定无效。

2. 听证程序的实施步骤

当事人要求听证的，应当按照以下程序组织听证：

（1）当事人要求听证的，应当在行政执法部门告知后 3 日内提出。凡适用听证程序的，在作出行政处罚决定前，应当填写并向当事人送达《听证告知书》。提出听证要求的时间，应该是行政执法部门对案件已经调查终结、在作出行政处罚决定之前，由行政执法部门通知当事人到场，告知当事人已经查明的违法事实、处罚的法律依据和拟将给予的行政处罚等事项。当事人对行政执法部门告知的事项有不同意见，并且与行政执法部门的认定不能一致，亦即有重大分歧的，当事人可以提出听证要求，听证要求应当在行政执法部门告知后的 3 日内向行政机关提出。

（2）行政执法部门决定举行听证时，应当在听证的 7 日前向当事人发出《听证通知书》。通知当事人举行听证的时间、地点。为了保证当事人有足够的时间准备听证，行政执法部门举行听证的，必须在 7 日前将举行听证的时间、地点通知当事人。

（3）除涉及国家秘密、商业秘密或者个人隐私外，听证公开举行。规定听证除涉及国家秘密、商业秘密或者个人隐私外，必须公开举行，是为了遵循食品药品、知识产权行政处罚的公开原则，便于人民群众对听证的监督，保证听证的公正性。

（4）听证由行政执法部门指定的非本案调查人员主持。当事人认为主持人与本案有直接利害关系的，有权申请回避。这是保证听证公正性的规定。行政执法部门应当指定本机关的行政人员作为听证主持人，但是不能指定听证案件的调查人员作为主持人。当事人认为食品药品监督管理部门指定的听证主持人与本案有直接利害关系的，有权申请该听证主持人回避。行政执法部门对于当事人提出的回避申请，应当予以审核，主持人确实不符合法律规定的，应当予以回避，并另行指定听证主持人。

（5）当事人可以亲自参加听证，也可以委托 1 人至 2 人代理。这是对听证参加人的规定。听证是给当事人一个作出辩护、弄清事实的机会和场合，当事人可以自己参加听证，为自己申辩；也可以委托 1 人或者 2 人代理参加听证，为当事人作出辩护。代理人可以是当事人的近亲属，也可以是当事人聘请的律师。

（6）举行听证时，调查人员提出当事人违法的事实、证据和行政处罚建议；当事人进行申辩和质证。听证开始后，由行政执法部门就当事人的违法行为予以指控，并出具证据材料和提出处罚意见；当事人就行政执法部门指控的事实和相关的问题发表意见。出示证据、进行答辩；行政执法部门和当事人可以就各自出示的证据的真实性进行辩论；辩论后，当事人有最后陈述的权利。通过当事人与行政执法部门双方各自分别出示证据，相互辩论，申明理由，陈述意见，辩明事实，为行政执法部门作出正确的行政处罚决定奠定基础。

（7）听证应当制作《听证笔录》，笔录应当交当事人审核无误后签字或者盖章。听证笔录是行政执法部门作出行政处罚决定的根据之一，也是当事人不服行政处罚决定提起行政诉讼时，行政执法部门向人民法院提供的证据之一。听证笔录应当在听证后当场交当事人审核或者向当事人宣读，当事人认为记录有遗漏或者有差错的，可以请求补充或者改正。当事人认为无误后，听证主持人、当事人及其代理人应当在听证笔录上签名或者盖章。

另外，行政处罚法还规定，举行听证当事人不承担行政执法部门组织听证的费用。当事人不承担听证费用，是指行政执法部门为组织听证所支付的费用，如租用场地等费用。不包括当事人聘请律师、取得证据等个人所应支付的费用。

（二）执行

执行程序是指食品药品、知识产权行政处罚决定书所确定的当事人的责任如何得到履行的过程。食品药品、知识产权行政处罚是食品药品监督管理部门、工商行政管理部门代表国家对公民、法人或者其他组织的违法行为所作出的行政处罚。因此，行政处罚一经作出就具有法律效力，由国家强制力保证其执行。

1. 行政相对人的履行期限

行政处罚决定书送达当事人后，当事人应当自收到行政处罚决定书之日起 15 日内到指定的银行缴纳罚款。

当事人确有经济困难，可以提出延期或者分期缴纳罚款的申请，并提交书面材料。经案件承办人员审核，确定延期或者分期缴纳罚款的期限和金额，报食品药品监督管理部门分管负责人批准后执行。

2. 不因救济程序而停止执行

当事人对行政处罚决定不服，申请行政复议或者提起行政诉讼的，行政处罚不停止执行，但行政复议或者行政诉讼期间决定或者裁定停止执行的除外。

3. 罚款的决定与收缴机构分离

作出罚款和没收违法所得决定的行政执法部门应当与收缴罚没款的机构分离。除按规定当场收缴的罚款外，执法人员不得自行收缴罚没款。受处罚的当事人应当自收到行政处罚决定书之日起 15 日内，到指定的银行缴纳罚款。银行应当收受罚款，并将罚款直接上缴国库。

行政执法部门及其执法人员当场收缴罚款的，应当向当事人出具省、自治区、直辖市财政部门统一制发的罚款收据。执法人员当场收缴的罚款，应当自收缴罚款之日起 2 日内交至行政执法部门；行政执法部门应当在 2 日内将罚款缴付指定的银行。

4. 行政主体的保障措施

当事人逾期不履行行政处罚决定的，作出行政处罚的行政执法部门可以采取以下措施，强制当事人履行，这主要是指：（1）当事人到期不缴纳罚款的，应当进行催告，行政执法部门制作《履行行政处罚决定催告书》，告知未及时或全部缴纳罚没款的当事人履行义务的期限、方式、金额，依法享有的陈述和申辩权；（2）根据法律的规定，将查封、扣押的财物拍卖或者将冻结的存款划拨抵缴罚款；（3）申请人民法院强制执行。行政执法部门制作《行政处罚强制执行申请书》，申请执行内容应当写明申请执行的事项，包括罚没款数额、没收物品名称及数量等。

第三章
涉网食品药品与知识产权案件稽查

涉网违法行为的蔓延，已经引起相关职能部门的高度重视。为深入贯彻落实党中央和国务院有关决策部署，充分发挥网络市场监管部际联席会议作用，突出问题导向，强化和深化网络市场协同治理，促进网络经济健康快速发展，2017 年 5 月 23 日，国家工商总局、发展改革委、工业和信息化部、公安部、商务部、海关总署、质检总局、食品药品监管总局、网信办、邮政局决定于 5 月至 11 月，联合开展 2017 网络市场监管专项行动，并下发《2017 网络市场监管专项行动方案》。专项行动的工作重点：**一是严厉打击侵权假冒行为**。以食品药品、化妆品、医疗器械、服装鞋帽、儿童老年用品、家用电器、消费类电子产品、汽车配件、装饰装修材料、农资等社会反映集中、关系健康安全、影响公共安全的消费品和生产资料为重点，开展联合执法，强化对生产经营企业和网络交易平台的监督检查，依法依规处置互联网侵权假冒信息，加强风险监测和质量抽检，开展邮件、快件寄递渠道重点执法，建立健全侵权假冒商品生产、流通、销售全链条监管机制。加大对销售仿冒高知名度商标、涉外商标商品，网上滥用、冒用、伪造涉农产品地理标志证明商标行为的查处力度，严厉打击侵犯老字号知识产权和制售假冒伪劣老字号产品的不法行为，维护权利人和消费者的合法权益。指导督促网络交易平台经营者加强事前、事中、事后全流程防范假冒伪劣。**二是严厉打击虚假宣传、虚假违法广告行为。**严格执行《中华人民共和国反不正当竞争法》《中华人民共和国广告法》《互联网广告管理暂行办法》等相关规定，严厉打击网络虚假宣传、虚假表示违法行为。加强互联网广告监管，充分发挥互联网广告监测中心的作用，强化互联网广告监测，加大对重点网站广告的监测力度。加大对医疗、药品、食品、保健食品、投资收藏类等重点领域广告监管执法力度，遏制虚假违法广告反弹。**三是严厉打击刷单炒信行为。**深入开展反炒信联合行动，严厉打击恶意注册、刷单炒信、虚假评价以及泄露倒卖个人信息、合谋寄递空包裹等违法违规行为。充分发挥网监信息化系统和网络交易平台经营者的大数据分析作用，对证据进行固定和提取，提高网络违法线索的发现率和案件查处的精准度。督促网络交易平台经营者进一步加强内部信用管理，完善对刷单炒信行为的监测监控，及时掌握其新特点、新动向和新情况，及时提供相关数据信息，配合执法工作开展。**四是严厉打击其他网络违法违规行为。**集中整治非法主体网站，规范网络经营主体。加大对互联网领域各类不正当竞争行为、网络传销行为的查处力度。加强网络集中促销期监测监管，严厉查处虚假宣传、不正当价格行为等各类违法行为。以网络服务交易平台和在线旅游市场为重点，加强网络服务交易监管。落实《中华人民共和国消费者权益保护法》《网络购买商品七日无理由退货暂行办法》等相关规定，加大对不公平格式条款、违法收集使用消费者个人信息以及在网购退换货等经营活动中侵害消费者权益行为的打击力度。加强对农村电商、跨境电商、微商以及其他网络市场发展新模式新业态中违法行为的研判和联合查处。加大对跨境电商进出口环节通过虚假交易、支付、物流数据实施逃避海关监管行为的整治力度。

涉网食品药品与知识产权案件的稽查与普通实体空间发生的违法案件查处，在办案程序、证据等方面都遵从同样的规定。但在法律依据、所采取的措施、所运用的调查途径等有独特的特征。

一、涉网食品药品与知识产权案件稽查的法律依据

对于涉网食品药品与知识产权案件稽查有关的法律法规较多，既有《食品安全法》《药品管理法》《中华人民共和国专利法》《中华人民共和国商标法》《中华人民共和国著作权法》等专门法律，也有《行政处罚法》《中华人民共和国行政强制法》等行政法，还有大量的法规规章等。除此外就涉网案件来看，还需要依据与网络有关的法律法规。当然，随着国务院机构改革方案的推进，对原国家工商行政管理总局和原国家食品药品监督管理总局出台的相关规章，必然进行统一的数量审查，以确定是否继续实施。

（一）《中华人民共和国网络安全法》

《中华人民共和国网络安全法》作为全国人大常委会制定的法律，其制定是为了保障网络安全，维护网络空间主权和国家安全、社会公共利益，保护公民、法人和其他组织的合法权益，促进经济社会信息化健康发展。要求在中华人民共和国境内建设、运营、维护和使用网络，以及网络安全的监督管理，都必须遵守。在本法中，对网络经营的行为做了禁止性规定。如第 46 条规定，任何个人和组织应当对其使用网络的行为负责，不得设立用于实施诈骗，传授犯罪方法，制作或者销售违禁物品、管制物品等违法犯罪活动的网站、通讯群组，不得利用网络发布涉及实施诈骗，制作或者销售违禁物品、管制物品以及其他违法犯罪活动的信息。在第 49 条规定，“网络运营者对网信部门和有关部门依法实施的监督检查，应当予以配合”。以此赋予了有关部门依法实施监督检查的权力。

（二）国家工商总局《网络交易管理办法》

在本办法中对网络商品交易和有关服务的内涵做了界定。网络商品交易，是指通过互联网（含移动互联网）销售商品或者提供服务的经营活动；有关服务，是指为网络商品交易提供第三方交易平台、宣传推广、信用评价、支付结算、物

流、快递、网络接入、服务器托管、虚拟空间租用、网站网页设计制作等营利性服务。对于网络交易中的违法情形，《网络交易管理办法》对案件管辖作了明确规定：网络商品交易及有关服务违法行为由发生违法行为的经营者住所所在地县级以上工商行政管理部门管辖。对于其中通过第三方交易平台开展经营活动的经营者，其违法行为由第三方交易平台经营者住所所在地县级以上工商行政管理部门管辖。第三方交易平台经营者住所所在地县级以上工商行政管理部门管辖异地违法行为人有困难的，可以将违法行为人的违法情况移交违法行为人所在地县级以上工商行政管理部门处理。两个以上工商行政管理部门因网络商品交易及有关服务违法行为的管辖权发生争议的，应当报请共同的上一级工商行政管理部门指定管辖。对于全国范围内有重大影响、严重侵害消费者权益、引发群体投诉或者案情复杂的网络商品交易及有关服务违法行为，由国家工商行政管理总局负责查处或者指定省级工商行政管理局负责查处。

（三）原国家食品药品监督管理总局《网络食品安全违法行为查处办法》

《网络食品安全违法行为查处办法》对于网络经营食品违法行为的查处作了规定。第2条规定，在中华人民共和国境内网络食品交易第三方平台提供者以及通过第三方平台或者自建的网站进行交易的食品生产经营者（以下简称入网食品生产经营者）违反食品安全法律、法规、规章或者食品安全标准行为的查处，适用本办法。

二、涉网食品药品与知识产权案件的调查取证

网络的隐蔽性、跨地域性、辐射性、快捷性及信息的高度共享等特点，使原有的法律规范难以维护网络空间的良好秩序，传统的道德观和法律观在虚拟世界中遭遇到巨大冲击，几近崩塌，危害食品药品安全和侵犯知识产权行为屡见不鲜。

（一）涉网食品药品与知识产权违法行为的形式

1. 经营者自建网页销售问题食品药品以及侵犯知识产权的行为

包括食品生产经营者自建网络平台实施违法交易；药品生产经营者自建网络平台实施违法交易；其他经营者自建网络平台实施侵犯知识产权的行为；等等。

2. 利用现有网络第三方平台销售问题食品药品和侵犯知识产权的行为

包括利用第三方平台从事问题食品交易，利用第三方平台从事问题药品交易，以及借助第三方平台实施交易中侵犯知识产权的情形，等等。如利用淘宝、京东、一号店等平台实施的食品药品违法经营和侵犯知识产权的行为等。

3. 食品药品等生产者利用网络购买原料用于违法生产经营的行为

包括问题食品生产经营者利用网络购买原料、包装材料、半成品、成品来加工、生产和经营问题食品；问题药品生产经营者利用网络购买原料、包装材料、半成品、成品来加工、生产和经营问题药品；以及其他侵犯知识产权的当事人利用网络购买原料、包装材料、半成品、成品来加工、生产和经营问题产品的行为等。

4. 问题食品药品违法及侵犯知识产权的违法当事人利用网络宣传的情形

其包括问题食品违法当事人利用网络进行宣传的情形；问题药品违法当事人利用网络进行宣传的情形；以及侵犯知识产权当事人利用网络进行宣传的情形等。

5. 违法利用微信、QQ 等即时通讯工具销售问题食品药品及侵犯知识产权的行为

包括问题食品违法生产经营者利用微信中的朋友圈、聊天群、公众号，QQ 的聊天功能、QQ 空间等销售问题食品的情形；问题药品违法生产经营者利用微信中的朋友圈、聊天群、公众号，QQ 的聊天功能、QQ 空间等销售问题药品的情形；其他违法生产经营者利用微信中的朋友圈、聊天群、公众号，QQ 的聊天功能、QQ空间等侵犯知识产权的情形。

6. 利用与网络有关的工具为违法行为提供便利的情形

包括利用网络即时通讯工具进行违法活动的交流、联络；利用手机等通讯工具进行违法活动的交流、联络；利用网上银行、支付功能实现资金的流动；借助网络进行问题产品的快速交付；利用自建的内部网络、监控对违法生产经营行为进行监控；等等。

7. 其他涉网食品药品违法行为以及侵犯知识产权的情形

包括餐饮服务提供者利用外卖平台提供问题食品外卖；利用网络实现问题产品的设计、包装印刷合同的达成；等等。

（二）涉网食品药品与知识产权案件调查取证的措施

根据《网络食品安全违法行为查处办法》第24条规定，涉网食品违法行为调查取证的措施包括：（1）进入当事人网络食品交易场所实施现场检查。包括对实体交易场所检查，还应包括对其网络交易空间检查。（2）对网络交易的食品进行抽样检验。主要是通过网购的形式来获得样品。（3）询问有关当事人，调查其从事网络食品交易行为的相关情况。包括询问违法经营者、其雇佣的人员，以及平台经营或保障平台运行的人员等。另外还需要通过检查中获取的消费者信息，对相关消费者也进行询问。（4）查阅、复制当事人的交易数据、合同、票据、账簿以及其他相关资料（扣押或调取）。（5）调取网络交易的技术监测、记录资料（电子数据）。主要有网店经营的数据，平台留存的数据，网络宣传的数据，消费者的信息数据，银行账户数据，相关即时通讯工具的数据等。（6）法律、法规规定可以采取的其他措施。

《网络交易管理办法》第43条规定，县级以上工商行政管理部门对涉嫌违法的网络商品交易及有关服务行为进行查处时，可以行使下列职权：（1）询问有关当事人，调查其涉嫌从事违法网络商品交易及有关服务行为的相关情况；（2）查阅、复制当事人的交易数据、合同、票据、账簿以及其他相关数据资料；（3）依照法律、法规的规定，查封、扣押用于从事违法网络商品交易及有关服务行为的商品、工具、设备等物品，查封用于从事违法网络商品交易及有关服务行为的经营场所；(4) 法律、法规规定可以采取的其他措施。

（三）涉网食品药品与知识产权案件电子数据的收集

1. 什么是电子数据

(1) 电子数据的内涵。从现有法律法规来看,《中华人民共和国行政诉讼法》《食品药品行政处罚程序规定》等已经将电子数据纳入法定行政案件中的证据形式，但是对什么是电子数据没能作出规定[①]。在此，笔者认为，电子数据，是指以数字化形式存储、处理、传输的，能够证明案件事实的数据。

(2) 电子数据的内容。同样，目前缺乏对于电子数据内容的明确法律规定，在此借用《关于办理刑事案件收集提取和审查判断电子数据若干问题的规定》的规定，电子数据包括但不限于下列信息、电子文件：

①网页、博客、微博客、朋友圈、贴吧、网盘等网络平台发布的信息；

②手机短信、电子邮件、即时通信、通讯群组等网络应用服务的通信信息；

③用户注册信息、身份认证信息、电子交易记录、通信记录、登录日志等信息；

④文档、图片、音视频、数字证书、计算机程序等电子文件，等等。

2. 电子数据在涉网案件查办中的作用

随着互联网的快速发展和普及，电子数据在案件中的数量日益庞大，甚至成为案件中数量最多的证据，因此做好电子数据收集，对查办案件至关重要。就目前来看，电子数据在涉网食品药品与侵犯知识产权案件中具有以下重要作用。

---

① 《工商行政管理机关行政处罚程序规定》第 23 条没规定电子数据，而是用计算机数据代称，考虑本规定出台于 2007 年，其内涵应该是与电子数据一致的。

（1）身份识别确定。通过收集与当事人及其行为有关的各类电子数据，分析当事人自然属性、社会属性，识别特定当事人，进而确定当事人身份。

（2）时空定位。对收集的电子数据所特有的内容进行分析，分析电子数据所记录、反映的时间、地点信息，进而确定案件发生的时间、地点。

（3）联结纽带。案件查办过程中所收集的证据都是一个个孤立的材料，但最终需要是将所有的证据根据案情关联起来，构建一个完整的、排除合理怀疑的证据链条。但孤立的单个证据之间的关联性和逻辑顺序都隐藏在案件中。而电子数据则可以在各种形式的证据材料之间起到联结纽带的作用，将证据关联起来构成证据链，并可以对各个证据的真伪起到审查作用。

（4）轨迹再现。违法案件都是由违法当事人的行为所引发的，案件的调查其实就是对违法当事人违法行为的回溯。在传统的调查中，由于可用的证据数量的限制，很难刻画当事人的违法行为。而海量的电子数据的存在使得刻画当事人的违法行为轨迹成为可能。

（5）线索引导。由于部分案情的复杂性，如何调查取证成为案件调查的瓶颈。而电子数据的大量存在，与案件中的各种证据有这样那样的关联，可以通过分析电子数据与其他证据的关系来指引案件的查证。

（6）证据认定。电子数据作为法定证据形式，可以直接作为证据来证明案情。

3. 电子数据收集的原则

（1）依法调取。应当由两名以上具有执法资格的执法人员持执法资格证和相关法律文书依法调取。

（2）全面收集。收集过程中，要求全面收集涉案的电子数据，包括既要收集能够证实当事人违法的电子数据，也要收集能够证明当事人没有违法的电子数据；既要收集能够证明当事人违法情形较重的电子数据，也要收集能够证明违法当事人具备从轻、减轻等情节的电子数据。

（3）过程固定。在收集电子数据的过程中，保障合法规范收集是确保其证据地位和证明力的基础。为此需要采用录音、录像等方式固定整个取证过程，以有利于对电子数据内容的及时固定，并有利于证明取证的合法性。

（4）行刑衔接。就目前来看，很多涉网的食品、药品、侵犯知识产权案件都可能涉嫌犯罪。但是行政执法人员在调查阶段可能很难确定是否涉嫌犯罪，整个取证过程也就存在不严谨、不规范的可能。因此需要取证人员在收集电子数据的时候尽量按照刑事诉讼的标准取证，以备移送。

（5）准确记录。为了保证所收集提取的电子数据的合法性、客观性和关联性，通过笔录等方式准确、如实记录收集的电子数据就非常重要。包括记录案由、对象、内容、收集、提取时间、地点、方法、过程，并附清单，注明类别、文件格式、完整性校验值等，由执法人员、电子数据持有人（提供人）签名或者盖章。

4. 电子数据收集的主体

按照相关法律法规等的规定，原则上电子数据收集的主体应该是具有执法资格的执法人员。但是电子数据的高科技性、复杂性、隐蔽性等特点，要求收集电子数据的人员必须熟练掌握计算机与网络的知识和技能，特别是随着大数据、云计算等技术的发展，电子数据的存贮状态更加复杂，必须有专业的技术专家来提取。为此，可以采取以下方式收集电子数据：一是指派或聘请的电子技术方面的专家协助收集；二是由专业的网络执法人员收集。

5. 电子数据的收集程序

（1）取证前的准备。一是人员准备。不少于两名执法人员，并根据取证的需要，指派或聘请专业的技术人员。二是取证工具准备。准备取证所必须的硬件设备和软件。三是执法文书准备。现场检查笔录、查封扣押决定书、涉案物品清单、封条等。四是制定详细检查取证方案。包括人员分工及各组任务等。

（2）电子数据的现场检查。一是现场保护。既要注重现场实体空间的保护，也要注重现场虚拟网络空间的保护。要安排专人对现场进行严密保护，特别是对虚拟现场的保护要由专业技术人员实施。二是实施场所检查。在对现场进行勘验的过程中，同时对存有电子数据的场所进行细致的检查，及时提取与案件有关的电子数据。三是电子设备、介质检查。对涉及电子数据的计算机系统、网络系统、通讯设备、存储设备等进行检查。四是电子数据内容检查。对相关设备中的电子数据进行检查分析，确定与案件有关的电子数据。

（3）电子数据的取证。在行政执法中，可以采取扣押、封存、提取、打印、拍照或者录像等方式。一是扣押、封存。主要针对能够扣押电子数据原始存储介质的情形，采取扣押、封存电子数据原始存储介质的方式。二是提取并计算电子数据的完整性校验值。主要针对原始存储介质体积较大，无法扣押；或采取扣押、封存等方式会影响单位的整体运行；或采取提取计算机内存数据、网络传输数据等不是存储在存储介质上的电子数据的；或原始存储介质位于境外的，其他无法扣押原始存储介质等的情形，可以采取提取的方式。对于原始存储介质位于境外或者远程计算机信息系统上的电子数据，可以通过网络在线提取。三是打印、拍照或录像。对于不宜扣押、封存、提取的，可以采取直接打印、拍照或录像的方式取证。对于数据量大、无法或者不便提取的；提取时间长，可能造成电子数据被篡改或者灭失的；通过网络应用可以更为直观地展示电子数据的等情形，如果可能涉嫌犯罪，可以请求公安机关协助采取冻结的方式。

6. 收集提取电子数据需要注意的问题

（1）封存电子数据原始存储介质，应当保证在不解除封存状态的情况下，无法增加、删除、修改电子数据。封存前后应当拍摄被封存原始存储介质的照片，清晰反映封口或者张贴封条处的状况。

（2）封存手机等具有无线通信功能的存储介质，应当采取信号屏蔽、信号阻断或者切断电源等措施。特别是随着技术的发展，一些移动存贮设备，如移动硬盘等也具备了无线功能，在取证过程中注意此类设备的信号屏蔽或阻断。

（3）要保护原始数据不被破坏，确保设备中的数据内容自获取时便不再有任何变动。

三、涉网食品药品与知识产权案件调查途径

（一）围绕资金的流动入手

此调查途径是根据食品、药品、知识产权案件的资金流动的情况来调查整个案件。制售假货和侵犯知识产权者的资金流的转账是案件调查的方向。售假者的目的是为了赚取利润，每完成一笔交易，最终钱会流动到其账户。售假者的账号、姓名、手机号、地址等信息都可能是假的，但是钱的流动不是假的，无论采取任何方式来掩盖。执法机关可以通过这些资金流动的数据去追踪，发现资金最终到达的目的地，如在某提款机提现或者转移到违法行为人自认为安全的账户。然后根据此途径继续调查。

（二）围绕产品的流动入手

主要以发现的问题食品药品和涉嫌侵犯知识产权的产品，以及违法现场遗留的与违法人员相关的痕迹物证为线索，进而查找到相关的违法人员和案件。在执法中发现，售假者为了规避发货地址信息暴露真实产品信息，通常采取以下手段伪装，来干扰对案件的查证：一是把假货运到别的地区发货；二是和部分快递物流商勾结，从流转记录上改为其他地区。例如，通过网上交易一双假的篮球鞋，卖家实际在福建省莆田发货，但发货地址填的是上海。从快递物流上看包裹是从莆田发货，物流信息显示莆田某某快递站已经揽收，很明显是假货。在日常进行案情分析时，除了看交易的行为之外，还需要看填写物流单号上的信息，包括物流流转的记录。但是由于最后商品会实现交割，物品总会与特定的人联系到一起，由此调查人员可以以产品的流动作为

调查途径。

（三）围绕信息的流动入手

一方面，通过主动搜集各种与问题食品药品、侵犯知识产权行为有关的各类信息，对所收集的信息进行分析研判，发现其中可能存在的食品、药品、知识产权类违法的信息，进而根据可疑信息展开调查，发现未知的食品、药品、知识产权违法案件的调查途径。在这一过程中，可以根据单项数据信息进行分析，如根据银行交易信息、手机通讯信息、网络交易信息、视频监控信息等，更多的是将这些信息综合起来进行系统分析刻画违法行为轨迹。

另一方面，在食品药品与知识产权案件调查中，通过收集违法行为人所使用的计算机、网络、通讯工具等所生成的电子数据，调取拍录到与其违法行为有关的视频监控，调取进行交易中产生的资金流转信息等，可以将违法行为人的一些主要行为再现，从而客观的反映出违法行为人相关的违法活动，如通过互联网进行营销时，虚拟空间内所保存的电子数据就可完整刻画出整个交易的情况等。

第二篇

涉网食品药品与知识产权犯罪案件侦查

第四章 网络食品药品与知识产权犯罪现状

一、网络食品药品犯罪现状

食品、药品因其作为公民日常生活的必须品，成为网络购物必不可少的组成部分，但网络销售假冒伪劣食品药品问题也日渐严重。根据中国电子商务协会等民间机构发布的《中国网站可信验证行业发展报告》显示，保守估算，我国网民每年因网购诈骗遭受的损失高达数百亿元，危害严重。在此背景下，本节借助无讼网、北大法宝网两个专业网站，收集了近 8 年时间内（2009 年 6 月—2017 年 12 月）网络销售假冒伪劣食品药品的 101 个案例，并借助 SPSS 软件进行数据统计，尝试对网络食品药品犯罪模式及发展趋势进行初步总结与分析。

（一）网络食品药品犯罪模式

1. 涉案人员组织形式以团伙为主

表 1　网络销售假冒伪劣食品药品的犯罪主体形式

犯罪主体形式	频率	百分比
个人	21	20.8
团伙	80	79.2
合计	101	100

统计案例中，网售假冒伪劣食品药品的违法犯罪组织形式以团伙分工形式为主，占到了总案例的79.2%（表1）。这可能是因为网售假冒伪劣食品药品涉及加工进货、宣传欺骗、网店经营和货款收转等多个环节，过程较为复杂，需要大量人力物力。例如，北京市2013年破获的首例“境外假药入境销售案”中，从上线与海外供应商联络，到下线组织宣传和贩卖，涉及犯罪嫌疑人多达33名。又如，2016年9月，在一些电子商务公司协助下，湖南省怀化市公安局、食品药品监督管理局联合出击，成功破获一宗特大生产、销售“闪电瘦”有害假冒减肥药案。犯罪嫌疑人姚某某曾通过微信建立了自上而下的“闪电瘦”有害减肥药品完整销售网络，其本人及代理商通过微信将“闪电瘦”这一产品销售到全国各地，其团伙核心人员20多人，销售人员则横跨十几个省市、一度达到4000多人。

2. 制假原料以无害低廉型材料为主

网售假冒伪劣食品药品的犯罪分子既要谋求利润最大化，又力求风险最小化，故通常采用低廉原料加工、以次充好冒充正规食品和药品等手段。在所统计案件中，这一比例在食品中占到46.88%，在药品中占到55.22%。部分食品如奶粉、食用油，均用清水勾兑或者购入劣质食用油冒充名牌；而药品类则以面粉、淀粉等为主要原料。但值得注意的是，部分商家为了牟取暴利，提高“效果”，也会向食品药品中添加有害成分。这类案件中，食品类占比为40.63%，药品类占比为25.37%，比例都相当高且危害更为严重。食品类有害添加剂以甜蜜素、防腐剂和违规添加剂为主；药品类甚至会添加铁粉、各类依赖性激素等违规化学物质。

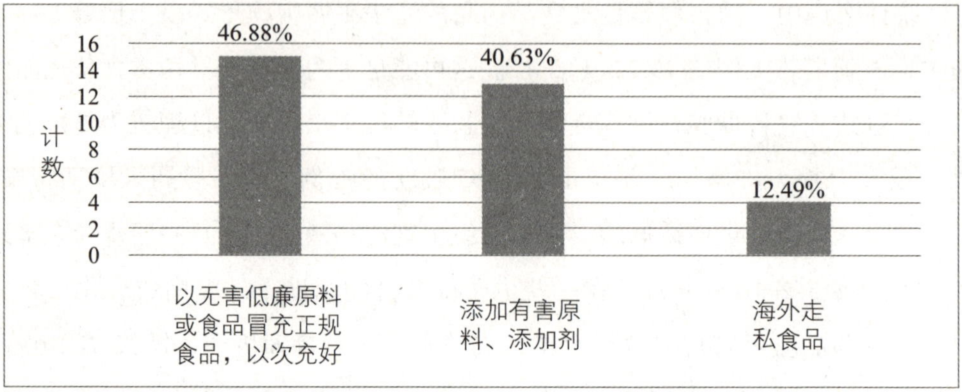

图 1　网售假冒伪劣食品主要成分及来源

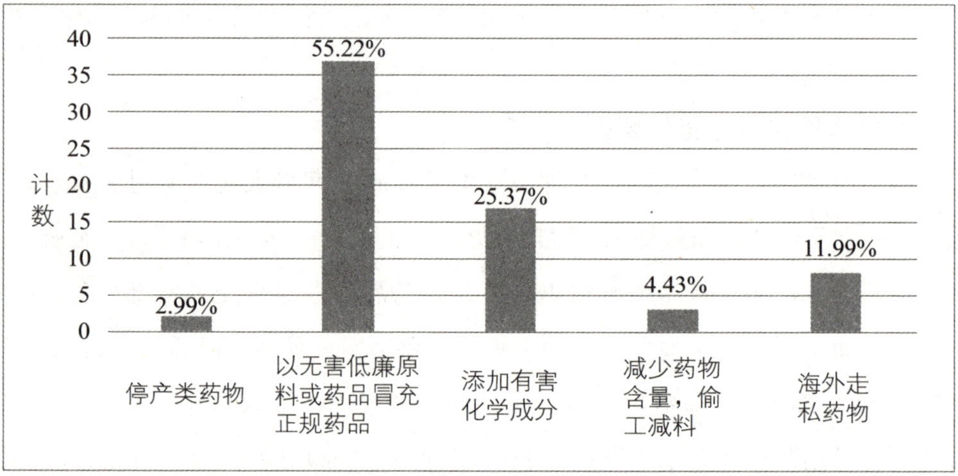

图 2　网售假冒伪劣药品主要成分及来源

3. 作案手段以假冒名牌商标为主

名牌商标往往以其过硬的质量和良好的声誉赢得消费者信任，产销两旺。为此，网络假冒伪劣分子在销售过程中也常常“挂羊头、卖狗肉”，以低廉原料伪造并冒充名牌商标进行销售。此种情形在假冒伪劣食品、药品中分别占到57.58% 和 64.71%，在严重危害消费者健康的同时，也极大侵害了权利人的利益，对知识产权保护制度形成极大冲击与破坏。2013 年河南破获的冒充“好想你”品牌的枣产品案，犯罪嫌疑人在短短两年间获利多达 40 万元；而药品案件中，伪造国外高档进口抗癌类药物的现象更是十分常见。2013 年广东深圳“7.29”系列生产、销售假药案，缴获“易瑞沙”等抗癌类假药 8600 余盒，市值高达 1600 余万元。同时，在减肥类保健食品中，冒充特效药，自创如“闪电瘦”“非瘦不可”等充满蛊惑意味的品牌也不在少数。

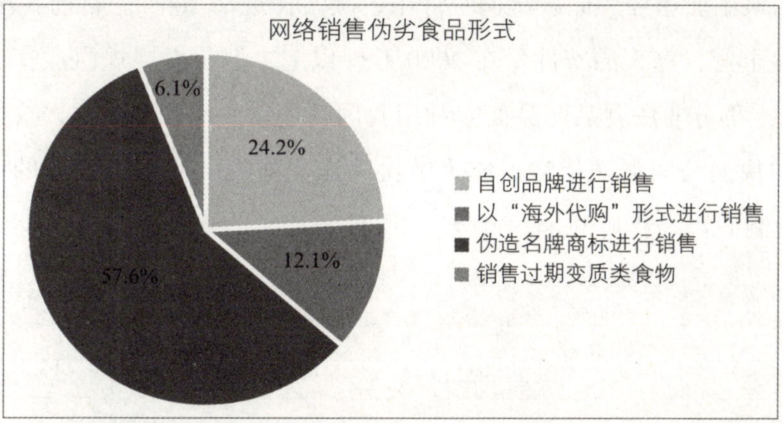

图 3　网售假冒伪劣食品的作案手段

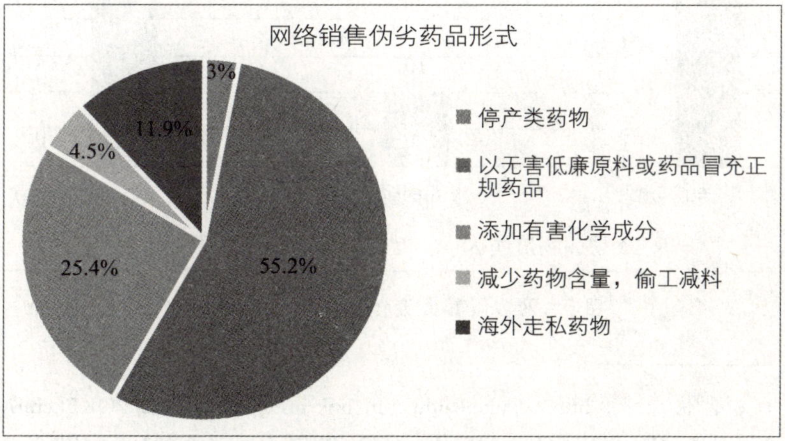

图 4　网售假冒伪劣药品的作案手段

4. 网售假冒伪劣食品药品的销售和运输途径

其一，销售途径以第三方电商平台为主。部分知名第三方购物平台因其网民青睐度高、交易便捷性强、身份易隐蔽等特点而成为违法犯罪分子的主要活动场所。对 101 个案例的分析显示，经由第三方电商平台进行非法销售的占比高达约 50%。其二，运输途径以物流公司快递为主。随着物流行业的快速发展，第三方网络购物平台与物流公司密切合作，快递运输成为假冒伪劣商贩派送商品的最主要途径。此次案例统计中，其占比近乎 100%。目前我国有 8000 多家快递企业，每天的寄件量在 2000 万件以上，但其发展规模、管理水平良莠不齐。[①] 部分非法食品药品商家利用我国快递行业的管理漏洞，选择小型而不规范的快递公司派送货物，成为链接违法犯罪人和受害消费者的重要“纽带”甚至制假售假者共犯。

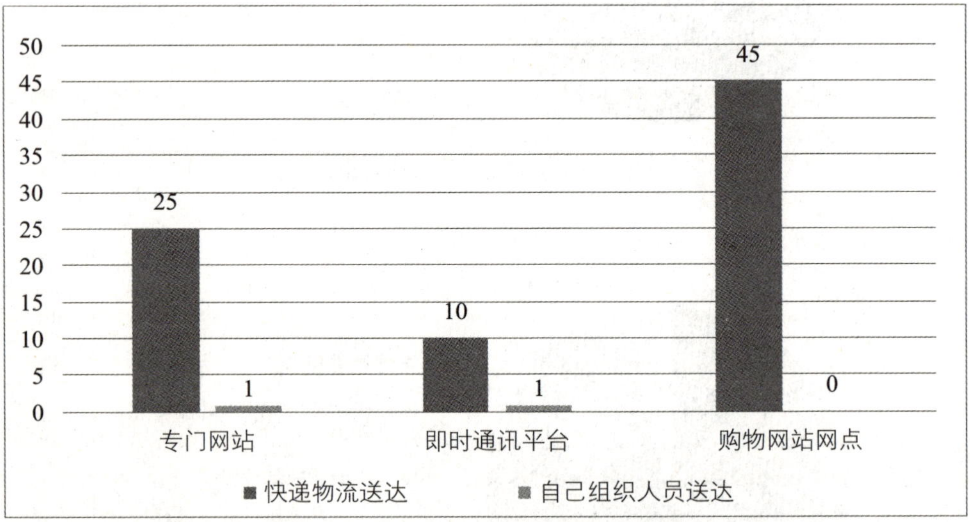

图 5　网售假冒伪劣食品药品的运输途径

① 百度百科，快递业，http://baike.baidu.com/link?url=J8kjNY-_a2L2OKEkcmf7aPeoRoD-CvYNNNsK0xgDVwR0_fS2X3TH7_MWclpemoQCPK3K3xv5mgWM1is5zMBlf Xa，2018 年 2 月 1 日访问。

通过对我国网售假冒伪劣食品药品违法犯罪的组织形式、货物来源、销售运输途径等分析，其主要违法犯罪模式可概括为：以团伙为组织形式的违法犯罪人分工协作，通过购入伪劣货物或以次充好、冒充名牌等手段，经由第三方购物平台进行网上交易、收取货款，再以物流形式将产品运送到受害消费者手中。该违法犯罪模式借助虚拟平台和物流公司，参与主体多，环节分离大，线上线下交叉纵横，组织结构复杂，具有很强的隐蔽性，监督管理难，执法难度大。

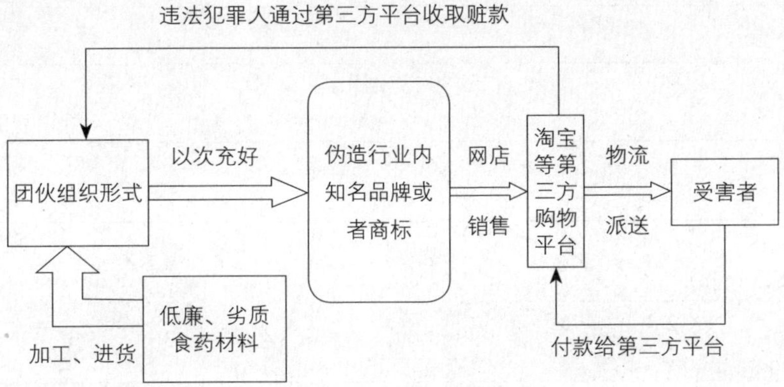

图 6　网络销售假冒伪劣食品药品犯罪模式示意图

（二）网络食品药品犯罪发展趋势

1. 案件总量呈迅速增长态势

案例统计发现，从 2009 年至今，网售假冒伪劣食品药品违法犯罪一直呈快速增长态势。2009 年至 2010 年前后，案发趋势曾短暂下降，这可能与该时期国务院提出跨区域跨部门合作执法、各地区对网售食品药品进行了较大力度的整治和规范有关。而 2010 年至 2013 年期间，随着网络自媒体迅速发展，我国 3G 网络全面推行，互联网购物迎来发展春天，这也在一定程度上导致了假冒伪劣食品药品在网络交易中死灰复燃。犯罪分子充分利用互联网“东风”与网络交易技巧，在第三方购物平台坑蒙拐骗、兴风作浪。而 2013 年至今，网售食品药品案件却明显减少，这可能有打击的震慑作用，但结合各地调研情况综合分析，也与我国的监管与执法力量在条块协调、区域协作、部门配合等多方面的执法联动机制尚未完全建立，行政执法与刑事执法之间的衔接远未通畅，运动式专项执法有余而立体式全面监管不足有较大关联。加之2013年食品药品监管体制改革之后，各地纷纷实施三合一、多合一的综合执法改革，执法队伍处于激烈变动、整合之中，案件移送及行刑联勤联动都有所影响，这些因素都大大降低了对该类犯罪上升势头的遏止能力。

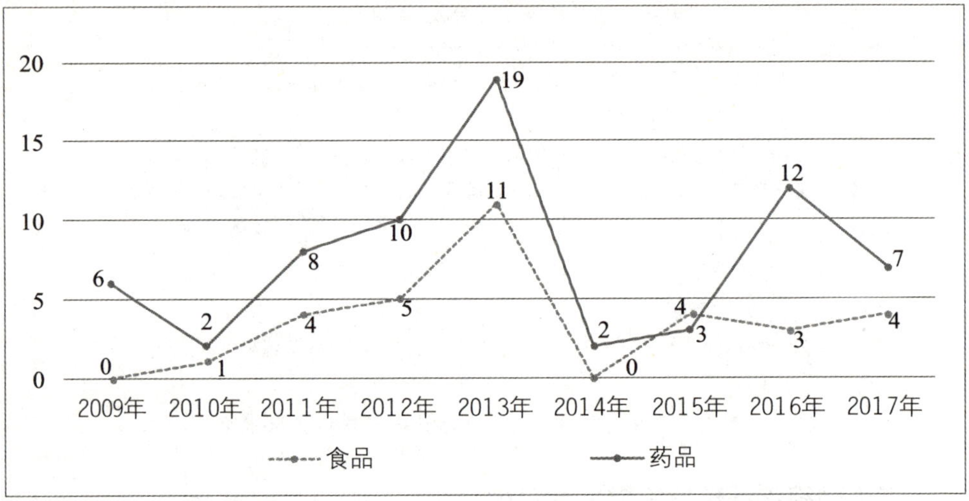

图7 近8年网售食品药品违法犯罪变化趋势图（2009—2017年）

2. 涉案区域广泛但向沿海地区集中蔓延

案例统计显示，网售食品药品违法犯罪的涉案地区广泛，涉及多省（自治区、直辖市），但同时也显示出向沿海地区集中蔓延的趋势，沿海地区涉案比例过半。沿海地区由于经济发达、交通便捷，不仅与海外市场联通便捷，而且靠近大量的食品药品加工厂，务工人员多，劳动力市场发达，具有较强的区位优势，故大量违法犯罪分子选择将店铺和加工场所设在沿海地区。同时，随着中部地区经济发展，产业转移和监管上面的落后迟滞等因素，中部如湖南、湖北等省也成为网络销售食品药品违法犯罪分子的集中地，其占比约为1/4。

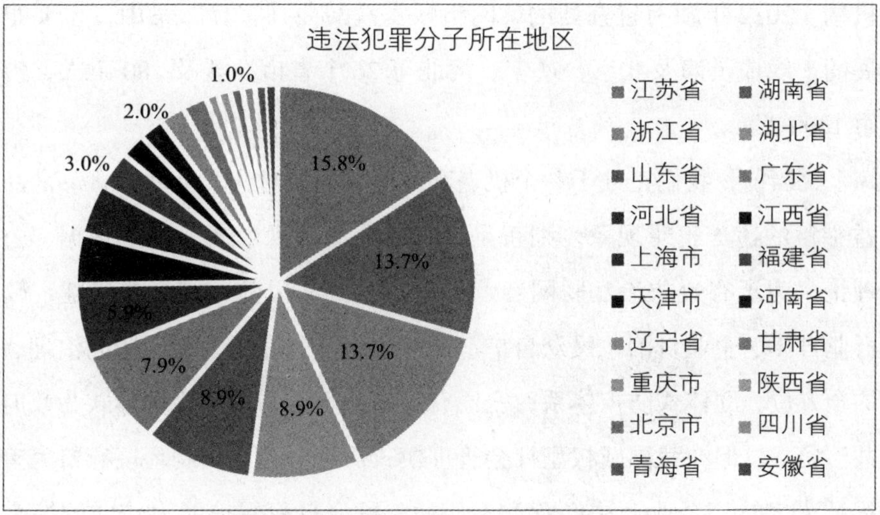

图 8 网售食品药品违法犯罪涉案地区

3. 违法犯罪分子专业化趋势明显

网售假冒伪劣食品药品的违法犯罪分子专业层次日渐提高，在收集的 100 多个案例中，在能查到主要违法犯罪分子学历水平的案例中，大学本科和研究生学历以上的人群占据相当高的比例。2013 年，在上海查获的假冒“拉摩力拉牌玛卡片”案件中，两名主要犯罪嫌疑人均为计算机专业博士，其合伙人中更有专业的医生和药师，构成了专业化水平较高的犯罪组织团伙。犯罪分子利用其所学数据库及网络知识开设店铺、架设网站，再招聘专业的医药、食品领域人员对受害者进行宣传蛊惑，达到“请君入瓮”的目的，让普通网民难以防范。这也对未来的政府监管与执法提出了新课题、新挑战。

4. 违法犯罪分子利益链条化趋势明显

通过案例研判可知，网售食品药品类违法犯罪中，犯罪主体为团伙的占比高达 79.2%（见表 1）。为此，其利益链条化趋势日渐明显，且链条空间逐渐扩展、人员范围日渐扩大。该类犯罪往往产、宣、供、销分离，而且从上家的售卖商到下家的加盟商，涉及范围、人员和金额都十分庞大，形成点、线、面三维立体的组织机构。2012年湖南省查处的“网络贩卖盐酸曲马多片”案中，主要犯罪人所发展的下线成员遍及北京、辽宁、河北等26个省市，涉及180余人，涉案总金额逾1000万元。

综上，当前，我们正处于一个机遇和风险并存的时代。互联网食品药品经营中日益猖獗的违法犯罪现象，则正是这种风险的表现形式之一。根据“公共治理”理论，为了有效防治互联网经营中的食品药品风险，有必要构建“政府监管、行业自律、企业自治、民众自护”的四位一体、综合为治、协同治理、常态运转的全方位、立体式防控体系，变原有的由上至下的单一管理模式为政府与社会的共治模式。但在我国威权型社会管理模式历史久远、法制环境有待完善、行业组织远未发达、企业合法经营意识淡薄、民众自我保护能力较弱的综合国情下，我们认为，在当前及今后较长一段时期内，互联网食品药品经营中的违法犯罪行为的防治，不能奢望甚至过度依赖网络经营中各类企业的道德自律，而需要继续强化政府监管尤其是行政部门的日常监管，加大执法力度，以此整饬网络交易秩序，确立网络交易基本准则，正可谓“重典治乱”；在此基础上，高度重视并大力引导行业自律，培育相关民间组织，让这类社会治理的“第三方力量”充分发挥专业优势，全力参与到食品药品网络交易的秩序维护中，逐渐实现网络交易治理中的“小政府、大社会”；与此同时，可通过多方宣传引导，尽快提高民众的自我防护意识和监督能力，形成对食品药品犯罪全民皆兵、举国防控的良好氛围。如此，当前陷阱遍布、危机四伏的食品药品经营互联网，才会逐渐变为放心交易、公允有序的安全网。

二、网络知识产权犯罪现状及治理困境

知识产权是指基于人的创造性智力劳动成果依据法律所产生的权利，或者说是指法律赋予智力成果完成人在带给我们数字化便利的同时对其特定的创造性智

力成果在一定时期内享有的专有权利。在世界范围内，知识产权犯罪地域的全球化、主体的组织化、手段的智能化、类型的多样化、危害的严重化等发展趋势明显。加强知识产权保护，已成为大多数国家的共识。

（一）我国知识产权犯罪现状

1. 案件总量不断增大，犯罪黑数较为严重

犯罪数量的大小是对某类犯罪基本状况的重要反映。改革开放以来，随着经济的快速发展，我国涉知识产权刑事案件[①]数量一直呈上升态势。例如，1998—2008 年，全国地方法院共受理知识产权刑事一审案件 5271 件，年均增长 22.59%。[②]而 2016 年，人民法院新收知识产权民事、行政和刑事案件数量大幅增加，一审案件 152072 件，比 2015 年上升 16.80%。其中，地方各级人民法院新收的涉知识产权刑事一审案件即高达 8352 件，远远超过 1998—2008 年的案件总和，增长极为迅猛。[③]

与此同时，知识产权自身的特性决定了知识产权犯罪隐蔽性和高黑数的犯罪特征。知识产权是一种可以脱离所有者而存在的无形信息，它可以同时为多个主体所使用，犯罪人对知识产权的侵犯并不造成信息本身的损耗，似乎行为并不造成有害结果，有学者将这种特征称为"流而不失"[④]。脱离所有者存在又使得侵权行为、犯罪行为可以跨地域实施，行为与结果之间的因果关系被再次割裂。也就是说，以高新技术为主要内容的知识产权具有无形性、流动性、非消耗性等属

---

① 目前，我国的刑事司法统计并不能完全反映出知识产权刑事案件的实际状况，因涉及知识产权侵权的刑事案件不限于以侵犯知识产权犯罪判决的刑事案件。其主要原因是侵犯知识产权犯罪常常与生产、销售伪劣商品罪和非法经营罪竞合，刑法中对这种情形采用从一重罪处罚的原则，而后两罪的法定刑高于知识产权犯罪。因此，实践中有大量的知识产权犯罪是按照刑法规定的生产、销售伪劣商品罪和非法经营罪来定罪处罚的，而且所占比例较大。

② 参见最高人民法院原副院长万鄂湘 2009 年知识产权司法保护国际研讨会上的讲话：《回顾与展望》。

③ 参见《中国法院知识产权司法保护状况（2016 年）》。

④ 赵国玲主编：《知识产权调查与研究》，中国检察出版社 2002 年版，第 143 页。

性，这些属性决定了知识产权产生后，其所有者很难对其控制，犯罪分子侵犯知识产权后，不会造成知识产权载体的任何破坏甚至未有丝毫改变，作案后可以不留痕迹，这使得侵犯知识产权的过程更加隐秘。因此，侵犯知识产权的实际发生数量远比被查出的多得多。

2. 地区分布明显失衡，国际化网络化趋势明显

我国地域辽阔，经济文化发展极不平衡，知识产权犯罪也随之呈现明显的不均衡态势。从全国范围来看，我国的知识产权案件地域分布呈现明显的不均衡态势。总体上，东部沿海地区比中西部地区情况严重；从局部地区来看，也是经济发达地区比经济欠发达地区严重。其中，北京、上海、江苏、浙江、广东五省市法院收案数量一直保持高位运行态势，新收各类知识产权案件数合计 107011 件，占全国法院的 70.37%。其中，广东同比上升 22.36%，上海同比上升 20.74%。山东、福建两省新收各类知识产权案件同比增幅也均在 20% 以上。但随着中西部地区工业强省、城镇化带动战略的推进以及执法部门打击力度的加大，侵犯知识产权犯罪出现“三转移”的特点：一是重点地域开始向中西部地区转移。二是重点市场向城乡结合部集中。例如，2016 年，贵州省法院数量增长迅猛，同比上升了 58.20%。重庆市法院的知识产权案件数量也大幅攀升，全年新收知识产权案件同比上升 57.85%。湖南、安徽两省法院知识产权一审案件数量也增长迅速，分别同比上升 52.02% 和 45.4%。[①] 三是重点环节向互联网领域转移。[②] 利用互联网技术、电商平台等进行侵权假冒犯罪活动，是近年的一个新动向、大动向。与传统的违法犯罪不同，通过互联网实施的违法犯罪，很可能指挥中心在 A 地，B 地制造，C 地销售，D 地结算，甚至服务器在境外，这对治理工作提出了极大挑

① 参见《中国法院知识产权司法保护状况（2016 年）》。

② 《国新办发布会介绍打击侵犯知识产权和制售伪劣商品犯罪成效等方面情况》，见 http://www.scio.gov.cn/ztk/xwfb/2014/gxbfbhjsdjqfzscqhzswlspf/30276/Document/1360888/1360888.htm，2018 年 2 月 1 日访问。

战，需要公安、电商平台打假部门等相关各方，“猫随鼠步”，及时调整防控与打击策略，尽快熟练掌握网上巡控、网上网下自由穿梭的战术战法。

就全球范围来看，知识产权犯罪的国际化问题日益突出。一些境外不法分子向境内不法分子下定单，提供假冒产品的样式，然后又指定其将该假冒品出口到某一特定国家。有的境外不法分子以来料加工为掩护，在内地开办工厂、生产假冒商品，之后又将假冒品运送至境外销售。这样可以最大限度地逃避各国政府的打击，为知识产权犯罪分子提供最大的生存空间。

3. 假冒盗版犯罪猖獗，商业秘密案件增长较快

当前我国知识产权犯罪的结构特征十分明显：一是知识产权民事侵权案件以著作权侵权案件为主体，且在数量上呈上升趋势；二是知识产权刑事犯罪案件以侵犯商标权犯罪发案率最高，其他犯罪比例较小。2016 年度具有较大社会影响的 4 件知识产权刑事案件，全部是涉商标案、侵犯商业秘密犯罪案。具体来说，在 2016 年审结的侵犯知识产权罪案件中，涉商标案件共 3647 件、判决 4847 人，远远高于其他类知识产权犯罪案件。其中，假冒注册商标罪案件 1793 件，生效判决人数 2604 人；销售假冒注册商标的商品罪案件 1543 件，生效判决人数 1823 人；非法制造、销售非法制造的注册商标标识罪案件 311 件，生效判决人数 420 人。另外，由于激烈的商业竞争，商家之间的恶性竞争不可避免，而作为维系一个企业发展的脉搏，商业秘密的重要性日渐显露，侵犯商业秘密的相关案件也呈快速上升趋势。根据相关资料，自从侵犯商业秘密罪纳入刑法以来，案件受理数、涉案金额都呈逐年递增态势。2016 年，侵犯商业秘密罪案件 40 件，生效判决人数 43 人。[①] 知识产权犯罪的结构特征，为确定知识产权犯罪的重点治理对象提供了基本依据。

4. 作案手法日益狡猾，危害程度不断加大

知识产权犯罪嫌疑人的作案手法诡秘，具有较强的反侦查能力。其典型作案

① 参见《中国法院知识产权司法保护状况（2016 年）》。

手法有：一是化整为零。在人赃俱获时，犯罪嫌疑人往往谎称是多人所为的，但又不是共同犯罪。这样，其个人非法经营数额就难以达到追诉标准。二是流动生产。如在甲地生产，在乙地非法制造注册商标标识，然后在丙地进行粘贴，并当即拉走，不留存货。三是遥控指挥。许多策划制假的首犯并不露面，只与生产假冒产品的工厂主管人员单线联系。四是手段狡猾。随着打击的深入，犯罪分子的仿冒、制假能力也“水涨船高”，以致权利人、专业人员都很难鉴定某些商品的真伪。虽然知识产权案件在全部案件中的比例仅为千分之一左右，但其涉案标的额却十分巨大。从侵权商品造成的损失来看，有关资料表明，我国每年假冒伪劣商品造成的损失为2000亿元，相当于我国城乡居民100余天的消费总额，够建成几个三峡工程。另据国务院发展研究中心调查显示，在2001年，仅制售假冒产品一项就蚕食国家税收约300亿人民币。[①] 知识产权犯罪对国家经济的危害程度可见一斑。

5. 私企单位侵权明显，国企单位被害严重

根据犯罪人的自然属性，知识产权犯罪人可以划分为自然人和单位。早在2002年，北京大学赵国玲教授主持的抽样调查即显示，知识产权犯罪人中自然人犯罪占11%，单位犯罪高达89%。在犯罪单位性质上，以私营企业（含乡镇企业）居多，占49%，国有、集体企业次之。[②] 个体、私营企业的资金、技术力量相对薄弱，往往缺乏具有市场竞争力的产品。在此情形下，许多企业便假冒他人产品，以达到投资小、回报高的投机效果。与知识产权犯罪的犯罪人相对应的概念是知识产权犯罪的被害人，即指遭受他人违法犯罪行为侵害的对知识产权拥有权利的公民、企事业单位、社会团体和国家机关等。而其中受到知识产权犯罪侵害最为严重的是国有企业，占总数的73%，其次是合资、外资企业，占20%，

---

① 赵秉志：《侵犯知识产权犯罪比较研究》，法律出版社2004年版，第98页。

② 赵国玲：《知识产权犯罪调查与研究》，中国检察出版社2002年版，第250页。

私营企业及乡镇企业被害的机率很小，仅占6%。[①]前两类企业规模较大、资金雄厚，常拥有“含金量”较高的产品和技术，因此往往成为犯罪人的目标。通过对近年来发生的上述类型的知识产权犯罪案件比较分析发现，在犯罪人与被害人的关系上，相当一部分的犯罪人或与被害人属于同一行业，或与被害人属于关联行业，或与被害人存在或曾存在雇佣关系。

（二）网络知识产权犯罪治理困境

在我国，知识产权保护受到高度重视。然而，当前我国知识产权保护工作还存在许多不尽如人意之处，在网络化日益发展的今天，更是不断遭遇新的困难和挑战，网络知识产权保护面临诸多困难，形势严峻。

1. 技术困境

与其他犯罪相比，网络犯罪具有明显的高智能性、高技术性特征，技术的进步对于网络犯罪的发展具有巨大影响，网络知识产权犯罪也不例外。

（1）计算机技术的飞速发展使网络知识产权犯罪日益简单且规模不断扩大。英特尔名誉董事长戈登·摩尔（Gordon Moore）经过长期观察发现，“集成电路的集成度每18个月翻一番，性能也将提升一倍”，这就是计算机领域人所共知的“摩尔定律”。摩尔定律揭示了信息技术进步的速度，而技术的飞跃式进步在给人类带来巨大便利的同时，也使犯罪分子拥有了更加巨大的能量从事犯罪活动。近年来，国内IT专业媒体上又出现了“新摩尔定律”的提法，则指的是我国互联网上联网主机数和上网用户人数的递增速度，大约每半年就翻一番。而且专家们预言，这一趋势在未来若干年内仍将保持下去。计算机技术的高速发展和网络规模的迅速扩大，为网络知识产权犯罪提供了先进技术手段和巨大的犯罪空间。在前网络时代，人类智力成果要依附于一定的有形物质上，其生产、流通诸环节受到客观物质条件的各种限制，控制起来相对容易。随着网络技术的发展，今天的

---

① 赵国玲：《知识产权犯罪调查与研究》，中国检察出版社2002年版，第250页。

作品承载形式发生了很大的变化，成为由 0 和 1 组成的数字符号。作品表现形式的改变，引起了传播方式、使用方式的一系列变化，对智力作品的复制、传播成本大大降低，效率显著提高。行为手段的高科技属性增加了侵犯知识产权犯罪的扩散性，网络的无限复制性和快捷的全球传播性扩大了侵犯知识产权犯罪的传染性，对各种侵犯知识产权的犯罪进行打击的难度也变得更大了。

（2）互联网本身特性给网络知识产权保护带来巨大困难。互联网空间是一个虚拟的空间，具有管理的非中心性、跨越时空性等特征，导致网络知识产权犯罪几乎不受时间和空间的限制。网络空间的虚拟性导致传统社会中抑制犯罪人的各种因素如家庭、社会、传统道德等无法发挥作用。在这样的空间中缺乏有效的外部监督力量和网络道德规范的约束，难以抑制犯罪人的犯罪冲动。在互联网时代，网络成为信息的载体和信息传播的重要媒介，它的快捷性、高效性为构成知识产品的信息的传播提供了极大的便利。今天的互联网不但成为销售假冒盗版商品的主要媒介和市场，更使不同地区和国家的不法分子形成了一种新型的犯罪网络，成为侵犯知识产权犯罪“蝴蝶效应”的放大器。计算机技术和网络技术的巨大进步在大大降低犯罪人的犯罪成本和风险的同时，又带来了比传统知识产权犯罪更广的传播范围、更多的受众、更高的利润，使得网络知识产权犯罪问题日益猖獗。同时，网络改变了信息传播的方式，为普通民众提供了一个巨大的话语平台。网络数字化的创作、传播技术极大地降低了著作权人和出版业的进入门槛，使得网络时代的写作和出版传播成为以作者为中心的日常行为，分散的著作权导致了法律保护难度的加大。

2. 法律困境

互联网在对社会各领域产生深刻影响的同时，必然会对传统法律产生巨大的冲击。法律的发展总是受制于社会的进步，并且常常具有滞后性。当前我国原有的法律在面对新兴的互联网带来的社会问题时已经显得力不从心。概言之，当前我国在规范网络知识产权犯罪方面存在以下困惑：

（1）法理困惑。网络技术的飞速进步使智力研究成果的产生、发表、传播都产生了巨大的变化。传统的法律概念在面对网络时代知识产权犯罪时，其内涵需要重新界定，一些传统的理论也需要在网络环境下进行修正，主要包括：

其一，在著作权的合理使用问题上存在理论上的争议。计算机技术的进步使合理使用制度在网络时代遭遇了空前的危机，在网络环境下合理使用制度及其调整范围不能照搬原有规定，而应适时加以修正。一派观点认为，应逐步缩小合理使用的范围，以期在网络环境下对权利人的权益加以保护。另一派观点则认为，网络技术的发展扩展了作品的使用方式和途径，使作品传播更为便捷，同时也使作品的创作更为容易。因此，应适当扩大合适使用的范围，使更多的人从网络上获取信息。而多数学者认为，单方面强调或忽视著作人的权利或公众的权利都是违反利益平衡原则的。著作权法的本质是推动文学、艺术和科学作品的创作和传播。对网络知识产权的保护，既要避免因信息网络的发展造成著作权权益保护不足的现象，也要防止因网络环境下著作权的过度保护而损害公众利益的现象。界定网络环境下知识产权合理使用的界限，维持著作权人和作品使用者之间的利益平衡成为法学理论界面临的紧迫问题。

其二，网络知识产权犯罪的管辖问题尚无公论。国际互联网最早来源于1969年美国国防部高级研究计划局的前身ARPA建立的ARPAnet，最初是用于军事研究目的。美国国防部为了在核攻击后仍能保留主要信息，采用了“无中心不封闭”结构。今日的互联网已经成为了跨越国界的巨大信息网络，具有无中心性、开放性、交互性等特点。任何一台计算机在连接到网络上之后，其使用者都可以成为信息的发布者和接收者。一个侵权行为在开放的网络空间内发生，其侵权行为的行为实施地、结果发生地、行为人住所地等都难以确定，进而影响到对网络知识产权犯罪的管辖。目前在网络犯罪案件的管辖问题上存在着多种理论，如新主权论、技术有限管辖论、管辖相对论、网址管辖基础论和传统管辖理论等。在司法实践中，即使是互联网发展较早并相对成熟的美国，对网络犯罪的管辖问题也没有完全解决。在我国，虽然已经有了法律和相关司法解释的原则性规定与一些司法实践，但要总结出对网络犯罪的审判原则并将之上升到法律的高度还需要一个漫长的过程。法学理论界和司法机关应加强学理与实践的结合，尽快探索出切实可行的网络知识产权犯罪管辖原则和管辖方式。

其三，网络知识产权犯罪的归责原则也存在理论争议。在《中华人民共和国著作权法》中，对于著作权侵权的归责原则没有具体规定，因此应适用《中华人民共和国民法总则》中的侵权原则，即主要以过错原则为主，无过错原则为辅。在虚拟的网络空间内，智力成果的承载形式与现实中截然不同，变成了 0 和 1 的数字符号。这种承载方式容易复制、修改、传播，且具有极大的隐蔽性和分散性。当无形的著作权遭遇了无形的载体和传播空间的时候，作品与其载体之间的联系日益淡化，传统的通过控制载体的方式制约著作权的做法遭遇挑战。此外，在网络环境下，侵权主体具有空前的复杂性和不确定性。在侵权主体都难以确定的情况下，其行为的主观方面也就很难确定。总之，在网络环境下，传统的强调侵权责任认定中的主观过错与现实格格不入，网络知识产权的归责原则亟待解决。

（2）立法滞后。经过改革开放至今几十年的建设，目前我国已经建立了由法律、行政法规和部门规章等构成的比较健全的知识产权保护法律体系，最高人民法院、最高人民检察院也发布了若干关于执行知识产权法律的司法解释。但需要看到的是，受到法律传统、立法体系、立法技术的影响，法律很难针对知识产权的特殊特点作出及时的应变。目前我国关于网络知识产权保护方面的法律法规还很不完善。我国著作权法是 1990 年 9 月 7 日颁布，自 1991 年 6 月 1 日起实施的。当时因特网尚处于萌芽状态，因此没有对网上作品的著作权制定相应的条文。时至今日，我国网民数量和网站总数呈几何级增长，互联网的应用成为普通的日常行为，各种网络违法犯罪行为也不可避免地出现并泛滥开来。目前已颁布的法律法规对于网络知识产权的保护起到了积极的促进作用，但它们对于网络知识产权犯罪的规制仍处于被动应对阶段，更没有形成完善、严密的法律体系，远远无法满足现实的紧迫需要。

此外，伴随着科学技术的进步，知识产权制度本身也有了巨大的发展，除了传统的著作权、专利权、商标权外，又出现了一些新的知识产权形式，如与集成电路技术有关的布图设计权、与生物工程技术有关的新植物品种权等。同时，知识产权行为本身也在随着生物技术、电子技术、计算机网络技术的发展而发生变化，但刑事立法无法确定其是否应当使其受到刑罚处罚，或者仍然比较粗疏，使知识产权刑事执法机构无所适从。总体上，网络环境下，知识产权犯罪的形式日新月异，数量与日俱增，各种新的法律细节问题层出不穷，使得法律滞后、僵化的弱点暴露无疑。立法上的疏漏和滞后，常常使对网络知识产权犯罪的打击陷入无法可依或罪刑不适应的尴尬境地。

（3）司法难题。网络知识产权保护的司法实践中同样面临一些新情况新问题。主要包括：

其一，在网络知识产权犯罪案件诉讼过程中，所提交的证据多为计算机数据，也就是所谓的“电磁记录”或曰“电子证据”。与传统的证据类型相比较，电子证据具有精密性、隐蔽性、脆弱性等特征，在取得、认定和运用上都存在困难。如第三代 P2P[①] 文件交换服务软件能够隐藏用户的 IP 地址，使侦查机关难以通过 IP 地址来确认网络用户的真实身份，从而使犯罪嫌疑人达到逃避侦查的目的。

其二，由于语言的局限性、认识的局限性、社会的多变性和复杂性、主体能力的差异性和立法的技术性决定了法律具有模糊性。互联网在我国的兴起还是晚近之事，而依托于网络存在的网络犯罪更是一种新生事物，无论是法学界专家学者还是司法实践部门工作人员对网络犯罪的认识都还不够深入。公安司法机关

① P2P：即英文 peer to peer 的缩写形式，可以理解为“伙伴对伙伴”“点对点”的意思，或称为对等联网，在文件交换、分布计算和加强网络交流方面有巨大作用。

在办理网络知识产权犯罪案件的时候，需要根据案件具体情况和法律的一般规定对罪与非罪、罪重与罪轻、既遂与未遂等问题进行认定。对于网络犯罪的认识局限、立法的疏漏和执法者自身素质的限制导致了在处理网络知识产权犯罪的司法实践中存在诸多认定难题。

其三，网络知识产权犯罪黑数问题不容忽视。犯罪黑数，又称犯罪暗数，是指虽已发生但由于种种原因未予登记的犯罪数量。[①] 网络犯罪具有高智能性、低成本性和高隐蔽性等特点，发现和侦破都比较困难，本身就具有很高的犯罪黑数。而网络知识产权犯罪由于侵权人的高度复杂性、不确定性和犯罪人主观方面的难以确定等原因，其犯罪黑数更高。犯罪黑数的存在，严重影响对犯罪状况的分析与评价，影响刑事司法、立法和执法，影响社会的整体利益。

3. 社会困境

犯罪是社会关系失调和社会结构失衡的一种表现，知识产权犯罪亦不例外。当前我国侵犯知识产权犯罪的泛滥与缺乏知识产权保护意识的社会环境息息相关。

首先，我国传统文化中崇尚重义轻利、贵义贱利的价值观，导致了权利观念的缺位。传统思想在很大程度上束缚、压制了民众的思想革新和创造才能，也严重阻碍了现代社会知识产权意识的产生和发展。我国社会大量的知识产权犯罪以及民众对“盗版”的严重依赖正是这种价值观下的产物。由于普遍缺乏知识产权保护意识，犯罪人在进行知识产权犯罪时心理成本极低，几乎没有任何顾忌。到了网络化时代，一些人打着“自由、平等、分享”的幌子，鼓吹“知识无国界”“智力共分享”，甚至形成了独特的网络亚文化。众多专业技术人才利用自身专业技术知识在网络中破解、翻译、修改、上传应用软件、影视作品、电子书籍等智力产品，网民则通过网络进行下载，满足自己的需要。资源的发布者不仅被

---

① 参见宋浩波主编：《犯罪学新编》，中国人民公安大学出版社 2003 年版，第 61 页。

网民视为打破商业垄断的“网络英雄”，还可以通过这种方式获得不菲的经济利益。如10年前发生的影响巨大的“番茄花园”案件中，2008年8月被公安机关拘留的“番茄花园”网站站长洪磊，即曾在与朋友的电话中自述自己在非法制作的Windows XP系统中捆绑一些搜索引擎企业的插件而月入10万元。[①]但也有的犯罪人并不追求经济利益，而只是为了获得内心的满足感。美国2003年破获的盗版组织DrinkorDie每年都在互联网上发布成千上万的免费电影、游戏、音乐和软件程序，其目的只有一个——维持自己的“声誉”。该组织头目，29岁的小约翰·圣克斯说，他从盗版活动中没有挣到分文。其成员之一大卫·格莱姆斯说：“我们这样做是为了好玩，只是一种业余爱好。我们只是在努力为自己捞名声，除寻求自我满足外别无他求。”[②]网络亚文化与现实中轻视知识产权保护的社会心理相结合，导致了网络知识产权犯罪在我国的空前泛滥。

其次，网络虚拟空间中存在道德空白，网民的行为处于半真空状态。在网络空间中，人们的行为方式与现实社会截然不同，现实社会长期以来形成的传统道德难以指导、约束人们的网络行为。而网络出现的时间相对短暂，网络道德还远未形成，也无法有效约束网民。在虚拟的网络空间中，各种网络活动很大程度上处于无政府、无法律状态，非法下载、盗链、传播几乎成了全民的狂欢。习惯了互联网上免费午餐的网民甚至失去了基本的是非观念，很多人非但不认为网络空间中的侵犯知识产权行为是犯罪，反而认为是法律的规定不合理。例如，早在2008年8月，著名软件下载网站番茄花园站长洪磊因涉嫌侵犯微软公司知识产权被警方拘留一事在网络上掀起轩然大波，众多网友纷纷对其表示同情和支持。尽管根据现有法律，结合媒体批露的案情，洪磊的行为明显涉嫌侵犯著作权罪，

---

① 郭建龙：《洪磊录音暗示收入源：番茄花园涉嫌侵权调查》，见 http://it.sohu.com/20080826/n259204833.shtml。2018年2月1日访问。

② 张君伟：《网络环境对侵害著作权之刑事责任的影响》，见 http://web.tongji.edu.cn/~ipi/communion/zwj9.htm。2018年2月1日访问。

但众多网民依然认为这是微软公司出于商业考虑而故意设下的陷阱，洪磊是商业利益的牺牲品。番茄花园案件背后，折射出了我国公众尤其是广大网络用户知识产权保护意识的匮乏和法律意识的淡薄。在这种社会氛围下，网络知识产权保护几成奢谈。

综上，保护知识产权是社会主义市场经济发展的需要，能够加速社会财富的创造和积累，吸引国外先进技术，减少国际贸易摩擦，同时对促进国内企业自主创新、实现经济发展模式转变具有重大意义，因此加强知识产权保护势在必行。然而，由于我国民众缺乏知识产权保护意识，加之市场经济的负面效应、监督和制约机制的薄弱、商业道德的缺失，知识产权保护工作举步维艰。在信息化、网络化环境下，知识产权犯罪更是空前泛滥，使得知识产权保护工作在技术、立法、司法、社会心理各方面都面临巨大的困难。如何尽快完善我们的立法体系、司法机制，净化虚拟空间，以妥善应对网络环境下的知识产权保护工作，将是摆在我们面前的重大而紧迫的任务。

第五章
食品药品与知识产权类刑事案件侦查的一般规定

随着经济社会的发展，人民群众对于物质和精神财富的需求日益丰富，但是犯罪也不断侵蚀到食品药品安全和知识产权领域。食品药品安全犯罪和侵犯知识产权犯罪作为新型敏感犯罪日益高发。2016 年，全国检察机关建议食品药品监管部门移送涉嫌犯罪案件 1591 件，起诉危害食品药品安全犯罪达到 11958 人。[①] 2015 年，检察机关共批准逮捕涉及侵犯知识产权犯罪案件 2615 件 4445 人，提起公诉 4484 件 8025 人。[②] 2016 年，全国检察机关依法履行各项检察职能，严厉打击侵犯知识产权犯罪，共批准逮捕涉知识产权犯罪 2251 件 3797 人，起诉 3863 件 7059 人。2016 年，全国检察机关查办的涉知识产权犯罪案件中，批捕假冒注册商标罪 1037 件 1911 人，起诉 1684 件 3259 人；批捕销售假冒注册商标的商品罪 873 件 1330 人，起诉 1486 件 2470 人；批捕非法制造、销售非法制造的注册商标标识罪 167 件 264 人，起诉 294 件 556 人；批捕侵犯著作权罪 66 件 97 人，起诉 182 件 307 人；批捕侵犯商业秘密罪 22 件 36 人，

---

① 《2017 最高人民检察院工作报告》，最高人民检察院网站。[2017-3-12].http://news.sina.com.cn/c/nd/2017-03-12/doc-ifychhus0814992.shtml。

② 张维：《去年批捕涉及侵犯知识产权犯罪 4445 人》，载《法制日报》2016 年 4 月 20 日第 1 版。

起诉25件57人。[①]

一、食品药品与知识产权犯罪案件的构成要素

案件侦查需要通过收集证据，来构建证据体系，达到确实充分，排除合理怀疑的标准，来追究犯罪嫌疑人的刑事责任。但是由于食品药品、侵犯知识产权犯罪案件的专业性、复杂性，如何构建确实充分的证据体系是案件侦查的关键。从一般刑事案件的侦查来看，多围绕案件构成要素实施侦查活动，通过侦查收集证明每一个案件构成要素的证据，最终达到证明标准的要求。案件构成要素理论应该是发端于刑法学的犯罪构成要件理论，并在犯罪构成要件理论的基础上的发展和演变。

（一）犯罪构成要件理论

从刑法学的角度，对某一行为是否构成犯罪，应该满足四个要件的要求，即犯罪的主体、犯罪的主观方面、犯罪的客体和犯罪的客观方面。犯罪构成是犯罪的一系列主客观要件的综合，不是这些要件的简单相加，而是由这些要件构成的密不可分的有机统一整体。其中，犯罪主体是指实施危害社会的行为，依法应当负刑事责任的自然人或单位。犯罪主观方面是指犯罪主体对自己危害行为及其危害结果所持的心理态度。犯罪客观方面是指犯罪活动的客观外在表现，包括危害行为、危害结果等。犯罪客体则是指刑法所保护而为犯罪行为所侵犯的法益。

对于食品药品、侵犯知识产权犯罪案件的构成要件，犯罪主体是实施食品药品、侵犯知识产权犯罪行为，依法应当负刑事责任的自然人或单位；犯罪主观

---

① 彭波：《检察机关严厉打击侵犯知识产权犯罪去年批捕2251件3797人有案不移、以罚代刑、有罪不究的执法乱象仍未杜绝》，载《人民日报》2017年1月25日第11版。

方面则是食品药品、侵犯知识产权犯罪主体对自己危害行为和结果所持的心理态度。构成食品药品、侵犯知识产权犯罪的主观方面要求是故意，此类犯罪复杂之处在于：一是犯罪的故意很难确定，生产经营者会以不了解问题食品药品等的危害性或者没有故意添加非法物质等为理由推脱；二是此类案件犯罪行为人的故意行为实施的是违法生产经营行为，但是产生的危害结果却是危害公共安全。犯罪客观方面则是犯罪主体实施的具体的危害食品安全的行为及其产生的危害结果，从刑法规定来看，主要是实施了危害食品药品安全、侵犯知识产权犯罪的行为，实践中还包括贮存、运输和为之提供条件等行为。犯罪的客体则是复杂客体，既包括对公共安全的危害（不特定多数人的生命权和健康权），也包括对市场经济秩序的危害。

（二）食品药品与知识产权犯罪案件构成

从普通刑事案件的构成要素来看，经历了从五要素说即“五何”（包括何人、何时、何地、何事、何物），到七要素说即“七何”（包括何人、何时、何地、何事、何物、何因、何果），再到动态静态的案件构成要素理论[①]的发展。而马忠红教授则提出了“人、事、物、时、空、痕”六个方面和层次性的观点[②]。在此结合上述关于案件构成的理论，对食品药品、侵犯知识产权犯罪构成以“七何”构成要素进行解析。

1. 食品药品与知识产权犯罪中人的要素

一是食品药品、侵犯知识产权犯罪主体。此类犯罪主体是一般主体，即年满16岁的自然人或单位。自然人主体应该是一般主体，对个人来说是年满16周岁的、具有刑事责任能力的自然人。由此可以看出如果违法主体年龄不满16周岁，或不具有刑事责任能力，则不构成犯罪。自然人主体包含犯罪人数、年龄、性

---

① 郝宏奎：《侦查破案的基本规律》，载《山东警察学院学报》2008年第1期。

② 马忠红：《论刑事案件的构成要素》，载《中国人民公安大学学报》2012年第5期。

别、体貌特征、身份状况等内容，在案件侦查中则需要调查清楚与案件有关的所有嫌疑人的具体情况，以及在案件中所处的位置、作用等。对于单位主体方面，从刑事处罚来看，刑法第150条作出了规定，即单位犯罪的，对单位判处罚金，并对直接负责的主管人员和其他直接责任人员，依照各该条的规定处罚。

二是与食品药品、侵犯知识产权犯罪有关的其他相关人。包括知情人、见证人、雇佣人、消费者等。这些相关人员对查明案情，证实犯罪和犯罪嫌疑人之间的关系，查清问题的食品药品和侵犯知识产权行为的主要危害及危害程度等起到重要作用。

2. 食品药品与知识产权犯罪实施的时间

犯罪时间是犯罪发生、发展的持续性。危害食品药品安全与侵犯知识产权犯罪案件的特点决定了绝大多数案件具有持续性或连续性。因此需要将案件持续的时间查清。

3. 食品药品与知识产权犯罪实施的空间

空间是指犯罪行为发生、发展过程中的所在地点，即在什么地方发生的案件，周围环境有多大范围，与周围空间的关系。危害食品药品安全与侵犯知识产权的犯罪空间可分为犯罪预备地、问题食品药品和侵犯知识产权的产品的生产地、问题食品药品和侵犯知识产权的产品的储存地、问题食品药品与侵犯知识产权产品的销赃地等。同时还包括了与问题食品药品和侵犯知识产权行为有关的网络空间等。

4. 与食品药品、知识产权犯罪相关的物品

包括直接侵害的对象，使用的工具，以及所遗留的痕迹等。犯罪对象是犯罪行为所指向的目标。作为食品药品、侵犯知识产权犯罪，其直接侵害对象是人们用于满足生存健康需要的食品、药品，以及与知识产权有关的产品等。

食品药品、侵犯知识产权犯罪的工具，按其在犯罪活动中的具体功能及其与犯罪活动关联程度高低的不同，可以分为主体性犯罪工具和辅助性犯罪工具。主

体性工具是指在食品药品、侵犯知识产权犯罪中起到主要作用的工具，即生产经营过程中所必须的工具，如生产经营食品的机器设备、包装设备、销售用设备、贮藏性设备、检验检测类设备等。辅助性犯罪工具则是指在食品药品、侵犯知识产权犯罪中起到辅助作用的工具，如通讯工具、交通工具以及相关电子设备等。食品药品、侵犯知识产权犯罪过程中所形成的痕迹，则包括了犯罪行为人在生产、经营过程中所遗留的一切痕迹，一是物理性痕迹，如生产工具痕迹、交通工具痕迹、各相关人员的足迹、指纹等；二是相关人员的意识类痕迹，如所有与案件有关人员对案件的感知、记忆等所形成的痕迹；三是电子痕迹，包括视频监控、手机通讯、公安网上的信息、互联网上的信息和社会行为管理系统的信息等电子痕迹。

5. 食品药品与知识产权犯罪的性质

食品药品、侵犯知识产权犯罪的性质，是指犯罪行为人所实施食品药品、侵犯知识产权犯罪行为的具体定性。即是危害食品安全犯罪还是危害药品安全犯罪，或是侵犯知识产权犯罪；是生产型犯罪，还是经营型犯罪；是侵犯商标权犯罪、著作权犯罪，还是侵犯专利权犯罪或侵犯商业秘密犯罪等。

6. 食品药品与知识产权犯罪的原因

食品药品、侵犯知识产权犯罪的原因，即其实施犯罪的目的是什么，因为不同的目的也决定了最后构成的具体的罪名的不同。普通的食品药品、侵犯知识产权犯罪大多直接就是为了赚取经济利益，但是不排除为了其他目的。如通过在食品药品中投放有毒有害物质来对公共安全造成危害，则涉嫌危害公共安全的一些犯罪，如投放危险物质罪；再如，通过一些恶意侵犯知识产权的行为或者恶意投诉行为，来打击竞争对手，甚至打击报复与自己有私人恩怨的人；等等。此类犯罪是故意犯罪，过失不构成犯罪，但是由于其主观故意的潜在性，特别是一些犯罪行为人会以种种借口来掩盖自己的真实的主观故意。为确定其主观故意，有时就需要根据案件具体情况，以及行政执法过程一些前置的检查、告知等行为来推定其主观故意。

7. 食品药品与知识产权犯罪的危害后果

所谓食品药品、侵犯知识产权犯罪的危害后果，是指犯罪行为人实施危害食品药品安全和侵犯知识产权的犯罪行为所产生的危害结果，具体包括问题食品、药品和侵犯知识产权的产品等生产、经营的数量、金额，销售后对消费者产生身体上的危害、经济上的损失，等等。

二、食品药品与知识产权犯罪案件的管辖与立案

（一）食品药品与知识产权犯罪案件的管辖

1. 食品药品与知识产权犯罪案件管辖的部门

从我国关于食品药品与知识产权犯罪侦查体制来看，在公安部层面没有设立专门的食品药品犯罪侦查部门，现在由公安部治安局的打假处来负责对全国的食品药品犯罪案件侦查的指导、协调工作。各省、自治区、直辖市公安机关对于食品药品犯罪案件的管辖部门则存在很大差别，既有由刑事犯罪侦查部门管辖的，如天津市公安局在刑侦局内下设食品药品犯罪侦查处来管辖食品药品犯罪案件；也有由治安部门管辖的，如福建省公安厅治安总队下设第六支队；更多的则是设立专门的食品药品犯罪侦查部门，但从名称上又存在很大差别，如山东省设食品药品与环境犯罪侦查总队，河北省设立食品药品安全保卫总队，北京市成立环境食品药品与旅游安全保卫总队；等等。未设专门侦查队伍的则多由治安部门的案件侦查部门来负责，或在治安部门下设专门的食品药品犯罪侦查部门等，亦有由打假部门负责的情形，如重庆市公安局。

对于侵犯知识产权犯罪案件的侦查，同样存在体制建设不统一的问题，从公安部层面即根据不同案件或由治安局的打假处来负责，或由经济犯罪侦查部门来负责，从全国来看一方面统一的经济犯罪侦查体制已经建立，承担了大量

经济犯罪案件的侦查；另一方面打假部门、治安部门等也对涉嫌假冒伪劣的案件进行侦查。

2. 食品药品与知识产权犯罪案件的类型

食品药品犯罪案件的类型主要包括了《刑法》分则第三章破坏社会主义市场经济秩序罪中的大部分案件，主要有：

（1）生产、销售伪劣产品案（第140条中生产、销售伪劣食品、药品案）；

（2）生产、销售假药案（第141条）；

（3）生产、销售劣药案（第142条）；

（4）生产、销售不符合安全标准食品案（第143条）；

（5）生产、销售有毒、有害食品案（第144条）；

（6）生产、销售不符合安全标准的医用器材案（第145条）；

（7）生产、销售不符合安全标准的产品案（第146条）；

（8）生产、销售不符合卫生标准的化妆品案（第148条）；

（9）各地方公安机关规定的，要求由食品药品犯罪案件侦查部门立案侦查的其他案件。

侵犯知识产权犯罪案件的类型比较复杂，根据我国刑法分则第三章破坏社会主义市场经济秩序罪第七节侵犯知识产权罪的规定，共有七类案件：

（1）假冒注册商标案（第213条）；

（2）销售假冒注册商标的商品案（第214条）；

（3）非法制造、销售非法制造的注册商标标识案（第215条）；

（4）假冒专利案（第216条）；

（5）侵犯著作权案（第217条）；

（6）销售侵权复制品案（第218条）；

（7）侵犯商业秘密案（第219条）。

从目前司法实践来看，假冒注册商标案，销售假冒注册的商品案，非法制造、销售非法制造的注册商标标识案，侵犯著作权案，以及侵犯商业秘密案等案件高发，成为目前打击的重点。

3. 食品药品与知识产权犯罪案件的管辖

（1）属地管辖。食品药品、侵犯知识产权犯罪案件由犯罪地的公安机关管辖。犯罪地包括犯罪行为发生地和犯罪结果发生地。犯罪行为发生地，包括犯罪行为的实施地以及预备地、开始地、途经地、结束地等与犯罪行为有关的地点；犯罪行为有连续、持续或者继续状态的，犯罪行为连续、持续或者继续实施的地方都属于犯罪行为发生地。犯罪结果发生地，包括犯罪对象被侵害地、犯罪所得的实际取得地、藏匿地、转移地、使用地、销售地。行驶中的交通工具上发生的刑事案件，由交通工具最初停靠地公安机关管辖；必要时，交通工具始发地、途经地、到达地的公安机关也可以管辖。由犯罪嫌疑人居住地的公安机关管辖更为适宜的，可以由犯罪嫌疑人居住地的公安机关管辖。居住地包括户籍所在地、经常居住地。经常居住地，是指公民离开户籍所在地最后连续居住一年以上的地方。

根据最高人民法院、最高人民检察院、公安部《关于办理侵犯知识产权刑事案件适用法律若干问题的意见》规定，侵犯知识产权犯罪案件由犯罪地公安机关立案侦查。必要时，可以由犯罪嫌疑人居住地公安机关立案侦查。侵犯知识产权犯罪案件的犯罪地，包括侵权产品制造地、储存地、运输地、销售地，传播侵权作品、销售侵权产品的网站服务器所在地、网络接入地、网站建立者或者管理者所在地，侵权作品上传者所在地，权利人受到实际侵害的犯罪结果发生地。对有多个侵犯知识产权犯罪地的，由最初受理的公安机关或者主要犯罪地公安机关管辖。多个侵犯知识产权犯罪地的公安机关对管辖有争议的，由共同的上级公安机关指定管辖，需要提请批准逮捕、移送审查起诉、提起公诉的，由该公安机关所在地的同级人民检察院、人民法院受理。

（2）优先管辖。几个公安机关都有权管辖的食品药品与侵犯知识产权犯罪案件，由最初受理的公安机关管辖。必要时，可以由主要犯罪地的公安机关管辖。受理的先后顺序，按照制作《受案登记表》等受案材料的时间确定。

4. 食品药品与知识产权犯罪案件的并案

按照对于普通刑事案件并案的规定，具有下列情形之一的，公安机关可以在职责范围内并案侦查：（1）一人犯数罪的；（2）共同犯罪的；（3）共同犯罪的犯罪嫌疑人还实施其他犯罪的；（4）多个犯罪嫌疑人实施的犯罪存在关联，并案处理有利于查明犯罪事实的。

根据最高人民法院、最高人民检察院、公安部《关于办理侵犯知识产权刑事案件适用法律若干问题的意见》规定，对于不同犯罪嫌疑人、犯罪团伙跨地区实施的涉及同一批侵权产品的制造、储存、运输、销售等侵犯知识产权犯罪行为，符合并案处理要求的，有关公安机关可以一并立案侦查，需要提请批准逮捕、移送审查起诉、提起公诉的，由该公安机关所在地的同级人民检察院、人民法院受理。

但是，实际侦查实践中，对于跨区域的食品药品和侵犯知识产权犯罪案件侦查机关在推动并案侦查过程中，经常发生与检察院、法院认知偏差，如一些地方的侦查机关在对跨区域的一个生产链，或整个生产经营网络上的所有案件进行并案侦查后，检察机关或法院提出侦查机关无权并案侦查的意见。为此，一方面公安部应该推动最高人民检察院、最高人民法院在食品药品、侵犯知识产权犯罪侦查领域对整个生产经营网络内所有案件进行并案侦查的机制建设；另一方面各地公安机关应积极推动跨区域危害食品药品安全、侵犯知识产权犯罪案件的并案侦查，实现管辖和侦办标准的统一。

（二）食品药品与侵犯知识产权案件的受理

1. 案件来源

公安机关对下列来源的食品药品与侵犯知识产权案件均应受理：

（1）群众扭送、报案、控告、举报或者犯罪嫌疑人自首；

（2）110 报警服务台指令的；

（3）公安机关工作中发现的；

（4）食品药品监管、工商、质检、卫计委等其他行政机关移送的涉嫌犯罪案件；

（5）上级机关指定的。

2. 受理案件的要求

对于群众扭送、报案、控告、举报或者犯罪嫌疑人自首的，办案民警应问明情况，并制作笔录，经宣读无误后，由扭送人、报案人、控告人、举报人签名或者盖章。必要时可以录音、录像。接受控告、举报的，还应当向控告人、举报人说明诬告应负的法律责任。扭送人、报案人、控告人、举报人如果不愿意公开自己的姓名和扭送报案、控告、举报的行为，应在笔录中注明，为他保守秘密。

3. 执法机关移送案件的受理

对行政执法机关移送的涉嫌犯罪案件，应当在涉嫌犯罪案件移送书的回执上签字；其中，不属于本机关管辖的，应当在 24 小时内转送有管辖权的机关，并书面告知移送案件的行政执法机关。

食品药品监管、知识产权等行政执法机关移送的涉嫌犯罪的案件，应当审查是否随案移送了下列材料。对材料不全的，应当在接受案件的二十四小时内书面告知移送的行政执法机关在三日内补正。但不得以材料不全为由，不接受移送案件。

（1）案件移送书。载明移送机关名称、行政违法行为涉嫌犯罪罪名、案件主办人及联系电话等。案件移送书应当附移送材料清单，并加盖移送机关公章。

（2）案件调查报告。载明案件来源、查获情况、犯罪嫌疑人基本情况、涉嫌犯罪的事实、证据和法律依据、处理建议等。

（3）涉案物品清单。载明涉案物品的名称、数量、特征、存放地等事项，并附采取行政强制措施、现场笔录等表明涉案物品来源的相关材料。

（4）附有鉴定机构和鉴定人资质证明或者其他证明文件的检验报告或者鉴定意见。

（5）现场照片、询问笔录、电子数据、视听资料、认定意见、责令整改通知书等其他与案件有关的证据材料。

需要说明的是，无论是国务院《行政执法机关移送涉嫌犯罪案件的规定》（310号令）还是《食品药品行政执法与刑事司法衔接工作办法》都对证据等的移送没作出详细规定，但是2016年公安部出台的《公安机关受理行政执法机关移送涉嫌犯罪案件的规定》专门对证据的移送作了详细规定。因此，需要各地行政执法机关与公安机关加强交流，可以借助《食品药品行政执法与刑事司法衔接工作办法》制定实施细则等契机，统一案件移送材料的规定。

移送材料表明移送案件的行政执法机关已经或者曾经作出有关行政处罚决定的，应当检查是否附有有关行政处罚决定书。办案民警接受案件时，应当制作《受案回执》，一式二份，一份附卷备查；一份交报案人收执。回执中必须填明受案单位名称、受案民警姓名以及相关电话号码。

（三）案件的提前介入

1. 案件提前介入的依据

（1）2006年3月28日，最高人民检察院、全国整顿和规范市场经济秩序领导小组办公室、公安部、监察部联合发布的《关于在行政执法中及时移送涉嫌犯罪案件的意见》规定："对有证据表明可能涉嫌犯罪的行为人可能逃匿或者销毁证据，需要公安机关参与、配合的，行政执法机关可以商请公安机关提前介入，公安机关可以派员介入。"

（2）2011年2月9日中共中央办公厅、国务院办公厅转发国务院法制办、中纪委、最高人民法院、最高人民检察院、公安部、国家安全部、司法部、人力资源社会保障部《关于加强行政执法与刑事司法衔接工作的意见》的通知规定："行政执法机关在执法检查时，发现违法行为明显涉嫌犯罪的，应当及时向公安机关通报。接到通报后，公安机关应当立即派人进行调查，并依法作出立案或者不予立案的决定。”

（3）2015年12月22日，国家食品药品监管总局、公安部、最高人民法院、最高人民检察院、国务院食品安全办联合印发了《食品药品行政执法与刑事司法衔接工作办法》规定，“食品药品监管部门在日常工作中发现……明显涉嫌犯罪的案件线索，应当立即以书面形式向同级公安机关通报。公安机关应当及时进行审查，必要时可以进行初查”。

2. 案件提前介入的情形

对于接到食品药品监管等行政执法部门要求公安机关提前介入申请，并符合以下情形的，公安机关应立即提前介入案件：

（1）有证据表明涉嫌犯罪的行为人可能逃匿或者销毁、转移证据的；

（2）现场查获的涉案货值或者案件其他情节明显达到刑事追诉标准的；

（3）其他需要公安机关提前介入的情形。

3. 提前介入的实施

公安机关提前介入的，办案民警应做好以下工作：

（1）迅速到达现场；

（2）与所属单位保持联络，及时报告案件处理情况并接受指示；

（3）及时有效制止违法犯罪行为，采取有效措施控制犯罪嫌疑人；

（4）维护现场秩序，划定保护区，布置现场警戒，保护现场。必要时通知专业人员到场进行现场处置；

（5）进行现场调查，及时登记在场人员姓名、单位、住址和联系方式，询问当事人和现场目击证人，必要时制作现场笔录；

（6）收集、保全证据，必要时对现场拍照或者录像，扣押违法、违禁物品；

（7）发现有犯罪嫌疑人逃跑线索的，组织围堵追击，积极抓捕犯罪嫌疑人。除按法律规定实行当场处罚外，依法将有关人员带回公安机关继续调查处理。

（四）食品药品与知识产权犯罪的立案

1. 受案材料的审查

受理案件后，办案民警应当立即审查以下内容：

（1）是否符合案件管辖规定，属于本单位管辖；

（2）违法行为是否达到刑事案件立案标准；

（3）是否需要追究刑事责任；

（4）对食品药品监管、工商、质检等行政执法机关移送的案件，除审查以上内容外，还应当审查是否随案移送了以下材料：涉嫌犯罪案件移送书、涉嫌犯罪案件情况的调查报告、涉案物品清单、有关检验报告或者鉴定意见、其他有关涉嫌犯罪的材料。

2. 立案审查的期限

（1）接受涉嫌危害食品药品安全犯罪线索的报案、控告、举报、自动投案后，应当进行立案审查，并在 7 日以内决定是否立案；重大、复杂线索，经县级以上公安机关负责人批准，立案审查期限可延长至 30 日；特别重大、复杂线索，经设区的市一级以上公安机关负责人批准，立案审查的期限可延长至 60 日。

（2）上级公安机关指定管辖或者书面通知立案的，应当在指定期限内立案侦查。

（3）公安机关对食品药品监管、知识产权等行政执法部门移送的涉嫌犯罪案件，一般应当自受理之日起 10 日内依法作出立案或者不予立案的决定；案情重大的，应当自受理之日起 30 日内作出立案或者不予立案的决定；特殊情况下，受案单位报经上一级公安机关批准，可以再延长 30 日作出决定。

3. 食品药品与知识产权案件立案的标准

根据最高人民检察院、公安部《关于公安机关管辖的刑事案件立案追诉标准的规定（一）》《关于公安机关管辖的刑事案件立案追诉标准的规定（二）》，最高人民法院、最高人民检察院《关于办理危害食品安全刑事案件适用法律若干问题的解释》，最高人民法院、最高人民检察院《关于办理危害药品安全刑事案件适用法律若干问题的解释》，最高人民法院、最高人民检察院《关于办理生产、销售伪劣商品刑事案件具体应用法律若干问题的解释》，最高人民法院、最高人民检察院、公安部《关于办理侵犯知识产权刑事案件适用法律若干问题的意见》等的规定：

（1）生产、销售假药案的立案标准。生产（包括配制）、销售假药，涉嫌下列情形之一的，应予立案追诉：①含有超标准的有毒有害物质的；②不含所标明的有效成分，可能贻误诊治的；③所标明的适应症或者功能主治超出规定范围，可能造成贻误诊治的；④缺乏所标明的急救必需的有效成分的；⑤其他足以严重危害人体健康或者对人体健康造成严重危害的情形。

本条规定的“假药”，是指依照《中华人民共和国药品管理法》的规定属于假药和按假药处理的药品、非药品。

（2）生产、销售劣药案的立案标准。生产（包括配制）、销售劣药，涉嫌下列情形之一的，应予立案追诉：①造成人员轻伤、重伤或者死亡的；②其他对人体健康造成严重危害的情形。

认定为“对人体健康造成严重危害”的情形包括：①造成轻伤或者重伤的；②造成轻度残疾或者中度残疾的；③造成器官组织损伤导致一般功能障碍或者严重功能障碍的；④其他对人体健康造成严重危害的情形。

本条规定的劣药，是指依照《中华人民共和国药品管理法》的规定，药品成分的含量不符合国家药品标准的药品和按劣药论处的药品。

（3）生产、销售不符合安全标准的食品案的立案标准。生产、销售不符合食品安全标准的食品，具有下列情形之一的，应当认定为刑法第 143 条规定的“足以造成严重食物中毒事故或者其他严重食源性疾病”：①含有严重超出标准限量的致病性微生物、农药残留、兽药残留、重金属、污染物质以及其他危害人体健康的物质的；②属于病死、死因不明或者检验检疫不合格的畜、禽、兽、水产动物及其肉类、肉类制品的；③属于国家为防控疾病等特殊需要明令禁止生产、销售的；④婴幼儿食品中生长发育所需营养成分严重不符合食品安全标准的；⑤其他足以造成严重食物中毒事故或者严重食源性疾病的情形。

（4）生产、销售有毒、有害食品案的立案标准。在生产、销售的食品中掺入有毒、有害的非食品原料的，或者销售明知掺有有毒、有害的非食品原料的食品的，应予立案追诉。下列物质应当认定为“有毒、有害的非食品原料”：①法律、法规禁止在食品生产经营活动中添加、使用的物质；②国务院有关部门公布的《食品中可能违法添加的非食用物质名单》《保健食品中可能非法添加的物质名单》上的物质；③国务院有关部门公告禁止使用的农药、兽药以及其他有毒、有害物质；④其他危害人体健康的物质。

使用盐酸克仑特罗（俗称“瘦肉精”）等禁止在饲料和动物饮用水中使用的药品或者含有该类药品的饲料养殖供人食用的动物，或者销售明知是使用该类药品或者含有该类药品的饲料养殖的供人食用的动物的，应予立案追诉。

明知是使用盐酸克仑特罗等禁止在饲料和动物饮用水中使用的药品或者含有该类药品的饲料养殖的供人食用的动物，而提供屠宰等加工服务，或者销售其制品的，应予立案追诉。

（5）生产、销售不符合标准的医用器材案。生产不符合保障人体健康的国家标准、行业标准的医疗器械、医用卫生材料，或者销售明知是不符合保障人体健康的国家标准、行业标准的医疗器械、医用卫生材料，涉嫌下列情形之一的，应予立案追诉：①进入人体的医疗器械的材料中含有超过标准的有毒有害物质的；②进入人体的医疗器械的有效性指标不符合标准要求，导致治疗、替代、调节、补偿功能部分或者全部丧失，可能造成贻误诊治或者人体严重损伤的；③用于诊断、监护、治疗的有源医疗器械的安全指标不符合强制性标准要求，可能对人体构成伤害或者潜在危害的；④用于诊断、监护、治疗的有源医疗器械的主要性能指标不合格，可能造成贻误诊治或者人体严重损伤的；⑤未经批准，擅自增加功能或者适用范围，可能造成贻误诊治或者人体严重损伤的；⑥其他足以严重危害人体健康或者对人体健康造成严重危害的情形。

医疗机构或者个人知道或者应当知道是不符合保障人体健康的国家标准、行业标准的医疗器械、医用卫生材料而购买并有偿使用的，视为本条规定的“销售”。

（6）生产、销售不符合卫生标准的化妆品案的立案标准。生产不符合卫生标准的化妆品，或者销售明知是不符合卫生标准的化妆品，涉嫌下列情形之一的，应予立案追诉：①造成他人容貌毁损或者皮肤严重损伤的；②造成他人器官组织损伤导致严重功能障碍的；③致使他人精神失常或者自杀、自残造成重伤、死亡的；④其他造成严重后果的情形。

（7）食品药品案件共犯的立案标准。明知他人生产、销售假药、劣药，而有下列情形之一的，以共同犯罪论处：①提供资金、贷款、账号、发票、证明、许可证件的；②提供生产、经营场所、设备或者运输、储存、保管、邮寄、网络销售渠道等便利条件的；③提供生产技术或者原料、辅料、包装材料、标签、说明书的；④提供广告宣传等帮助行为的。

明知他人生产、销售不符合食品安全标准的食品，有毒、有害食品，具有下列情形之一的，以生产、销售不符合安全标准的食品罪或者生产、销售有毒、有害食品罪的共犯论处：①提供资金、贷款、账号、发票、证明、许可证件的；②提供生产、经营场所或者运输、贮存、保管、邮寄、网络销售渠道等便利条件的；③提供生产技术或者食品原料、食品添加剂、食品相关产品的；④提供广告等宣传的。

（8）假冒注册商标案的立案标准。未经注册商标所有人许可，在同一种商品上使用与其注册商标相同的商标，涉嫌下列情形之一的，应予立案追诉：①非法经营数额在五万元以上或者违法所得数额在三万元以上的；②假冒两种以上注册商标，非法经营数额在三万元以上或者违法所得数额在二万元以上的；③其他情节严重的情形。

根据最高人民法院、最高人民检察院、公安部《关于办理侵犯知识产权刑事案件适用法律若干问题的意见》的规定，名称相同的商品以及名称不同但指同一事物的商品，可以认定为“同一种商品”。“名称”是指国家工商行政管理总局商标局在商标注册工作中对商品使用的名称，通常即《商标注册用商品和服务国际分类》中规定的商品名称。“名称不同但指同一事物的商品”是指在功能、用途、主要原料、消费对象、销售渠道等方面相同或者基本相同，相关公众一般认为是同一种事物的商品。认定“同一种商品”，应当在权利人注册商标核定使用的商品和行为人实际生产销售的商品之间进行比较。具有下列情形之一，可以认定为“与其注册商标相同的商标”：①改变注册商标的字体、字母大小写或者文字横竖排列，与注册商标之间仅有细微差别的；②改变注册商标的文字、字母、数字等之间的间距，不影响体现注册商标显著特征的；③改变注册商标颜色的；④其他与注册商标在视觉上基本无差别、足以对公众产生误导的商标。

（9）销售假冒注册商标的商品案的立案标准。销售明知是假冒注册商标的商品，涉嫌下列情形之一的，应予立案追诉：①销售金额在五万元以上的；②尚未销售，货值金额在十五万元以上的；③销售金额不满五万元，但已销售金额与尚未销售的货值金额合计在十五万元以上的。

（10）侵犯著作权案的立案标准。以营利为目的，未经著作权人许可，复制发行其文字作品、音乐、电影、电视、录像作品、计算机软件及其他作品，或者出版他人享有专有出版权的图书，或者未经录音、录像制作者许可，复制发行其制作的录音、录像，或者制作、出售假冒他人署名的美术作品，涉嫌下列情形之一的，应予立案追诉：①违法所得数额三万元以上的；②非法经营数额五万元以上的；③未经著作权人许可，复制发行其文字作品、音乐、电影、电视、录像作品、计算机软件及其他作品，复制品数量合计五百张（份）以上的；④未经录音录像制作者许可，复制发行其制作的录音录像制品，复制品数量合计五百张

（份）以上的；⑤其他情节严重的情形。

以刊登收费广告等方式直接或者间接收取费用的情形，属于“以营利为目的”；“未经著作权人许可”，是指没有得到著作权人授权或者伪造、涂改著作权人授权许可文件或者超出授权许可范围的情形；“复制发行”，包括复制、发行或者既复制又发行的行为。通过信息网络向公众传播他人文字作品、音乐、电影、电视、录像作品、计算机软件及其他作品，或者通过信息网络传播他人制作的录音录像制品的行为，应当视为“复制发行”；侵权产品的持有人通过广告、征订等方式推销侵权产品的，属于“发行”；“非法经营数额”，是指行为人在实施侵犯知识产权行为过程中，制造、储存、运输、销售侵权产品的价值。已销售的侵权产品的价值，按照实际销售的价格计算。制造、储存、运输和未销售的侵权产品的价值，按照标价或者已经查清的侵权产品的实际销售平均价格计算。侵权产品没有标价或者无法查清其实际销售价格的，按照被侵权产品的市场中间价格计算。

（11）销售侵权复制品案的立案标准。以营利为目的，销售明知是刑法第217条规定的侵权复制品，涉嫌下列情形之一的，应予立案追诉：①违法所得数额十万元以上的；②违法所得数额虽未达到上述数额标准，但尚未销售的侵权复制品货值金额达到三十万元以上的。

（12）非法制造、销售非法制造的注册商标标识案的立案标准。伪造、擅自制造他人注册商标标识或者销售伪造、擅自制造的注册商标标识，涉嫌下列情形之一的，应予立案追诉：①伪造、擅自制造或者销售伪造、擅自制造的注册商标标识数量在二万件以上，或者非法经营数额在五万元以上，或者违法所得数额在三万元以上的；②伪造、擅自制造或者销售伪造、擅自制造两种以上注册商标标识数量在一万件以上，或者非法经营数额在三万元以上，或者违法所得数额在二万元以上的；③其他情节严重的情形。

（13）假冒专利案的立案标准。假冒他人专利，涉嫌下列情形之一的，应予立案追诉：①非法经营数额在二十万元以上或者违法所得数额在十万元以上的；②给专利权人造成直接经济损失在五十万元以上的；③假冒两项以上他人专利，非法经营数额在十万元以上或者违法所得数额在五万元以上的；④其他情节严重的情形。

（14）侵犯商业秘密案的立案标准。侵犯商业秘密，涉嫌下列情形之一的，应予立案追诉：①给商业秘密权利人造成损失数额在五十万元以上的；②因侵犯商业秘密违法所得数额在五十万元以上的；③致使商业秘密权利人破产的；④其他给商业秘密权利人造成重大损失的情形。

三、食品药品与知识产权犯罪案件侦查的实施

（一）食品药品与知识产权犯罪案件的现场勘验、检查

1. 食品药品、侵犯知识产权犯罪现场勘验、检查的一般规定

办案民警对于与食品药品、侵犯知识产权犯罪有关的场所、物品都应该进行勘验，对与食品药品、侵犯知识产权犯罪案件有关人身都应当进行检查，如果造成消费者等死亡则需要对尸体进行检验。可以利用技术手段，及时提取与案件有关的痕迹、物证。在必要的时候，指派或者聘请具有专门知识的人，在办案民警的主持下进行勘验、检查。

对于一般案件的现场勘查，由办案部门主管领导指定的民警现场指挥；重大、特别重大案件的现场勘查由部门主管领导现场指挥，必要时，发案地办案单位主管领导亲自到现场指挥。勘查现场时，应该请求刑事技术人员参与现场勘验，并按照现场勘查规则的要求拍摄现场照片，制作《现场勘查笔录》和现场图。对重大、特别重大案件的现场，应予录像。

对于利用计算机犯罪案件的现场勘查，应在对显示屏上的信息进行保存处理后立即停止应用，保护计算机及相关设备，并复制电子数据。

在案件现场勘验、检查中，办案民警应当提取现场勘验、检查中发现的与犯罪有关的痕迹、物品和文件以及《公安机关刑事案件现场勘验检查规则》第60条规定的物品，并填写《现场勘验检查笔录》中的《现场勘验检查提取痕迹物证登记表》。

2. 食品药品、侵犯知识产权犯罪现场勘验、检查中查封扣押的实施

对于刑事案件现场勘验、检查中提取的物品或者文件，属于下列情形之一的，办案民警应予扣押，并当场开具《扣押物品、文件清单》一式三份，其中一份装订在现场勘验、检查卷宗中：

（1）经过现场调查、检验甄别，认为该物品或者文件可用以证明犯罪嫌疑人有罪或者无罪的；（2）现场难以确定有关物品或者文件可否用以证明犯罪嫌疑人有罪或者无罪，需要进一步甄别和采取控制保全措施的；（3）法律、法规禁止持有的物品、文件。对提取的现场痕迹，办案民警应分别提取，分开包装，统一编号，并在包装上注明提取的地点、部位、日期，提取的数量、名称、方法和提取人。对特殊检材，应当采取相应的方法提取和包装，防止损坏或者污染。

3. 食品药品、侵犯知识产权犯罪现场勘验的重点

食品药品、侵犯知识产权案件的现场包括生产问题产品、原料、半成品的现场，销售问题产品、原料、半成品的现场，贮存问题产品、原料、半成品的现场以及生产、销售问题产品过程中所使用的计算机等现场。具体勘验的重点包括：

（1）生产问题产品、原料、半成品的现场。此类现场勘验的重点：勘验生产现场所在的位置；勘验生产现场遗留的产品、半成品和产品生产所用的原料；勘验产品生产的主要器械、工具；勘验生产现场的产品及原料的运输工具及其痕迹；勘验现场所遗留的各类包装材料及包装工具；勘验现场所遗留的与生产、进货、销货有关的各类文书；勘验现场生产、管理人员遗留下的痕迹等。

（2）销售问题产品、原料、半成品的现场。此类现场勘验的重点：勘验销售现场所在的位置；勘验现场贮存的用于销售的产品；勘验产品所摆放的相关位置、空间；勘验现场中可能藏匿的产品；勘验现场所遗留的包装材料；勘验现场所遗留的与进货、销货有关的文书；勘验现场所遗留的各类工具及其痕迹；勘验经营、管理人员所遗留的痕迹等。

（3）贮存问题产品、原料、半成品的现场。此类现场勘验的重点：勘验贮存场所所在的位置；勘验现场中所贮存的产品、半成品及原料；勘验现场中所使用的运输工具及其痕迹；勘验现场中的各类包装材料；勘验现场所留的与入库、出库有关的文书；勘验贮存现场保管人员所遗留的痕迹等。

（4）生产、销售问题产品过程中涉及的计算机、网络等虚拟现场。此类现场勘验的重点：生产经营过程中所使用的计算机系统硬件的检查；所使用计算机软件系统的检查；所使用计算机内各类电子证据的提取；生产经营现场内及周围手机、视频等电子现场的固定等。

（二）食品药品与知识产权犯罪侦查中的调取证据

公安机关必须依照法定程序，收集能够证实食品药品犯罪嫌疑人有罪或者无罪、犯罪情节轻重的各种证据。必须保证一切与案件有关或者了解案情的公民，有客观充分地提供证据的条件，除特殊情况外，可以吸收他们协助调查。

1. 一般规定

侦查过程中，办案民警发现与案件有关的证据时，可以向有关机关、团体、企事业单位和公民个人调取。公安机关向有关单位和个人收集、调取证据时，应当告知其必须如实提供证据。执行时，办案民警不得少于二人。有关单位或者个人主动提供证据的，不再办理调取手续，但应当出具《接受证据材料清单》一式三份，一份交证据提交人，一份交公安机关保管人员，一份存入诉讼卷。

2. 调取证据的审批

办案民警应制作《呈请调取证据报告书》，报本单位主管领导审批。《呈请调取证据报告书》内容包括：所侦查案件的简要案情；拟调取证据的个人或单位的名称；拟调取证据的种类和特征；调取证据的法律依据等。

3. 调取证据的实施

调取证据时，办案民警应向证据持有单位和个人送达《调取证据通知书》，并要求证据持有单位或个人在通知书副本的附注部分盖章或签名。拒绝签名或盖章的，办案民警应当注明。通知书副本存入诉讼卷。必要时，应当采用录音或者录像等方式固定证据内容及取证过程。

执行调取证据过程中，办案民警对所调取的物证、书证，要当场制作《调取证据清单》。向单位调取书面证据材料，还必须由提供人在材料上签名，并加盖单位印章；向个人调取书面证据材料，还必须由本人在材料上签名或者盖章。办案民警向单位和个人调取实物证据时，若调取的是实物证据原件，应由提供单位或个人签字或盖章；若调取的是实物证据的复制品或复印件，应附有关于制作过程的文字说明及原件、原物存放何处的说明，经与原件核对无误后，由被调取人在复印件上写明“与原件核对无误”并签名或者盖章。《调取证据清单》一式三份，一份由办案单位留存，与《调取证据通知书》一起存入诉讼卷；一份交证据持有人；一份交本单位证据保管人员。

四、食品药品与知识产权犯罪案件中涉案物品检验鉴定

为了查明案情，确定案件性质，解决案件中某些专门性问题，应当对涉案的食品、药品、产品、账目文件、视听资料、电子数据及其他物证等进行检验鉴定。

（一）检验鉴定的一般规定

1. 公安机关需要对案件涉及的专门性问题进行鉴定时，可以指派本公安机关的鉴定人进行鉴定，也可以聘请本公安机关以外的具有鉴定资格或者专门知识的人进行鉴定。

2. 各鉴定机构之间没有隶属关系。

3. 鉴定机构接受委托从事司法鉴定业务，不受地域范围的限制。

（二）检验鉴定的专门规定

1. 刑事技术鉴定由县级以上公安机关的刑事技术部门负责实施，由具有鉴定资格的专业技术人员担任鉴定人。必要时，可以聘请有专门知识的人协助鉴定。

2. 精神病鉴定，应当委托《国家司法鉴定人和司法鉴定机构名册》公布的具有精神病鉴定资质的鉴定机构进行。

3. 价格鉴定由各级政府价格部门设立的价格鉴定机构负责实施。

4. 对电子数据涉及的专门性问题难以确定的，由司法鉴定机构出具鉴定意见，或者由公安部指定的机构出具检验报告。

5. 对办理危害药品安全刑事案件中“假药”“劣药”难以确定的，可以根据地市级以上药品监督管理部门出具的认定意见等相关材料进行认定；必要时，可以委托省级以上药品监督管理部门设置或者确定的药品检验机构进行检验。对办理危害食品安全刑事案件中“足以造成严重食物中毒事故或者其他严重食源性疾病”“有毒、有害非食品原料”难以确定的，可以根据检验报告并结合专家意见等相关材料进行认定。

6. 对办理生产、销售伪劣产品，假冒商标，非法经营等严重破坏社会主义市场经济秩序的犯罪案件中，所涉生产、销售的产品是否属于“以假充真”“以次充好”“以不合格产品冒充合格产品”难以确定的，委托法律、行政法规规定的产品质量检验机构进行鉴定。

（三）鉴定的审批

需要指派或者聘请具有鉴定资格或者专门知识的人鉴定的，办案部门制作《呈请鉴定报告书》，报县级以上公安机关负责人批准。

《呈请鉴定报告书》内容包括：简要案情；需要鉴定的种类；鉴定意见对案件办理所起的作用；拟指派本公安机关鉴定人，或者聘请本公安机关以外的鉴定人的，提出具体鉴定人或者单位。

（四）鉴定的实施

需要聘请本公安机关以外的鉴定人的，经县级以上公安机关负责人批准，办案部门制作《鉴定聘请书》；由公安机关刑事技术部门或者鉴定机构鉴定的，不需要制作《鉴定聘请书》，直接将检材送交鉴定。《鉴定聘请书》制作完毕后，侦查人员持正本及副本并携带检材送达被聘请的鉴定人，正本由鉴定人留存，副本由鉴定人在附注部分签名、注明日期后，由侦查人员带回，侦查终结时，存入诉讼卷。鉴定机构要求签订鉴定委托书的，应当签订鉴定委托书。

公安机关应当为鉴定人进行鉴定提供必要条件，介绍与鉴定有关的情况，并且明确提出要求鉴定解决的问题，禁止暗示或者强迫鉴定人作出某种鉴定意见。侦查人员应当做好检材的保管和送检工作，并注明检材送检环节的责任人，确保检材在流转环节中的同一性和不被污染。对同一批次或者同一类型的涉案食品药品，如因数量较大等原因，无法进行全部检验检测，根据办案需要，可以依法进行抽样检验检测。

对当事人要求自行聘请鉴定机构、鉴定人鉴定的，应当告知当事人由公安机关聘请鉴定。对当事人提交的鉴定意见，公安机关可以参考，但不得作为定案的根据。

（五）涉案食品药品等物品的认定

1. 直接认定的情形

对于符合《最高人民法院、最高人民检察院关于办理危害食品安全刑事案件适用法律若干问题的解释》（法释〔2013〕12 号）第 1 条第（二）项中属于病死、死因不明的畜、禽、兽、水产动物及其肉类、肉类制品和第（三）项规定情形的涉案食品，可以直接认可食品药品监管部门出具的认定意见。

对于符合《中华人民共和国药品管理法》第 48 条第 3 款第（一）、（二）、（五）、（六）项规定情形的涉案药品，可以直接认定地市级以上食品药品监管部门出具的认定意见。

2. 涉案食品药品认定意见的格式

涉案食品药品的认定意见应该符合《食品药品行政执法与刑事司法衔接工作办法》第 25 条规定的格式。

（1）假药案件，结论中应写明“经认定，……属于假药（或者按假药论处）”。

（2）劣药案件，结论中应写明“经认定，……属于劣药（或者按劣药论处）”。

（3）生产、销售不符合食品安全标准的案件，符合《最高人民法院、最高人民检察院关于办理危害食品安全刑事案件适用法律若干问题的解释》（法释〔2013〕12 号）第 1 条相关情形的，结论中应写明“经认定，某食品……不符合食品安全标准，足以造成严重食物中毒事故（或者其他严重食源性疾病）”。

（4）生产、销售不符合保障人体健康的国家标准、行业标准的医疗器械案件，符合最高人民检察院、公安部联合印发的《关于公安机关管辖的刑事案件立案追诉标准的规定（一）》（公通字〔2008〕36 号）第 21 条相关情形的，结论中应写明“经认定，某医疗器械……不符合国家标准、行业标准，足以严重危害人体健康”。

（5）其他案件也均应写明认定涉嫌犯罪应当具备的结论性意见。

（六）鉴定、检验、检测结果的告知

食品药品、侵犯知识产权犯罪侦查部门应当及时将鉴定、检验、检测的结果告知犯罪嫌疑人、被害人或者其辩护律师、法定代理人。如果犯罪嫌疑人、被害人或律师、代理人等提出重新或补充检验检测或鉴定的，应在涉案物品依法处置前提出重新或者补充检验检测、认定的申请。

五、食品药品与知识产权犯罪侦查途径的选择

（一）以犯罪嫌疑人的供述为途径

“从供到证”的侦查途径是最传统的，也是最经常使用的侦查途径。犯罪嫌

疑人是问题食品药品以及侵犯知识产权的产品的生产者、销售者或生产销售条件的提供者，他们对问题产品的生产加工、销售，原料的购买，销售渠道的情况，资金的流转情况，以及产品中所添加的物质、添加物质的来源和产品的危害性等最为清楚。如果犯罪嫌疑人能够如实供述其犯罪行为，以其供述为途径进行侦查，收集线索和证据，是最为便捷有效的侦查途径。

（二）以涉案各类数据信息为途径

以信息为引导侦查的途径是在现代技术支撑下发展出来的新的侦查途径。随着计算机技术、网络技术和通讯技术的发展，各类高科技产品已经变得触手可及，犯罪行为人也在实施犯罪的过程中广泛使用计算机、网络和通讯工具等，由此也衍生了海量的以电子数据形式存在的信息。这些信息的存在为刻画犯罪行为人的形象，还原犯罪行为人的活动轨迹，如实反映犯罪行为人的犯罪活动提供了重要的情报信息支撑。在食品药品与侵犯知识产权犯罪案件中，通过收集犯罪行为人所使用的计算机、网络、通讯工具等所生成的电子数据，调取拍录到与其犯罪行为有关的视频监控，调取进行交易中产生的资金流转信息等，可以将犯罪行为人的一些主要行为再现，从而客观地反映出犯罪行为人相关的犯罪活动，如通过互联网进行营销时，虚拟空间内所保存的电子数据就可完整刻画出整个交易的情况等。

（三）以涉案资金的流动为途径

通过网上银行进行支付或通过银行账户进行转账，是现代商业的特点和优势，也成为目前食品药品、侵犯知识产权犯罪行为资金流转的特征之一。犯罪行为人在被查获后，或者在其犯罪行为进行经营的过程中，通过对其资金流动情况进行侦查，就能摸清其原料的购入渠道，产品的销售渠道，为查清犯罪行为人的生产经营网络，乃至全部犯罪活动，并将全部参与犯罪活动的行为人查清提供了新的渠道。

（四）以涉案问题物品的流动为途径

以淘宝、京东等为代表的电商和以微信为载体的微商的发展，极大促进了现代物流业的发展。利用快递来实现原料的购入和产品的销售成为现代商业的模板，即使大型企业也不愿投入大量资金和资源来构筑自己的物流链，将物流外包给专业物流公司成为商业流通的主流。食品药品、侵犯知识产权的犯罪行为人或企业，同样也广泛利用网店、微商，或自建网络平台等来进行进货、销售，并利用快递、物流公司来远程运送货物。因此，可以通过涉案物品的流动来追踪查获与问题产品相关的犯罪行为人，以及其上下游的流通渠道和销售网络，从而实现全案的侦查。

六、食品药品与侵犯知识产权犯罪案件的跨区域侦查

（一）跨区域侦查机制的启动

对于跨多个区域的食品药品、侵犯知识产权的重大犯罪案件，办案民警应立即逐级上报，经上一级公安机关批准后，启动跨区域侦查工作机制并开展工作。跨区域侦查工作由案件承办单位报请共同的上级公安机关批准发起，并由批准启动机关或主办单位负责案件的侦查指挥工作。

跨区域侦查案件的启动，应该由上级部门明确统一案件查办的标准和要求，并负责协调同级检察机关争取其提前介入侦查。

（二）食品药品犯罪的集群侦办

目前公安部治安局对于危害严重、影响面广的危害食品药品犯罪案件建立集群侦办机制，根据案件影响的区域发起集群侦办。

1. 食品药品犯罪案件集群侦办的发起

对跨地域、产业化、链条化的食品药品犯罪案件，可以提请公安部发起案件集群侦办。公安部也可以根据案件情况主动发起案件集群侦办。

2. 食品药品犯罪集群侦办的发起条件

（1）犯罪的生产、加工、包装、存储、运输、销售等主要环节涉及 2 个以上

省（区、市），由一地公安机关发现并主要侦办（主侦地）；

（2）涉嫌犯罪的性质明确，定性准确；

（3）涉案人员、窝点、交易等信息基本明确，具有进一步侦查价值。

经过公安部治安局审核，部署其他各涉案环节属地公安机关（参与地）集中开展打击行动。

（三）重大食品药品、知识产权案件的联合督办

各级公安机关食品药品、知识产权犯罪侦查部门应当加强对重大案件的联合督办工作。

1. 在区域范围内有重大影响的案件；

2. 引发公共安全事件，对公民生命健康、财产造成特别重大损害、损失的案件；

3. 跨地区，案情复杂、涉案金额特别巨大的案件；

4. 其他有必要督办的重大案件。

必要时，公安机关可以联合食品药品监管部门、工商、人民检察院等联合发起案件督办。

（四）食品药品、知识产权犯罪案件的办案协作

在危害食品药品安全、侵犯知识产权犯罪案件侦办中，需要请求异地公安机关协助的，主办地公安机关侦查部门应当确保请求合理、定性准确、程序合法、手续规范，协作地公安机关应当主动配合、反馈及时并予以积极协助、配合，不得收取任何形式的费用。在办案中需要外省市公安机关协作的，应出具《办案协作函》，通过协作地的县级以上公安机关联系有关协作事宜。

1. 请求协助查询资料、调查取证的要求

派员赴外省市公安机关请求协助查询资料、调查取证等事项时，应出具以下法律文书及手续：

（1）《办案协作函》；

（2）《传唤通知书》《查询存款 / 汇款通知书》《调取证据通知书》等相关的法律文书；

（3）办案人员工作证件。

不需要派员赴异地公安机关的，办案民警可以将《办案协作函》及相关的法律文书寄送协作地公安机关函请配合查证。

2. 请求协助采取强制措施等的要求

派员赴异地公安机关请求协助采取强制措施或者搜查，扣押、冻结涉案财物等事项时，办案民警应出具以下法律文书及手续：

（1）《办案协作函》；

（2）《拘传证》《拘留证》《逮捕证》《搜查证》，或者《扣押通知书》《冻结存款 / 汇款通知书》等相关的法律文书；

（3）办案人员工作证件。

3. 紧急协助的实施

对不及时采取措施，有可能导致犯罪嫌疑人逃匿，或者有可能转移涉案财物以及重要证据的，主办地公安机关可以商请紧急协作，经逐级上报，办案单位主管领导批准后，办案民警应将《办案协作函》及相关法律文书电传至协作地公安机关，商请协作地公安机关及时采取措施，落实协作事项。主办案单位应当立即派员携带法律文书前往协作地办理有关事宜。

4. 配合协查时的要求

在配合外省市公安机关来员协查工作中，办案民警应核验主办地公安机关出具的法律文书和手续。手续完备的，应无条件配合。除抓获犯罪嫌疑人的规定奖励费用外，严禁以任何名目索取任何形式的办案费用。

5. 跨部门的合作

侦查部门应主动加强与食品药品、工商、质检等行政执法部门之间的合作，互相配合，积极回复行政执法部门的专业咨询，并与其构建信息共享、涉案物品检验鉴定、案件联合督办等协作机制。

七、食品药品与知识产权犯罪案件的侦查终结

（一）食品药品与知识产权犯罪案件侦查终结的条件

1. 食品药品、侵犯知识产权犯罪案件的事实已经查清；

2. 犯罪事实都有证据证明，且经查证属实；

3. 证据体系完整，排除合理怀疑；

4. 法律手续完备。

（二）移送审查起诉

危害食品药品安全犯罪案件经侦查，认为犯罪事实清楚，证据确实、充分，依法应追究刑事责任的，侦查终结时，应提出并制作《起诉意见书》，经县级以上公安机关负责人批准后，连同案件材料以及证据一并移送同级人民检察院审查起诉。

（三）涉案物品的处置

对移送起诉案件的涉案物品，一般应随案移送同级人民检察院审查处理；对不宜随案移送的物品、文件，应当拍成照片入卷，原物由公安机关妥善保管或按照国家有关规定分别移送主管部门处理或销毁；对被害人的合法财产及其孳息，应当在登记、拍照或者录像、估价后及时返还；对容易腐烂变质及其他不易保存或保管的物品可不随卷移送。对与案件无关财物退还所有者，或按照法律规定上缴国库。

（四）补充侦查

移送人民检察院审查起诉的案件，人民检察院退回公安机关补充侦查的，公安机关接到人民检察院退回补充侦查的法律文书后，应当按照补充侦查提纲在一个月内补充侦查完毕。补充侦查以二次为限。对人民检察院退回补充侦查的案

件，根据不同情况，报县级以上公安机关负责人批准，分别作如下处理：

（1）原认定犯罪事实清楚，证据不够充分的，应当在补充证据后，制作《补充侦查报告书》，移送人民检察院审查；对无法补充的证据，应当作出说明。

（2）在补充侦查过程中，发现新的同案犯或者新的罪行，需要追究刑事责任的，应当重新制作《起诉意见书》，移送人民检察院审查。

（3）发现原认定的犯罪事实有重大变化，不应当追究刑事责任的，应当重新提出处理意见，并将处理结果通知退查的人民检察院。

（4）原认定犯罪事实清楚，证据确实、充分，人民检察院退回补充侦查不当的，应当说明理由，移送人民检察院审查。

人民检察院自行补充侦查，需要公安机关协助的，公安机关应当协助。对人民检察院在审查起诉过程中以及在人民法院作出生效判决前，要求公安机关提供法庭审判所必需的证据材料的，应当及时收集和提供。

第六章
涉网食品药品与知识产权刑事案件侦查

计算机技术、网络技术、通讯技术的快速发展，使得我国经济社会借助“互联网 +”，一跃成为互联网强国，并助推整个经济社会的发展。而食品药品犯罪与侵犯知识产权犯罪也借助互联网的虚拟性、隐蔽性和广域性等特点，实现了犯罪行为的跨区域，犯罪结果与行为的分离，犯罪手段的高科技等，使得此类案件的侦查面临严峻的挑战。与此同时，侦查部门也顺势而为，搭上互联网技术发展的快车，实现了网络技术与侦查工作的合体，推动了侦查效能的全面提升，甚至借助大数据、云计算等网络技术，已经实现了对犯罪行为轨迹的刻画。2018 年 1 月，公安部领导指出，要着力深化和发挥企业技术资源优势，加强与公安机关的协作配合，为公安机关打击犯罪行为提供帮助。为此，在涉网食品药品与知识产权刑事案件侦查中，要注重发挥企业，特别是互联网、大数据型企业的作用。

一、涉网食品药品与知识产权案件侦查中企业数据分析运用

目前的互联网实时产生海量数据，通过数据分析，可以为案件侦查提供线

索、证据和思路等。以在网络交易中数据为例，主要包括了注册类数据、维权类数据、账号登录维护类数据、交易数据以及其他关系数据等。这些数据的存在为涉网案件侦查，特别是在网络经营食品药品、知识产权等案件中，网络数据在案情分析、收集固定证据中都起到重要作用。

（一）线上案情分析的途径

1. 单点账号的线上分析

在网络售假的初期阶段，违法犯罪行为人往往注册一个单独的网络账号，实施网络售假行为。通过研究一个网络目标账号，可以收集到账号的姓名、住址等大量个人信息，运用单点账号提供的个人信息可以对当事人的身份、住址、网络行为等进行线上分析。随着违法犯罪行为人运用网络售假日趋熟练，为规避打击，他们开始通过使用虚假信息注册账号。这些虚假信息虽然在分析目标人时可能不是都能发挥直接作用，但是通过与之相关的关系数据则可以排除虚假信息，直指背后真实的行为人信息。

2. 账号群的线上分析

随着司法机关对网上售假的打击，违法犯罪行为人为进一步潜藏身份，实现网络广域的售假行为，在网络上形成一个甚至多个相关的账号群，这些账号群之间的关系更加复杂。由于关系数据太多太复杂，在打击过程中需要技术人员和侦查员进行相互沟通，及时梳理思路，通过侦查思维来指引技术人员的数据分析。

3. 主页搜索行为分析

凡是在网络搜索引擎进行搜索，搜索引擎的后台都会将搜索信息记忆并存储，侦查人员就可以通过对行为人的搜索历史记录进行分析，来发掘背后的犯罪信息。如在研究网上贩卖毒品的行为时，由于网络禁售毒品，但是有需求就有供给，犯罪行为人就会通过虚假信息来掩盖真实的毒品交易信息。为此，可以从逆向思维出发，以买找卖，即通过分析吸毒人员在网络上的购买行为来寻找卖毒者。通过关注吸毒的人在网上的购买毒品的行为特征，看他经常去访问哪些店，怎么去找毒品。通过发现这个账号搜索了哪些关键词，就能知道他真实意图，并可以通过记录买家的行为来逆向找到卖家。

在网络打假中同样可以采取逆向思维的思路，一方面通过假货来打击制售假货的犯罪行为人；另一方面通过购买假货的人来倒查售假制假者。如有个人想去买假包，接连几天的搜索都是与假包有关的，但是都没有成交，有一天突然成交了一笔珠宝。透过对于他这种反常行为的分析，推断珠宝店经营者其实就是卖假包的，为此通过其他方法验证了这个推断。

4. 电子设备识别分析

计算机、手机等运用终端的识别是分析案情，确定行为人的重要途径。除了常见的计算机信息、手机信息分析以外，为了保障账号的安全，保护使用者的隐私和信息，一些互联网企业开发出账号登陆设备识别认证程序，为在案件查办中识别电子设备，查证行为人提供了新途径。由于网上交易的账号很难管理，但是所用的电子设备机器是较为固定的。通过机器唯一识别程序模型，管理的设备是手机、移动电脑、台式机和虚拟机，这四类在后台都有唯一的识别码，并且这个识别码具有足够的容忍度和稳定性。某台手机更换了有限的条件，识别码则应该保持不变。如果手机操作系统升级，后台的识别码就变了，这样的模型太敏感。但如果手机电话卡和使用者都换了，识别码却没有更新，这就说明识别码太愚钝，所以识别码的敏感程度十分重要。

通过管理机器可以获取数量庞大的关系数据，如一部手机上面登录了五个淘宝账号，这五个账号就可能有很强的关系；但如果一台台式机登录了上千个账号，这台电脑可能在网吧、在酒店等公共场所。所以要看关联的个数和次数去分析。如用手机去串联账号，两个账号在同一部手机上频繁登录，就能推测出两个账号背后的关系应当相当亲密，这就是通过设备将不同的账号串起来。另外还可以对机器进行信用判断，判断哪些机器是可信的，哪些是不可信的。对于那些注册了上千个账号的机器判定为不可信，如果做一些开店等敏感的行为，则会特殊对待，进行严格的筛查。而如果是一台设备只有一两个账号的可信设备，其申请账号等则会较为顺利。

（二）线上案情分析的作用

1. 案件线索的发现

通过平台上的投诉和防控模式的主动识别，还有舆情信息的导向，神秘抽检的结果，通过这些发现线索。投诉数据分为两种，一是作为品牌权利人的投诉，二是消费者投诉。消费者的投诉也分为两类，一是在线上所作出的好中差的评价，二是线下打电话投诉。平台客服有上千人都在倾听消费者的声音，这些被投诉的店铺要么是假货问题，要么是质量问题，要么是服务态度问题，这些都是发现案件的线索。

2. 涉网案件的串并

通过线上的数据对资金交易、物流还有对嫌疑人最关联的上下家进行分析，就极可能发现这些账号的货从哪来，经常在线下哪些地方出现，从而将与网上售假相关的上线、下线、提供条件，以及网下的生产、经营等相关的信息串并起来，从而实现全案侦查。从目前来看，如果只是打击某一个网上售假行为，不仅不能消除网络售假的危害和影响，由于单案查获的案值也可能很小，对其处理较轻，行为人很快会换一个假身份继续从事网络售假活动。

在进行线上分析的时候需要注意，由于数据更新不及时，或数据获取的不充分，有时线上分析与现实是有误差的。如在某案件中，需要确定假海飞丝的灌装点，通过线上数据分析，假海飞丝的灌装点已经确定，甚至门牌号都已经确定，街景地图显示是一个一楼的小作坊。在技术人员与侦查员进行交流时，侦查人员就指出，根据以往的经验这个地点应该是错的。因为灌装点多会在很隐蔽的地方，不应该在如此明显的场所。后来经过实地踏勘，事实验证线上分析的结果确实是错的。

（三）线上案情分析的方法——数据建模

1. 数据建模的内涵

（1）从专业角度来看，数据建模指的是对现实世界中的各类数据的抽象组织，确定数据库需管辖的范围、数据的组织形式等直至转化成现实的数据库。在此指的是通过制定条件、规则实现对网络平台上的数据指标化管理和分析，以明确分析对象的特征。所谓模型，就是几个规则拼在一起，多个条件组成规则，多个规则组成模型，就是可量化的指标对某种事物进行刻画，以为决策提供服务。模型，首先包含条件，这些条件就是两个值的问题，加减乘除，或且非等。如女性消费水平大于男性消费水平就是一个条件。规则比条件要复杂，一个规则里面可能包含了很多个条件，如既是男性，又大于30岁，还喜欢在晚上八点钟上网，这三个条件一但输入，就产生了一条规则。

在建模时要求：一是指标可量化，就是标准统一可以进行统计，如年龄、男女等都是可以量化的指标。二是能够实现对目标的刻画。如打假模型，就是对假货、涉假团伙账号的刻画；信用模型，就是对一个人经济能力和信用程度的刻画。模型的最终目的就是为了能够指导实践，如打假模型就是为了发现有价值的涉假线索，实现打击罪犯的目标。

2. 常用数据模型

（1）文本分析模型。所谓文本分析模型，就是对网络平台上的文本的表层信息进行分析，以得到文本深层所包含的，不能为普通阅读所把握的深层意义信息的分析模型。以网络交易平台上的文本为例，可以涵盖标题、商品的特征属性、商品数量等文本信息。这些信息大多为真实可靠的，但是网络售假者一方面需要将假冒伪劣产品销售出去实现交易，另一方面需要逃避平台检查和行政执法检查。他们在使用文本信息对产品和交易进行描述时，就尽可能地使用比较隐晦的语言来掩盖真实的信息。在网上分析过程中，让计算机程序去读懂这些信息难度是非常大的。要做到这点需要关键词的匹配，精确关键词和模糊关键词，像带有各类数字的门牌号，还有行业黑话以及衍生词，都是模型所要达到的目标。如阿里巴巴集团平台治理部门的技术人员就开发了很多常用的文本模型来分析网络文本。

（2）图片分析模型。图片分析模型则是通过对网页上的图片和音像的分析来识别商品的真伪。如某网络公司开发的一软件，即拍下商品照片，就可在网上检索到相似的商品。图片分析模型主要通过两个功能来实现识别，一是比对识别，是使用样本和母本进行比对异同；二是模糊识别，即智能识别。售假的人喜欢用一种图片的资源包，通过这些资源包识别售假者；还有一种叫 OCR 识别，就是识别里面的汉字，有时候制假者会把图片的汉字换了自己打，以前没法分辨，现在可以用 OCR 进行分辨。

（3）行为分析模型。初期阶段网络打假时，只用一个条件就可以确定产品真伪，如茅台酒卖 900 元，600 元以下的全是假货，就把这些全部打下去了。而现在有的制假者去刻意做一些逃避打击的行为，比如，频繁下架和上架商品，调整价格等行为，这就需要运用行为分析模式进行研究。行为分析模型，就是通过对行为人在网络交易中的种种反常行为进行分析，来推断其售假的行为。售假货的人怎么去规避，总需要一种形式来呈现，难就难在对制假者心理的了解。要去预测制假者为了要逃避打击会做出什么样的行为，通过行为分析模型就可以对售假者的反常行为进行分析研究。

二、涉网食品药品与知识产权刑事案件的管辖

（一）涉网食品药品与知识产权犯罪案件管辖的一般规定

根据《关于办理网络犯罪案件适用刑事诉讼程序若干问题的意见》规定，对于网络犯罪的管辖：

1. 涉网案件的属地管辖

网络犯罪案件由犯罪地公安机关立案侦查，必要时可以由犯罪嫌疑人居住地公安机关立案侦查。网络犯罪案件的犯罪地包括用于实施犯罪行为的网站服务器所在地，网络接入地，网站建立者、管理者所在地，被侵害的计算机信息系统或其管理者所在地，犯罪嫌疑人、被害人使用的计算机信息系统所在地，被害人被侵害时所在地，以及被害人财产遭受损失地等。

涉及多个环节的网络犯罪案件，犯罪嫌疑人为网络犯罪提供帮助的，其犯罪地或者居住地公安机关可以立案侦查。

2. 涉网案件的优先管辖

有多个犯罪地的网络犯罪案件，由最初受理的公安机关或者主要犯罪地公安机关立案侦查。有争议的，按照有利于查清犯罪事实、有利于诉讼的原则，由共同上级公安机关指定有关公安机关立案侦查。需要提请批准逮捕、移送审查起诉、提起公诉的，由该公安机关所在地的人民检察院、人民法院受理。

3. 涉网案件的并案侦查

具有下列情形之一的，有关公安机关可以在其职责范围内并案侦查，需要提请批准逮捕、移送审查起诉、提起公诉的，由该公安机关所在地的人民检察院、人民法院受理：

（1）一人犯数罪的；

（2）共同犯罪的；

（3）共同犯罪的犯罪嫌疑人、被告人还实施其他犯罪的；

（4）多个犯罪嫌疑人、被告人实施的犯罪存在关联，并案处理有利于查明案件事实的。

4. 涉网案件的指定管辖

对因网络交易、技术支持、资金支付结算等关系形成多层级链条、跨区域的网络犯罪案件，共同上级公安机关可以按照有利于查清犯罪事实、有利于诉讼的原则，指定有关公安机关一并立案侦查，需要提请批准逮捕、移送审查起诉、提起公诉的，由该公安机关所在地的人民检察院、人民法院受理。

特殊情况下，由异地公安机关立案侦查更有利于查清犯罪事实、保证案件公正处理的跨省（自治区、直辖市）重大网络犯罪案件，可以由公安部商最高人民检察院和最高人民法院指定管辖。

（二）涉网食品药品、侵犯知识产权犯罪案件的管辖

从目前来看，对于涉网食品药品、侵犯知识产权犯罪案件的管辖，由于网络行为的广域性，以及犯罪行为危害的潜在性和不确定性，应该从被动侦查和主动侦查两个视角来考虑案件的管辖，并应与检察机关和法院进行充分沟通的基础上达成共识。

一是从被动侦查的角度。从被动侦查的视角，侦查机关在接到报案、举报、控告或自首等，按照《关于办理网络犯罪案件适用刑事诉讼程序若干问题的意见》规定的涉网案件管辖的要求审查立案。

二是从主动侦查的角度。由于涉网案件的隐蔽性以及权益被侵害者自身的制约，使得涉网食品药品、侵犯知识产权犯罪案件高发，但是真正报案的较少。为了更好地打击涉网食品药品、侵犯知识产权犯罪案件，侦查机关有必要主动搜集线索、证据，发现潜在的犯罪行为。而相关的企业，如网络企业、食品药品生产经营企业，以及知名品牌企业等，都有主动打击侵犯知识产权案件的积极性和主动性。很多大型企业都建有品牌保护、法务或打假等专门的部门来发现市场上的侵权行为，并将线索提供给公安机关。但是由于网络案件的虚拟性，以及侵害目标的不确定性，使得一些有意愿主动打击此类犯罪的公安机关受制于管辖原则的要求而不能立案。侦查实践中发现，一些地方公安机关为解决管辖问题，多采取一些带有“网上化妆侦查”的方式，即发现涉网食品药品、侵犯知识产权犯罪线索或接到一些企业的线索推送后，安排侦查员通过网购等方式取得涉案物品后进行检验，然后以此来获得对案件的管辖权。虽然此方法从严格意义上讲值得商

権，但是对于解决管辖难的问题无疑具有重要意义。不过以此来应对日益猖獗的涉网食品药品、侵犯知识产权等犯罪，总显得很是无奈，且法律依据不足。为此，建议尽快修改《关于办理网络犯罪案件适用刑事诉讼程序若干问题的意见》，对于公安机关主动发现的涉网食品药品、侵犯知识产权等犯罪，可以采取发现地公安机关立案管辖。

三、涉网食品药品与知识产权刑事案件现场勘查重点

涉网食品药品、侵犯知识产权犯罪案件与普通的案件存在较大差别，其中网络空间的现场在整个案件侦查中具有重要意义，而对涉网食品药品、侵犯知识产权犯罪案件网络空间的勘查则能够为整个案件提供大量的证据，并对分析案件情况发挥重要作用。公安部《计算机犯罪现场勘验与电子证据检查规则》对涉网刑事犯罪案件现场勘验从整体上进行了规范。根据《计算机犯罪现场勘验与电子证据检查规则》，对于涉网的食品药品与侵犯知识产权案件的犯罪现场的勘验，应做好以下几个方面：

（一）网络空间的保护

进入现场后，就要为发现、提取电子证据做充分准备，应立即切断网络、封锁现场、停止运行涉案计算机及其外围设备。同时保证电力通畅，防止断电导致数据丢失、损毁，并防止取证人员无意识破坏证据的行为。

（二）网络空间的检查

检查现场内网络设备互联情况，确定网络和电缆的联接走向，查看有无无线网络；注意发现计算机存储设备以及互联网中的电子数据；查找所有可能存储电子信息的对象，如硬盘、U 盘、光盘等介质；如果现场有管理人员，应询问案发前后的软硬件、现场变动等情况。

（三）网络电子数据的提取与固定

收集现场易丢失的电子证据，不仅包括显示器显示信息、系统时间、程序运行数据，还需要收集账号密码、各种配套软件、参数等信息。如果现场需要查看设备内部数据情况，应通过“只读”接口设备连接到其他设备进行检查。电子物证收集完成后方可将电源关闭，并对电子设备、网线、电缆等进行拍照、编号和记录。提取到的电子证物应避免受到强磁、水火等自然因素的破坏，应当使用专业的封装袋进行保存，标明收集证据的时间、收集人姓名以及设备型号等信息。

（四）网络空间的取证记录

现场应有专人记录电子证据提取收集的全过程，记录内容包括案由，参加人员姓名及职务，证据提取时间、地点、方法、工具、顺序等具体过程，电子证据的类型及其固定保存的方法，提取中出现的问题和解决方式、证人情况等，做到权责到人，确保证据信息的准确性和可靠性，以保证电子证据的证明力。

四、涉网食品药品与知识产权犯罪案件电子数据收集

（一）电子数据的内涵

电子数据虽然已经被纳入到《中华人民共和国刑事诉讼法》和《中华人民共和国行政诉讼法》的规定，成为正式的证据形式，但是上述法律对于电子数据的概念均未作出明确的规定，在学术界也一直存在争议。从法律意义上对电子数据的概念进行较为权威的界定，最早是2015年2月4日最高人民法院《关于适用〈民事诉讼法〉的解释》中，认为电子数据是指通过电子邮件、电子数据交换、网上聊天记录、博客、微博客、手机短信、电子签名、域名等形成或者存储在电子介质中的信息。存储在电子介质中的录音资料和影像资料，适用电子数据的规定。

最高人民法院、最高人民检察院、公安部联合制定发布的《关于办理刑事案件收集提取和审查判断电子数据若干问题的规定》（以下简称《规定》），则

认为电子数据是案件发生过程中形成的，以数字化形式存储、处理、传输的，能够证明案件事实的数据。此概念中，我们可以看出成为电子数据需要满足以下条件：

1. 时间上限定在案件发生过程中

虽然多数能够作为证据使用的电子数据都是形成于案件发生过程之中，但是也不能完全排除某些电子数据可能形成于案件发生之后，这种时间性要求会在一定程度上限缩电子数据的范围，导致本应属于电子数据的证据不能归入到该法定证据种类之中。[①]同样在案件发生之前形成的某些电子数据也可能用来证明案情，如证明犯罪嫌疑人之间关系程度的通话记录等，或能证明犯罪嫌疑人是否有犯罪时间的，形成于案发前的一些视频等；而形成于案发后的一些通话信息、视频信息则可以用来证明嫌疑人的案后活动等。从《中华人民共和国刑事诉讼法》第48条第1款对于证据概念的界定来看，可以用来证明案件事实的材料都是证据。因此对于电子数据的时间性要求显然不宜作出限定，而且从证据的三大特点来看，合法性、客观性、关联性都不包含对形成时间的限定。

2. 必须是以数字化形式存储、处理、传输的数据

从此次《中华人民共和国刑事诉讼法》和《中华人民共和国行政诉讼法》的修改来看，都明确把电子数据作为独立的一种证据形式存在。但是在学术界还存在对其独立性的争议，主要有视听资料说、混合证据说和独立证据说。其实就证据形式来看本来就很难作出严格的区分，如传统的书证就属于特殊的物证，再如，犯罪嫌疑人在生产经营危害食品安全过程中所使用的计算机中制作的生产经营账目等文件，既具有了书证的属性，又具有电子数据的属性。也正出于此，“两高一部”把电子数据的形式规定为“以数字化形式存储、处理、

---

① 谢登科：《电子数据证据使用的五大法律问题》，载《刑事实务》2016年9月26日。http://www.scxsls.com/a/20160926/116188.html。

传输的数据”。

3. 要求具有证明案件事实的价值

此要求是证据关联性特点的反映，即作为证据使用的电子数据必须能够证明案件事实，否则就失去了作为证据的价值。根据证据关联性的要求，只有能够证明案件事实的材料才能够作为证据，与案件事实无关的材料则不能作为证据。关联性是任何材料作为证据的必备要件之一，电子数据也要求具有关联性，要求它必须能够证明案件事实。不能证明案件事实的电子数据，则不是证据。

结合以上分析，电子数据应该是与案件有关的，以数字化形式存储、处理、传输的，经过合法程序收集提取，能够证明案件事实的数据。

（二）电子数据的内容

对于电子数据的内容同样一直没用明确的范畴，这也是因为计算机、网络和通讯等技术的不断发展引发的。随着技术的发展，犯罪过程中不断会产生新的电子数据的形式，如微信的产生和普及就形成了电子数据新的形式，而大数据、VR 等技术的发展必然将产生新的电子数据形式。此次“两高一部”对电子数据的内容做了较为全面的概况。

从此规定看，电子数据包括但不限于下列信息、电子文件：

（1）网页、博客、微博客、朋友圈、贴吧、网盘等网络平台发布的信息；

（2）手机短信、电子邮件、即时通信、通讯群组等网络应用服务的通信信息；

（3）用户注册信息、身份认证信息、电子交易记录、通信记录、登录日志等信息；

（4）文档、图片、音视频、数字证书、计算机程序等电子文件。

此规定在界定目前现有电子数据形式的基础上，为防止在不久的将来会生成新的电子数据形式，作了非限定性规定，为未来技术的进步预留了空间。另外针对目前计算机在案件办理中的推广，在询问、讯问过程中直接在计算机的文档中输入陈述、供述和辩解等文字，生成以数字化形式记载的证人证言、被害人陈述以及犯罪嫌疑人、被告人供述和辩解等证据，规定认为此种形式的文档不属于电子数据。但是“确有必要的，对相关证据的收集、提取、移送、审查，可以参照适用本规定”。

（三）食品药品、知识产权犯罪案件中电子数据的存在形式

危害食品药品安全和侵犯知识产权犯罪案件中生成了大量电子数据，就目前案件侦查过程中所获取的电子数据来看主要以下列形式存在：

1. 存储在犯罪嫌疑人所使用的计算机中的电子数据

此类电子数据包括犯罪嫌疑人在生产经营危害食品药品安全和侵犯知识产权犯罪活动过程中，使用计算机所生成的所有的电子数据。具体包括计算机内储存的关于生产经营活动的计划、账目等各种文档、表格、图片；自设视频监控生成并存储在计算机中的电子数据；所使用计算机登录互联网进行交易等活动的过程中生成并存储在计算机中的各类电子数据等。

2. 存储在犯罪嫌疑人所使用的通讯工具中的电子数据

此类电子数据主要是指犯罪嫌疑人所使用的手机中所存储的与其危害食品药品安全和侵犯知识产权犯罪行为有关的电子数据，包括通话记录、短信、微信信息、照片、视频以及所下载的各种 App 中所记录的与其犯罪行为有关，或者能够证明其行为的电子数据。

3. 存储在公共电子设备中的电子数据

主要是犯罪嫌疑人在实施危害食品药品安全和侵犯知识产权犯罪行为过程中，通过使用相关公共部门提供的服务等所生成的电子数据，包括相关互联网公司、通讯服务公司、电子商务服务公司服务器、公共视频监控、银行业、税务、工商、宾馆、公交、水电气暖等公共服务部门信息系统等生成的诸如网上交易、银行账户、通讯服务、税务登记等各类信息。

4. 相关知情人的计算机、通讯工具等存储的电子数据

除犯罪嫌疑人以外的其他知情人、被雇佣的人、见证人、消费者等所使用的

计算机、手机等工具中存储的能够证明其犯罪行为的电子数据。

5. 公安机关的信息系统中存储的电子数据

公安机关的刑侦信息数据系统中存储的诸如犯罪工具、交通工具、涉案物品、失踪人员、无名尸体、指纹、DNA、重点人口、警务地理以及现场勘验检查中获取并存储在信息系统中的各类电子数据；交管部门的车辆管理系统、交通安全监管视频系统所储存的电子数据；治安部门所设置的视频监控系统的电子数据等。

6. 其他

除上述电子数据以外的其他与危害食品药品安全和侵犯知识产权犯罪相关的电子数据资料等。

（四）食品药品、知识产权犯罪案件中电子数据的收集提取措施

危害食品药品安全和侵犯知识产权犯罪案件侦查中需要提取电子数据的，要根据相关法律法规规章的规定执行。目前来看，电子数据的提取，《公安机关执法细则》做了较为简要的规定，“两高一部”《规定》则从第 7 条至第 17 条对电子数据的收集提取做了较为规范具体的规定。收集提取电子数据的具体措施包括：

1. 扣押、封存

根据《规定》第 8 条的规定，能够扣押电子数据原始存储介质的，应当扣押、封存原始存储介质，并制作笔录，记录原始存储介质的封存状态。

（1）扣押、封存的对象。主要是针对与危害食品安全犯罪行为有关的手机、计算机等体积相对较小，容易扣押封存的电子设备。

（2）扣押、封存的要求。封存电子数据原始存储介质，应当保证在不解除封存状态的情况下，无法增加、删除、修改电子数据。封存前后应当拍摄被封存原始存储介质的照片，清晰反映出封口或者张贴封条处的状况。对扣押、封存的具有无线通信功能的手机等存储介质，要求应当采取信号屏蔽、信号阻断或者切断电源等措施。

2. 提取

根据《规定》第 9 条之规定，无法扣押原始存储介质的，可以提取电子数据。

（1）提取的对象。提取的对象主要包括：原始存储介质不便封存的；提取计算机内存数据、网络传输数据等不是存储在存储介质上的电子数据的；原始存储介质位于境外的；其他无法扣押原始存储介质的情形。

（2）提取电子数据的要求。一是无法扣押原始存储介质；二是在提取时应当在笔录中注明不能扣押原始存储介质的原因、原始存储介质的存放地点或者电子数据的来源等情况，并计算电子数据的完整性校验值。

（3）网络提取等特殊规定。对于原始存储介质位于境外或者远程计算机信息系统上的电子数据，可以通过网络在线提取。为进一步查明有关情况，必要时，可以对远程计算机信息系统进行网络远程勘验。进行网络远程勘验，需要采取技术侦查措施的，应当依法经过严格的批准手续。

3. 打印、拍照、录像

根据《规定》第 10 条之规定，由于客观原因无法或者不宜依据第 8 条、第 9 条的规定收集、提取电子数据的，可以采取打印、拍照或者录像等方式固定相关证据，并在笔录中说明原因。

4. 冻结

根据《规定》第 11 条、第 12 条规定，可以实施对电子数据的冻结。

（1）冻结电子数据的情形。根据规定，主要有：

①数据量大，无法或者不便提取的；

②提取时间长，可能造成电子数据被篡改或者灭失的；

③通过网络应用可以更为直观地展示电子数据的；

④其他需要冻结的情形。

（2）冻结电子数据的审批。根据《规定》，需要冻结电子数据的，需要报经县级以上公安机关负责人批准或检察长批准才可以冻结。

（3）冻结电子数据的程序及解除。冻结电子数据，应当制作协助冻结通知书，注明冻结电子数据的网络应用账号等信息，送交电子数据持有人、网络服务提供者或者有关部门协助办理。解除冻结的，应当在三日内制作协助解除冻结通知书，送交电子数据持有人、网络服务提供者或者有关部门协助办理。

（4）冻结电子数据的方法。冻结电子数据，应当采取以下一种或者几种方法：

①计算电子数据的完整性校验值；

②锁定网络应用账号；

③其他防止增加、删除、修改电子数据的措施。

5. 调取

调取电子数据，应当制作调取证据通知书，注明需要调取电子数据的相关信息，通知电子数据持有人、网络服务提供者或者有关部门执行。

（四）食品药品、知识产权犯罪侦查中电子数据收集提取的一般程序

1. 基本要求

在办理危害食品药品安全和侵犯知识产权犯罪案件过程中，需要收集提取电子数据的，至少应该由两名以上侦查人员依法收集提取。如果不立即收集提取，电子数据可能被损毁或破坏等紧急情况外，根据所采取的措施的不同需要经不同级别的领导审批，并制作提取电子数据的相关法律文书。但是在司法实践中，由于很多侦查人员缺少相应的计算机技术能力，无法完成电子数据的提取，或在提取过程中可能会造成电子数据的损毁缺失等。电子证据的高科技性要求收集电子证据的人员必须熟练掌握计算机与网络的知识和技能，在侦查实践中，根据相关法律规定，可以由专门的网络执法人员或者是指派或聘请电子技术方面的专家来实施。

实践中，由于计算机、通讯等技术的专业性，再加上大数据、云计算等新技术的发展。在收集提取电子数据时可能会遇到很高的技术难题，为此就需要得到第三方的技术支持。需要第三方的技术支持的情形一般包括：一是电子数据被违

法犯罪行为人加密处理或技术性隐藏，这对侦查人员的技术要求高，若处置不慎会破坏数据的原始性和完整性；二是侦查人员到网络服务商（ISP）处调取数据时，由于对存储系统陌生，须借助第三方技术人员协助才能顺利完成取证，这在“云存储”技术广泛运用的情况下更为突出。

但是目前，由于侦查人员对电子数据的收集不熟悉，加之法律规定的缺失，况且在“两高一部”的《规定》中也没有作出相关的规定，侦查人员往往因为担心泄密或违反法律规定而不敢求助于第三方，而坐失取证良机，或造成电子数据被破坏。

2. 要有见证人在场见证取证过程

根据刑事诉讼法的规定，应当邀请符合条件的人员担任收集提取电子数据的见证人。由于客观原因无法由符合条件的人员担任见证人的，应当在笔录中注明情况，并对相关活动进行录像。针对同一现场多个计算机信息系统收集、提取电子数据的，可以由一名见证人见证。

3. 制作提取过程的笔录

收集、提取电子数据，应当制作笔录，记录案由、对象、内容、收集、提取电子数据的时间、地点、方法、过程，并附电子数据清单，注明类别、文件格式、完整性校验值等。由侦查人员、电子数据持有人（提供人）签名或者盖章，电子数据持有人（提供人）无法签名或者拒绝签名的，应当在笔录中注明，由见证人签名或者盖章。有条件的，应当对相关活动进行录像。

（五）食品药品、知识产权犯罪案件中电子数据的检查、移送

在危害食品药品安全和侵犯知识产权犯罪案件的侦查中，由于电子数据的特性决定了不能像对待传统证据形式一样，需要针对电子数据特点从技术上进行检查。同样，在把电子数据向检察机关移送时，也需要特殊的要求与规定。

1. 电子数据的检查

（1）检查的方法。根据“两高一部”《规定》对扣押的原始存储介质或者提

取的电子数据，可以通过恢复、破解、统计、关联、比对等方式进行检查。必要时，可以进行侦查实验。

（2）检查的具体要求。电子数据检查，应当对电子数据存储介质拆封过程进行录像，并将电子数据存储介质通过写保护设备接入到检查设备进行检查；有条件的，应当制作电子数据备份，对备份进行检查；无法使用写保护设备且无法制作备份的，应当注明原因，并对相关活动进行录像。

（3）制作检查笔录。电子数据检查应当制作笔录，注明检查方法、过程和结果，由有关人员签名或者盖章。进行侦查实验的，应当制作侦查实验笔录，注明侦查实验的条件、经过和结果，由参加实验的人员签名或者盖章。

（4）专门性问题的处理。对电子数据涉及的专门性问题难以确定的，由司法鉴定机构出具鉴定意见，或者由公安部指定的机构出具报告。

2. 电子数据的移送

根据“两高一部”《规定》，收集、提取的原始存储介质或者电子数据，应当以封存状态随案移送，并制作电子数据的备份一并移送。

对网页、文档、图片等可以直接展示的电子数据，可以不随案移送打印件；人民法院、人民检察院因设备等条件限制无法直接展示电子数据的，侦查机关应当随案移送打印件，或者附展示工具和展示方法说明。

对冻结的电子数据，应当移送被冻结电子数据的清单，注明类别、文件格式、冻结主体、证据要点、相关网络应用账号，并附查看工具和方法的说明。

对侵入、非法控制计算机信息系统的程序、工具以及计算机病毒等无法直接展示的电子数据，应当附电子数据属性、功能等情况的说明。对数据统计量、数据同一性等问题，侦查机关应当出具说明。

（六）涉网食品药品、知识产权案件电子数据取证的要点

1. 第一时间调取交易记录

即交易记录是否能够完整有效的固定下来，对交易类案件的行为认定和犯罪

金额认定具有重要作用。在犯罪现场导出交易记录有两个作用：一是在初查阶段注重交易记录的收集固定，可以为后来的立案提供的证据；二是能让办案人员掌握行为人的销售规模如何，并对行为人进行有针对性地讯问。侦查中，可以直接扣押电脑后请网监的技术民警协作调取，对电脑勘验后收集提取证据。在一些重要案件中，可以指派或聘请网络公司专业技术人员协助侦查员做好现场交易记录的固证工作。

2. 注重对网店网页的截图

在现场取证时，针对行为人掌控的几个网店，进行所有页面上的截取图，作为证据保存。首先对店铺证据保存，确定其有几个店铺；其次对店铺中销售的产品进行证据保存，掌握每个店铺中销售的产品是什么。

3. 注意发现虚假交易和刷信

一些网店为了在网页中提升交易量，经常会采取虚假交易来刷信，在认证交易额时就需要剔除虚假的刷信交易。但目前只能剔除简单的刷信誉的交易，真正实现的“假”交易是没办法进行剔除的。如某网店一双鞋卖100元钱，通过虚假交易拍下来后也是100元钱，只是在发货的时候只发一个空盒子。对于这样从表象来看是真实交易的虚假刷信很难从技术上判断。

4. 关注卖家聊天记录的调取

卖家为实现交易经常会通过即时通讯程序与买家进行交流，特别是售假的商家在网页上隐瞒真实的交易，但是在与买家的交流中经常会透漏出真实交易的情况，因此聊天记录在证实案情中也非常重要。

5. 做好犯罪行为人第一次讯问的多手段记录

虽然口供的证明力在下降，但是涉网案件办理中口供对于刻画整个案件网络和所有关系人等都起到重要作用。如果能在第一时间取得犯罪嫌疑人在互联网上实施犯罪的供述，对整个案件的推动都非常重要。他们关于网上店铺以及销售的产品等违法犯罪行为的真实供述，会和交易记录形成完整的证据链。

五、食品药品与知识产权犯罪案件账户资金网络查控

（一）涉案账户资金网络查控的一般规定

根据《公安机关办理刑事案件程序规定》和《公安机关执法细则》等规定，鼓励和支持公安机关与银行业金融机构根据《关于银行业金融机构与公安机关开展涉案账户资金网络查控工作的意见》的规定建立电子化查询、冻结平台，按照统一规划和标准，通过建设网络专线方式，开展涉案账户资金网络查控工作，在线开展风险防范信息推送、犯罪预警信息共享等工作。公安机关通过网络专线，向银行业金融机构提交涉案账户、存款等相关信息查询请求，银行业金融机构在线反馈协查结果。

（二）涉案账户资金网络查控的模式

地方公安机关与银行业金融机构可以采取“总对总”模式、“点对点”模式进行专网渠道办理查询、冻结涉案账户资金工作。

1.“总对总”模式。由公安部通过银监会金融专网通道与各全国性银行业金融机构总部进行对接，各级公安机关通过公安部与银监会进行对接。

2.“点对点”模式。各省（自治区、直辖市、计划单列市）公安机关通过当地银监局金融专网与各全国性银行业金融机构分行、地方法人金融机构进行对接，办理辖区内涉案账户资金查询、冻结工作，外省（自治区、直辖市、计划单列市）公安机关可通过中转实现跨省涉案账户资金的查询、冻结。

公安机关与当地银行业金融机构及其分支机构已通过专线或其他网络建立网络查控机制的，可继续按原有模式建设和运行。如需采用前两种模式以外模式的，应当报经银监会和公安部同意。各级公安机关应当严格依法查询、冻结涉案账户，确保查询手续完备、真实合法；应当采取有效措施，确保通过网络查控机制传输信息的安全。

（三）食品药品与侵犯知识产权犯罪案件账户的网络查控

食品药品与侵犯知识产权犯罪案件的网上账户包括两个方面：一是网络经营问题食品药品涉嫌犯罪案件与网上侵犯知识产权犯罪案件中借助网上支付功能实现的交易；二是实体社会中生产经营问题食品药品涉嫌犯罪案件与侵犯知识产权犯罪案件中，借助网上支付功能实现的交易。从网上支付进行交易的方式来看，则包括：一是直接通过各银行金融机构所设置的网上银行转账支付等系统进行网上资金的流动；二是通过第三方支付平台，诸如支付宝、微信等方式进行的网上资金的流动。对于涉网的食品药品与侵犯知识产权犯罪案件的账户的网络查控需要分别进行，通过银行的网联进行支付的，按照《关于银行业金融机构与公安机关开展涉案账户资金网络查控工作的意见》进行。通过网络企业的第三方平台实施的网上支付，则需要通过相关企业来进行查控，但由于缺乏相关规定，实践中更多的是各地公安机关与相关企业的“点对点”的对接。而一些企业则出于自身利益考虑或者对相关法律法规的了解不够，在实际案件中缺乏配合公安机关的积极性。

第三方支付在扩张的同时，带来了巨大的金融风险，大量的金融犯罪借助第三方支付带来便利和隐蔽侵蚀着我国金融安全。从 2014 年以来，第三方主导的线上支付的发展进入快车道，大众在享受便利的同时，市场也出现了走支付通道完全无感知也不受控的场外配资风险和 P2P 跑路风险。客户数据、账户信息泄露遭受电信诈骗乃至失去生命，以及借用无现金城市等概念占领支付市场份额等也不断在上演，全面防范互联网金融风险的形势变得日益紧迫。

根据 2017 年 8 月 4 日中央人民银行《关于将非银行支付机构网络支付业务由直连模式迁移至网联平台处理的通知》的规定，自 2018 年 6 月 30 日起，支付机构受理的涉及银行账户的网络支付业务全部通过网联平台处理。根据此规定，将此前游离于监管之外的第三方支付的业务纳入央行监管之中。此后，可以采取通过央行的网联平台查控的方式实施网络资金的查控。

第 三 篇

食品药品与知识产权刑事案件的法律适用

第七章 危害食品安全犯罪刑事案件的法律适用疑难问题

危害食品安全犯罪是指违反食品安全监管秩序，侵害公众饮食安全的一大类犯罪行为的统称。根据刑法规定，危害食品安全犯罪不仅涉及生产、销售不符合安全标准的食品罪，生产、销售有毒、有害食品罪，生产、销售伪劣产品罪等，而且包括了非法经营罪等扰乱市场秩序犯罪。由于司法实践中绝大多数的危害食品安全犯罪属于前两种类型，因此，本节关于危害食品安全犯罪刑事案件法律适用中疑难问题的分析主要围绕这两种展开。

一、危害食品安全犯罪法律适用的共性问题

作为危害食品安全犯罪，法律适用中所面临的首要问题就是涉案产品是否属于食品，只有在有证据证明这一点的情况下，才能按照危害食品安全犯罪予以查处。此外，危害食品安全犯罪属于故意犯罪，行为人主观上对于实施的不法行为是否存在明知，是认定犯罪成立的关键。基于此，本部分对危害食品安全犯罪法律适用共性问题的分析，主要包括两个方面的内容：一是食品的认定；二是明知的认定。

（一）关于食品的认定

食品安全法第150条对食品作了明确的界定。按照该条规定，食品，“指各种供人食用或者饮用的成品和原料以及按照传统既是食品又是中药材的物品，但是不包括以治疗为目的的物品”。据此，食品具有以下特征：一是供人食用或者饮用的成品和原料，但不包括以治疗为目的的物品；二是按照传统既是食品又是中药材的物品，但不包括以治疗为目的的物品。由于危害食品安全犯罪属于行政犯罪，是在行政法规对违反食品安全监管的行为无法进行有效规制的情况下而适用于刑法。因此，刑法与食品安全法中对食品的认定标准应该是一致的，即危害食品安全犯罪中的食品应当指的是食品安全法中的食品。当然，在理解这一概念时，需要区分安全食品与食品两个范畴。不管是食品安全法还是刑法，食品都是中性的概念而与安全性无涉。按照食品安全法第150条的规定，“食品安全，指食品无毒、无害，符合应当有的营养要求，对人体健康不造成任何急性、亚急性或者慢性危害”。就此而言，安全食品有两个特征，即无毒害性和应有的营养性。相应的，食品则不要求具有上述特征。事实上，违反食品安全监管的食品，大多属于不符合食品安全性和营养性的要求。危害食品安全犯罪中的食品也不符合安全食品的标准。所以刑法和食品安全法中的食品和安全食品属于不同的范畴。为此，在认定危害食品安全犯罪时，有必要注意一下相关概念的界限。

这里主要涉及食品添加剂的定性问题。按照《食品安全法》第150条的规定，“食品添加剂，指为改善食品品质和色、香、味以及为防腐、保鲜和加工工艺的需要而加入食品中的人工合成或者天然物质，包括营养强化剂”。由于食品添加剂是在加入食品中以后发挥改善食品品质的作用而被人食用，因此，人们往往把食品添加剂和食品混淆在一起。事实上，食品添加剂不属于食品，而是非食品原料。食品添加剂是现代科技发展的产物，大多属于化学合成物质，使用不当或者过量使用，会给人体健康带来危害。因此，国家对食品添加剂的生产实行许可制度。而之所以在食品安全法中规定食品添加剂，主要是考虑到食品安全监管体系的调整，食品添加剂不再按照工业产品由质量监督部门进行监管，而是作为食品安全管理的一个重要环节，由食品药品监管部门进行监管。[①]因此，食品添加剂虽然含在食品中供人食用，但食品添加剂本身往往不会在食品之外被人所食用、饮用，与食品有本质不同。基于此，生产、销售不符合安全标准的食品添加剂的行为，不属于生产、销售不符合安全标准的食品犯罪，正如最高人民法院、最高人民检察院《关于办理危害食品安全刑事案件适用法律若干问题的解释》（以下简称“食品解释”）第10条所规定的，“生产、销售不符合食品安全标准的食品添加剂，用于食品的包装材料、容器、洗涤剂、消毒剂，或者用于食品生产经营的工具、设备等，构成犯罪的，依照刑法第一百四十条的规定以生产、销售伪劣产品罪定罪处罚”。当然，如果行为人在生产、加工食品过程中超范围、超限量滥用食品添加剂的，则可能涉嫌危害食品安全犯罪。

当然，在司法实践中，不法人员通常会将伪劣产品作为食品来销售，或者以食品名义进行生产、加工、销售。对于后者，通常是执法部门监管、查处的重点，而对于那些不是以食品名义生产、销售，而实际上作为食品进入市场流通环节的经营行为，则需要审慎进行判断。事实上，由于后一类不法行为较为隐蔽，食品药品监管部门往往难以进行日常监管，实践中查处的这些案件通常需要知情人的举报。而这一类型行为的调查、认定，就需要提供证据证明不法人员所生产、经营的产品属于食品。在此，上述以食品安全法的有关规定为基础确定的食品的特征就是案件认定的关键。

（二）关于明知的认定

按照刑法理论的通说和司法实践的通行认识，生产、销售不符合安全标准的食品罪、生产、销售有毒、有害食品罪以及生产、销售伪劣产品罪属于故意犯

---

① 参见信春鹰主编：《中华人民共和国食品安全法解读》，中国法制出版社2015年版，第103页。

罪。根据《刑法》第 14 条规定，故意犯罪，是指行为人明知自己的行为会发生危害社会的结果，并且希望或者放任这种结果发生，因而构成犯罪的犯罪类型。成立故意犯罪，要求行为人主观上必须明知自己的行为会发生危害社会的结果，同时在意志上希望或者放任危害结果的发生。对于《刑法》第 143 条来说，成立生产、销售不符合安全标准的食品罪，要求行为人主观上认识到自己正在实施生产、销售不符合安全标准的食品的行为，同时希望或者放任这种食品能够进入市场流通领域从而扰乱市场秩序、危害食品安全。对于《刑法》第 144 条来说，成立生产、销售有毒、有害食品罪，要求行为人主观上认识到在生产、销售的食品中掺入了有毒、有害的非食品原料，同时希望或者放任这种食品能够进入市场流通领域扰乱市场秩序、危害食品安全。当然，作为危害食品安全犯罪的共性问题，这里讨论的不是具体案件如何证明行为人是否认识到具体的涉案食品的性质，而是应该如何去加以证明作为主观故意的重要内容——明知。当然，如果不法人员在供述中直接承认实施不法行为的具体内容，就可以直接认定行为人主观上存在明知。但实践中，许多犯罪嫌疑人不会承认自己知道实施的不法行为的性质和内容。这时运用推定方式来认定行为人主观上具有明知是十分必要的。

所谓推定，是指根据已知事实推断出未知事实的逻辑判断模式。由于这种逻辑推理的过程在已知事实和未知事实之间存在事实上的空缺，因而，作为未知事实的结论并不具有必然性而存在或然。基于此，推定即便是一种为法律规范所认可的方式，仍然允许作出反证，以确保推定结论的客观性和公正性。当然，从内容上来说，根据推定规则是否为法律所认可，可以将过错推定责任分为法律推定和事实推定两种。法律推定是由法律明文规定的推定。之所以在法律规范上作出明确规定，是为了避免举证困难或者举证不能。法律推定的设定不是肆意，而是建立在特定的立法需求和社会现实的基础之上。此外，法律推定并非是无根据的推定，而需要对前提事实进行充分证实，以证明基础事实的存在。更为重要的是，基础事实和证明对象之间具有内在的密切关联性，不管是从现实中，还是在规范上，通常情况下只要有基础事实的存在，都会得出欲证明的事实。正是基于这样的规律性认识，才能认定证明对象（或证明目标）的现实性。与法律推定不同，事实推定并没有经过法律的明确规定。如果说法律推定只需司法者去判断推定的事实基础是否存在的话，那么在事实推定中，司法者在案件裁量时，只能依据社会经验的基本法则，从已知的事实中推断另一种事实是否存在的思维判断模式。[①] 由于事实推定主要是依据行为人的生活经验和主观认知，所以，其推理的逻辑性、客观性和规范性甚至在效力层面上要远弱于法律推定。但两者仍然具备推定的共同特征，比如，基础事实必须有充分证据予以证实并且能够在法律规范的层面上得到认可，允许证明对象或者相对人提出反证，以此来判断这种推定是否可靠。

在危害食品安全犯罪中，推定规则多属于事实推定的类型。这一推定规则所要解决的问题就是通过对基础事实的证明，依据经验法则认定行为人主观上存在明知。具体而言，推定过程所要证明的对象是行为人主观上知道自己行为会发生危害社会的后果。从犯罪故意的类型上来看，犯罪故意包括了直接故意和间接故意两种形式。直接故意是明知自己的行为必然发生危害社会的后果，仍然希望危害结果发生的主观罪过形式；而间接故意是指，明知自己的行为可能发生危害社会的后果，仍然希望或者放任危害结果发生的主观罪过形式。换言之，明知也包括“明知……必然……”和“明知……可能……”两种形式。因此，通过推定规则所证明的对象也只能是这两种形式而不能是其他，否则就超出犯罪故意的范畴而违反罪刑法定原则。那么，哪些事实可以作为推定行为人主观明知存在的基础事实呢？笔者认为，可以从以下五个方面来判断：（1）以明显低于市场批发价进货的或者以明显低于市场价销售的；（2）销售不符合安全标准的食品、有毒有害的食品被发现后转移、毁灭物证或者提供虚假证明、虚假情况的；（3）曾因生

---

① 肖建国、肖建华：《民事诉讼证据操作指南》，中国民主法制出版社 2002 年版，第 162 页。

产、销售假药、劣药，不符合安全标准的食品、有毒、有害食品受过刑事处罚或者行政处罚的，又实施同类犯罪行为的；（4）在购进食品原料等过程中没有履行索票索证义务，不能向执法人员提供相关票据、单证且无合理说明的；（5）其他可以推定行为人主观明知的事实。当然，从证据的证明力来说，以明显低于市场批发价进货等上述事实并不能直接证明行为人主观上对所购进的食品属于不符合安全标准食品或者有毒、有害食品这一事实为明知，但是，由于司法实践中通常情况下行为人都是在明知是伪劣食品的情况下才以明显低于市场批发进货或者销售以及其他方式经营的，因而，根据这一惯常的做法而作出经验推断。当然，由于以明显低于市场价格等做法并不必然意味着行为人对生产、销售的有毒、有害食品为明知，因此在行为人作出相反的事实证明其行为的合理性后，就可以否定过错推定的成立。

这里需要注意的是，司法解释等规范性文件中提到的“应当知道”与明知的认定关系。例如，最高人民法院、最高人民检察院、公安部《关于依法严惩“地沟油”犯罪活动的通知》第2条第（五）项规定：知道或应当知道他人实施以上第（一）、（二）、（三）款犯罪行为，而为其掏捞、加工、贩运“地沟油”，或者提供贷款、资金、账号、发票、证明、许可证件，或者提供技术、生产、经营场所、运输、仓储、保管等便利条件的，依照本条第（一）、（二）、（三）款犯罪的以共犯论处。这里将“应当知道”和“知道”相并列作为认定行为人主观明知的形式，进而认定多个行为人之间存在共犯关系。然而，在我们看来，“应当知道”和“知道”不属于并列的范畴。知道是故意认识要素，而“应当知道”所表明的是行为人的主观认识能力。易言之，只有具有主观认识能力的情况下，才能进一步判断行为人主观上具有罪过。如果行为人对某种行为的性质和危险性不具有认识能力即不应当知道这一点，就不可能成立故意犯罪，也不可能成立过失犯罪。但如果有证据表明行为人“应当知道”，也仅仅表明行为人具有认识的能力，但实际上是否真的知道或者“明知”，则成为故意与疏忽大意的过失的区分要素。如果行为人应当知道且实际知道，则属于故意；如果行为人应当知道但因疏忽大意没有认识到，则属于疏忽大意的过失。所以“应当知道”和“知道”不属于同一层次的主观要素。司法解释中将“知道”和“应当知道”规定在一起是不准确的。在笔者看来，司法解释之所以提出“应当知道”这一范畴，是为了在规范性文件中承认“明知”的推定规则的效力问题。只是推定“知道”作为一种“明知”的司法规则和“应当知道”却有本质区别，故而不宜将两者混淆。在实践中，在证明行为人“应当知道”行为性质的情况下，仍然需要通过基础事实推定行为人主观上是否实际知道或者实际知道某种可能，否则，就会导致主观罪过认定范围的扩大。从实践案例来看，极少有司法裁判以“应当知道”的名义认定行为人成立危害食品安全犯罪。

二、生产、销售不符合安全标准的食品罪的司法认定

根据刑法第 143 条的规定，生产、销售不符合安全标准的食品罪，是指行为人生产、销售不符合食品安全标准的食品，足以造成严重食物中毒事故或者其他严重食源性疾病的行为。因此，成立本罪，不仅要求行为人生产、销售不符合食品安全标准的食品，而且要求涉案食品足以造成严重食物中毒事故或者其他严重食源性疾病。如何确定上述两个构成要件要素的内涵、判断标准，就成为犯罪认定的关键。

（一）“不符合食品安全标准的食品”的司法认定

涉案食品不符合食品安全标准，是成立本罪的基础性条件。从逻辑上来说，要确定涉案食品是否符合食品安全标准，就必须首先明确食品安全标准，进而确定涉案食品是否属于不符合食品安全标准的食品。

食品安全标准是强制性标准，是保证食品安全、保障公众身体健康的重要措施，是实现食品安全科学管理、强化各环节监管的重要基础，也是规范食品生产

经营、促进食品行业健康发展的技术保障。对于食品安全标准的范围，我们可以从以下三个方面理解：一是从食品安全标准的内容来看，我国食品安全标准包括通用标准、产品标准、生产经营规范标准、检验方法标准四方面的内容。[①] 其中，“食品通用标准适用于各类食品，规定了各类食品中的污染物、真菌毒素、致病菌、农兽药残留、食品添加剂和营养强化剂使用、包装材料及其添加剂、标签和营养标签等要求。食品产品标准规定了各大类食品定义、感官、理化和微生物等要求。食品生产经营规范标准强化了生产、经营过程防控，对原料、生产过程、运输和贮存、卫生管理等生产经营过程的安全控制提出了要求。食品检验方法标准包括理化、微生物和毒理等检验方法”。[②] 对此，食品安全法第 26 条作出了具体规定，即“食品安全标准应当包括下列内容：（1）食品、食品添加剂、食品相关产品中的致病性微生物，农药残留、兽药残留、生物毒素、重金属等污染物质以及其他危害人体健康物质的限量规定；（2）食品添加剂的品种、使用范围、用量；（3）专供婴幼儿和其他特定人群的主辅食品的营养成分要求；（4）对与卫生、营养等食品安全要求有关的标签、标志、说明书的要求；（5）食品生产经营过程的卫生要求；（6）与食品安全有关的质量要求；（7）与食品安全有关的食品检验方法与规程；（8）其他需要制定为食品安全标准的内容。”由于食品检验方法标准属于检验方法的评测，而刑法第 143 条中作为规范性构成要素的“不符合食品安全标准”则是针对食品本身，所以，作为该要素判断依据的食品安全标准不包括食品检验方法标准。换言之，只要生产者、销售者所生产、销售的食品不符合上述前三种标准之一，就可以认定为不符合食品安全标准的食品。二是从形式上看，食品安全标准包括食品安全国家标准、食品安全地方标准和食品安全企

---

① 参见信春鹰主编：《中华人民共和国食品安全法解读》，中国法制出版社 2015 年版，第 66 页。

② 参见信春鹰主编：《中华人民共和国食品安全法解读》，中国法制出版社 2015 年版，第 67–68 页。

业标准。在我们来看，作为不符合食品安全标准的判断依据之“标准”只能是国家标准和地方标准，而不包括企业标准。按照食品安全法第 27 条的规定，食品安全国家标准由国务院卫生行政部门会同国务院食品药品监督管理部门制定、公布，国务院标准化行政部门提供国家标准编号。食品安全国家标准是保障食品安全的前提，[①]也是确定食品安全性的重要依据。日常执法办案中所提到的强制性标准也大多以国家标准为主要内容，因此，食品安全国家标准是确定涉案食品是否符合食品安全标准的主要依据。除此之外，食品安全地方标准也应当是确定食品安全性的重要根据。食品安全法第 29 条规定，“对地方特色食品，没有食品安全国家标准的，省、自治区、直辖市人民政府卫生行政部门可以制定并公布食品安全地方标准，报国务院卫生行政部门备案。食品安全国家标准制定后，该地方标准即行废止”。据此，之所以制定食品安全地方标准，是因为地方特色食品缺乏相应的食品安全国家标准。为了保障公众身体健康，为食品安全生产、经营提供可供判断的依据，在制定食品安全国家标准之前制定、公布的食品安全地方标准是十分必要的。因此，在涉及生产、经营地方特色食品的案件中，确定涉案食品是否属于不符合食品安全标准，只能以地方标准为依据。当然，根据上述规定，如果国家有关部门针对该特色食品制定、公布了食品安全国家标准，该地方标准则因被废止而不能成为“不符合食品安全标准”的判断依据。关于食品安全企业标准，我们认为不能作为刑法第 143 条裁判的依据。一方面，食品安全企业标准，是生产食品的企业自己制定的，属于企业内部适用的食品安全标准，对其他生产、经营者来说不具有强制性、权威性，难以作为认定同类商品是否符合食品安全标准的依据。另一方面，根据食品安全法第 31 条的规定，国家鼓励食品生产企业制定严于食品安全国家标准或者地方标准的企业标准。易言之，企业标准比食品安全国家标准或者地方标准要高，这就可能存在违反企业标准但符合食

① 参见信春鹰主编：《中华人民共和国食品安全法解读》，中国法制出版社 2015 年版，第 71 页。

品安全国家标准或者地方标准的情形。如果将企业标准作为“不符合食品安全标准”判断依据，就可能导致国家强制性标准与企业内部标准的冲突，有损国家标准的权威性。因此，我们不能把企业标准作为判断是否符合食品安全标准的依据。

基于上述分析，刑法第 143 条中不符合食品安全标准的食品，是指不符合食品安全国家标准或者不符合针对地方特色食品的食品安全标准的地方标准；从内容来看，判断是否符合食品安全标准，应当从食品安全通用标准、产品标准和生产经营规范标准三个方面来判断。

（二）“足以造成严重食物中毒或者其他严重食源性疾病”的司法认定

由于食品安全标准较为宽泛，因此，不符合食品安全标准的食品类型较多。虽然生产、销售不符合食品安全标准的食品的行为违反食品安全行政监管的规定，但是未必构成刑事犯罪。根据刑法第 143 条的规定，成立犯罪还要求涉案食品足以造成严重食物中毒或者其他严重食源性疾病。客观而言，是否足以达到这一法定的危险状态，需要对涉案食品进行检验检测，以确定其不符合食品安全标准的具体内容，进而判断是否会造成食物中毒事故或者其他食源性疾病及其程度。然而，由于我国的食品安全标准只是区分安全与否的标准，没有明确在不符合食品安全标准的情况下会造成何种具体的危险状态。因此，现行食品安全标准通常难以为刑法第 143 条的危险状态的司法认定提供直接依据，从而给司法实践带来很大困难。

为此，《食品解释》第 1 条规定，生产、销售不符合食品安全标准的食品，具有下列情形之一的，应当认定为刑法第 143 条规定的“足以造成严重食物中毒事故或者其他严重食源性疾病”：（一）含有严重超出标准限量的致病性微生物、农药残留、兽药残留、重金属、污染物质以及其他危害人体健康的物质的；（二）属于病死、死因不明或者检验检疫不合格的畜、禽、兽、水产动物及其肉类、肉类制品的；（三）属于国家为防控疾病等特殊需要明令禁止生产、销售的；（四）婴幼儿食品中生长发育所需营养成分严重不符合食品安全标准的；（五）其他足以造成严重食物中毒事故或者严重食源性疾病的情形。该条款以列举的方式，将实践中存在的典型、多发的危害食品安全的行为规定为足以造成刑法第 143 条危险状态的情形。这样一来，在符合上述情形时，案件证明的对象从“足以造成严重食物中毒事故或者其他严重食源性疾病”转向四种情形的事实证明。但从司法实践来看，在对前述四种情形进行证明时，需要注意以下问题：

（1）关于第（一）项的适用问题。其一，关于标准限量的理解。这里的标准限量，是指食品安全标准中规定的食品中致病性微生物、农药残留、兽药残留、生物毒素、重金属等污染物质以及其他危害人体健康的物质的限量。从食品安全国家标准来看，标准限量通常是一种特定的数值，超过食品安全标准限量的，就属于不符合食品安全标准的食品，是禁止生产、经营的。因此，标准限量不等于零含量，换言之，如果国家标准禁止在食品中添加某种物质，或者不允许存在残留，那么就不属于标准限量的问题。进一步讲，对于在某种食品中检测出禁止的物质残留，即便检测出来，也不能认定为超出标准限量，更不能认定为严重超出标准限量。对于这种情形，应当认定超范围使用某种物质。以农药残留为例，该项中的农药残留主要指允许使用的农药在食品种植过程中进入食品中的。对于那些不允许使用的高度、剧毒农药，如果在食品中残留下来，就不能认定为农药残留而适用这一项的规定。同样，对于那些仅限于个别植物中使用的低毒农药，比如，赤霉素作为一种植物生产调节剂，能显著地促进植物茎、叶生长，但是根据有关部委规定不能用于豆芽栽种、培育。因此，如果用于后者则属于超范围使用农药，不属于本项中所规定的严重超出标准限量的农药残留的问题。其二，关于严重超出标准限量的认定。这恰恰是本条款的实践障碍所在。由于食品安全标准没有规定达到何种程度属于严重超出标准限量，而且刑法中也没有明确什么是严重食物中毒事故或者其他严重食源性疾病。这就导致严重超出标准限量的认定比较困难。对此，在司法鉴定机制建立之前，根据地方实践的情况，我们认为，可以通过发布地方性规范的形式明确超出标准限量到一定程度认定为严重超出标准限量，比如，选择超出标准限量的两倍或者三倍作为严重超出标准限量的规定。对此，需要说明的是，客观而言，严重超出标准限量的标准应当是涉案食品足以造成严重食物中毒事故或者其他严重食源性疾病时污染物质的残留量，但因缺乏相应的权威、科学的鉴定机制，难以得出所有污染物质造成上述危险状态时的残留量，所以以规范性文件的形式明确严重超出标准限量的参考数值，只是为了统一定罪量刑的标准，使法律规范更具明确性，从而约束、规范人们的行为。

同样的道理，本条第（四）项中“所需营养成分严重不符合食品安全标准”也可以按照相应的规则进行明确。

（2）关于第（二）项的适用问题。该项法律适用中存在的问题主要集中在两个方面：其一，关于病死、死因不明的证明问题。对于病死动物，不管是因病而死后被宰杀，还是患病后被人宰杀并不影响病死的认定。从病死动物及其肉类制品的危险性来看，主要是因为病死动物中含有大量的致病菌，会威胁公众身体健康。因此，只要在动物胴体或者屠宰后的肉品中检测出致病菌，就应当认定为病死肉。对于死因不明的动物，在案件认定过程中需要通过检验检测认定意见明确涉案食品来源于死因不明的动物。相反，如果公安机关在案件中没有提供任何证据说明动物的死因或者明确动物死因不明，不能因为缺少死亡原因的鉴定材料而直接认定为死因不明的动物及其肉类制品。其二，病死、死因不明以及检验检疫不合格都属于事实证明，只要对于涉案动物及其肉类制品得出上述结论，就不需要进一步鉴定病菌数量、分布状况以及检验检疫不合格的原因是否足以造成严重食物中毒事故或者其他严重食源性疾病。

（3）关于第（三）项的适用问题。“国家为防控疾病等特殊需要明令禁止生产、销售的”食品主要包括两种类型：一是为了防控特定疾病，而要求特定地区不得经营某种食品予以规范。如《盐业管理条例》第23条规定，对碘缺乏病地区必须供应加碘食用盐。未经加碘的食用盐，不得进入碘缺乏病地区食用盐市场。二是为了防控境外疫情进入境内而不允许进口境外特定地区的食品。如根据国家质量监督检验检疫总局公告的《禁止从动物疫病流行国家/地区输入的动物及其产品一览表（2017年9月7日更新）》，为了防止口蹄疫疫情传染至境内，禁止从阿富汗、缅甸、巴基斯坦等国家和地区输入偶蹄动物及其产品。执法机关发现涉案食品属于国家为防控疾病等特殊需要明令禁止生产、销售的食品，就可以认定涉案食品足以造成严重食物中毒事故或者其他严重食源性疾病，而不需要提供专门的鉴定意见证明涉案食品足以造成上述危险性状态。

除了上述第1条具体列明的四种情形之外，食品解释第8条还明确了滥用食品添加剂、农药、兽药等行为的定性。即“在食品加工、销售、运输、贮存等过程中，违反食品安全标准，超限量或者超范围滥用食品添加剂，足以造成严重食物中毒事故或者其他严重食源性疾病的，依照刑法第一百四十三条的规定以生产、销售不符合安全标准的食品罪定罪处罚。在食用农产品种植、养殖、销售、运输、贮存等过程中，违反食品安全标准，超限量或者超范围滥用添加剂、农药、兽药等，足以造成严重食物中毒事故或者其他严重食源性疾病的，适用前款的规定定罪处罚”。对于该条规定，需要注意两点：一是超限量、超范围滥用上述物质，是否足以造成严重食物中毒事故或者其他严重食源性疾病需要进行具体判断，不能将超限量、超范围滥用上述物质直接认定为足以产生危险状态；二是既然是超限量、超范围使用，就不属于在食品中禁用，因此，要区别在食品中禁用的物质，不能将那些在食品中禁用的物质等同于超范围滥用的物质。

三、生产、销售有毒、有害食品罪的司法认定

按照刑法第144条的规定，生产、销售有毒、有害食品罪，是指行为人在生产、销售的食品中掺入有毒、有害的非食品原料的，或者销售明知掺有有毒、有

害的非食品原料的食品的行为。从司法实践来看，本罪司法认定的问题主要包括以下两个问题。

（一）有毒、有害食品的证明问题

从犯罪构成特征上来看，刑法第 144 条所规定之犯罪的客观方面特征是，行为人在生产、销售的食品中掺入有毒、有害的非食品原料的行为，或者销售明知掺有有毒、有害的非食品原料的食品的行为。从上述表述可以看出，罪状所规范的行为所指向的对象是掺入有毒、有害非食品原料的食品或者掺有有毒、有害非食品原料的食品。然而，从罪名上看，刑法第 144 条生产、销售有毒、有害食品罪所规范的涉案食品属于有毒、有害的食品。两相比较，作为罪状之犯罪构成中的“掺入（有）有毒、有害非食品原料的食品”与罪名中的“有毒、有害食品”的并不一样。在理论上，如果两者外延一致，罪状与罪名即便表述不同也不会影响犯罪的认定标准和司法证明的对象；倘若两者不同，在罪状与罪名不一致时，如何理解罪名对犯罪认定的影响就成为一个突出问题。具体到本罪中，就是犯罪成立是否需要证明涉案食品属于“有毒、有害食品”。例如，在“张 ××、郑 ×× 生产销售有毒、有害食品案”中，浙江省台州市黄岩区人民法院经公开审理查明，张 ××、郑 ×× 明知食用猪油不能含有淋巴，仍先后从浙江省黄岩区食品有限公司、浙江省诚远食品有限公司购入含有淋巴的花油、含有伤肉的膘肉碎及“肚下塌”等猪肉加工废弃物并用于炼制食用猪油。利用上述原料，张 ××、郑 ×× 在台州市黄岩区的家中炼制“食用油”360 余桶，计 18 余吨，销售金额共计人民币 10 万余元。被告人张 ×× 的辩护人提出检测报告显示张 ×× 炼制的猪油合格，并非有毒、有害食品，因此，其行为不构成生产、销售有毒、有害食品罪。[1] 从本案控辩双方提交的证据来看，控方所指控的被告方以

---

① 参见最高人民法院刑事审判第一、二、三、四、五庭主办：《刑事审判参考》（第 99 期），法律出版社 2015 年版，第 9-14 页。

有毒、有害的非食品原料即“地沟油”为主要原料生产食用油的行为属于生产、销售有毒、有害食品罪的事实，与辩方所提交的检测报告所显示的涉案油料检测合格，不属于有毒、有害食品的鉴定意见之间存在明显冲突。也就是说，按照刑法第144条的规定，被告方涉嫌在生产、销售的食品中掺入了有毒、有害的非食品原料（即使用了法律、法规禁止作为食用油原料的“含有淋巴的花油、含有伤肉的膘肉碎及‘肚下塌’”等猪肉加工废弃物），符合本罪的犯罪构成；但是从罪名上看，根据鉴定意见所显示的涉案食品的确属于合格食品，即不是有毒、有害食品，与刑法第144条的罪名不相符。虽然司法机关最终根据刑法第144条的规定没有采纳辩方的辩护意见，没有因涉案食品无毒害而认为本案不构成刑法第144条之犯罪，但我们仍然需要审慎面对本案所呈现出的问题，即掺入（有）有毒、有害的非食品原料的食品不等于有毒、有害食品；当涉案食品的确不属于有毒、有害食品时，“有毒、有害的非食品原料”这一事实是否足以在客观方面证实犯罪成立？

在笔者看来，上述问题的实质是如何处理罪状与罪名的关系。按照我国刑法理论，罪状是指刑法分则条文对具体犯罪的基本构成特征的描述；罪名则是犯罪的名称或者称谓，是对犯罪本质特征或者主要特征的高度概括。[①]犯罪构成既然是犯罪认定的唯一标准，争议的核心问题就具体为有毒、有害食品是否属于犯罪构成要件。对此，有学者认为，本罪的犯罪对象是有毒、有害的食品。[②]也有观点认为本罪的行为对象是有毒、有害食品，即掺有有毒、有害非食品原料的食品。[③]依照上述观点，司法机关指控犯罪时必须提供证据证明食品本身具有毒害

---

① 参见高铭暄、马克昌主编:《刑法学（第五版）》，北京大学出版社、高等教育出版社2011年版，第321、323页。

② 参见周欣、魏军:《生产、销售有毒有害食品罪疑难问题研究》，载舒洪水主编:《食品安全犯罪的罪与罚》，中国政法大学出版社2014年版，第69页。

③ 参见周光权:《刑法各论》，中国人民大学出版社2011年版，第183页。

性；如果不能提供，则因为涉嫌犯罪案件缺乏犯罪对象而不能认定本罪成立。如前述的“张 ××、郑 ×× 生产销售有毒有害食品案”就不能判定成立生产、销售有毒有害食品罪。显然，上述观点与指导案例的裁判理由相冲突。从刑法理论来看，犯罪对象，是指刑法分则条文规定的犯罪行为所作用的客观存在的具体人或者具体物。因此，犯罪对象具有两个典型特征：一是法定性，即必须是刑法分则条文推定的犯罪行为所指向的对象；二是关联性，即必须是不法行为所作用的客观具体存在。依照这两个特点来分析刑法第 144 条可以发现，本罪的犯罪只能是罪状中的“掺入（有）有毒、有害的非食品原料的食品”，而不是“有毒有害食品”。因为刑法第 144 条根本没有关于后者的表述。从实践来看，作为不法行为的类型化概括，“掺入（有）有毒、有害的非食品原料的食品”并不必然属于“有毒、有害食品”，两只之间不具有等同性，因此，把本罪的犯罪对象理解为“有毒、有害食品”是不符合刑法规定的；同样，本罪的犯罪对象也不是“掺入（有）有毒、有害的非食品原料的有毒有害食品”。

既然“有毒、有害食品”不是本罪的犯罪对象，自然也就不属于刑事证据证明的内容。虽然罪名中包括了“有毒有害食品”的表述，但罪名价值不在于明确证明要素，而是便利司法。因此，公诉机关无须提供证明涉案食品本身具有毒害性的证据，无须考虑涉案食品的毒害性。比如，在“张 ××、郑 ×× 生产销售有毒、有害食品案”中，针对辩方所提出的涉案食用油符合国家食品安全标准的证据，公诉机关可以直接以“有毒、有害食品”并不属于刑法第 144 条的犯罪构成要件予以反驳而无须提供相关证据证明。如裁判理由所提到的，张 ×× 利用含有明令禁止使用的有毒、有害非食品原料的猪肉加工废弃物生产、加工食用油，对涉案食用油无须由鉴定机构出具鉴定意见，即便检测报告有关理化指标合格，也可以生产、销售有毒、有害食品罪追究其刑事责任。[①]

（二）有毒、有害非食品原料的认定

如何确定涉案食品掺入的非食品原料是否属于有毒、有害的非食品原料，《食品解释》第20条明确规定了这一规范构成要素的司法认定规则。即下列物质应当认定为“有毒、有害的非食品原料”：（1）法律、法规禁止在食品生产经营活动中添加、使用的物质；（2）国务院有关部门公布的《食品中可能违法添加的非食用物质名单》《保健食品中可能非法添加的物质名单》上的物质；（3）国务院有关部门公告禁止使用的农药、兽药以及其他有毒、有害物质；（4）其他危害人体健康的物质。客观而言，自从上述规定生效、实施以后，极大地缓解了执法办案部门的证明责任，提高了犯罪治理的社会效果。但这些规定的合理性也引起了社会公众的强烈质疑，尤其是第（一）项中所涉及的法律、法规禁止在食品生产经营活动中添加、使用的物质是否多具有毒害性不无疑问。然而，既然食品解释的法律效力依然存在，那么，尊重司法解释的权威性并对之作出合理的解释是必要的。为此，考虑到司法实践中对这些条款的适用状况，可以从以下四个方面作出理解：

（1）关于“法律、法规禁止在食品生产经营活动中添加、使用的物质”。从实践来看，如何理解法律、法规的范围对于确定本项所涉及的物质范围十分关键。从既往围绕“问题豆芽”“泡打粉”案件所引起的司法争议来看，应当对法律、法规作出规范解释，而不能随意认定。从广义的角度来说，法律、法规可以涵盖所有的法律规范性文件，如我国《法规汇编编辑出版管理规定》第2条规定：“本规定所称法规汇编是指将依照法定程序发布的法律、行政法规、国务院部门规章、地方性法规和地方政府规章按照一定的顺序或者分类汇编成册的

---

① 参见最高人民法院刑事审判第一、二、三、四、五庭主办：《刑事审判参考》（第99期），法律出版社2015年版，第16页。

公开出版物。”如果从狭义的角度即规范角度理解，法律、法规都具有特定的含义，比如，根据立法法的规定，法规仅包括行政法规和地方性法规两种类型。其中，依据第70条规定，行政法规由总理签署国务院令公布。省、自治区、直辖市的人民代表大会制定的地方性法规由大会主席团发布公告予以公布。根据第78条的规定，省、自治区、直辖市的人民代表大会常务委员会制定的地方性法规由常务委员会发布公告予以公布。设区的市、自治州的人民代表大会及其常务委员会制定的地方性法规报经批准后，由设区的市、自治州的人民代表大会常务委员会发布公告予以公布。自治条例和单行条例报经批准后，分别由自治区、自治州、自治县的人民代表大会常务委员会发布公告予以公布。从这些规定，确定是否属于法规，需要从发布公告主体的身份予以判断。那么，在食品解释第20条第（一）项中，我们应该是从广义还是狭义的角度来理解法律、法规的含义呢？我们认为，作为司法解释的规范类型，除非作出特别的解释、声明，应当从规范层面理解法律、法规的内涵，这是遵守立法法相关规定的必然结论。就此而言，如果不是法律、法规规定禁止在食品中添加的物质，而是基于其他理由认定不应该添加在食品中，则不适用于该项规定。比如，《食品添加剂使用标准》（GB2760—2011）对食品添加剂使用标准进行了调整，将原本允许在食品中添加的6-苄基腺嘌呤从名录中删除，禁止作为食品添加剂用于食品生产。卫生部办公厅向质检总局办公厅作出的《关于〈食品添加剂使用标准〉（GB2760—2011）有关问题的复函》（卫办监督函〔2011〕919号）对此做了解释，即6-苄基腺嘌呤等23种物质，缺乏食品添加剂工艺必要性，不得作为食品用加工助剂生产经营和使用。上述文件并非以“国务院令名义”公布的行政法规，也不是地方性法规，甚至不能算作部门规章，因此，不能援引该项规定认定6-苄基腺嘌呤属于有毒、有害的非食品原料。

（2）关于“《食品中可能违法添加的非食用物质名单》《保健食品中可能非法添加的物质名单》上的物质”。按照该条款认定的司法解释规则，食品中可能违法添加的非食用物质、保健食品中可能非法添加的物质，都应当认定为有毒、有害的非食品原料。截止到目前，全国打击违法添加非食用物质和滥用食品添加剂专项整治领导小组先后发布了六批次的《食品中可能违法添加的非食用物质名单》，国家食品药品监督管理局办公室制定了《保健食品中可能非法添加的物质名单》(第一批)。根据该项规定所设定的司法认定规则，这些名单上的物质都应当被认定为有毒、有害的非食品原料，不需要对名单上的物质进行专门的毒害性鉴定。对于这一点，最高人民法院公布的指导案例70号“北京 ×× 生物技术开发有限公司 ×× 等生产、销售有毒、有害食品案”的裁判要点明确指出：“行为人在食品生产经营中添加的虽然不是国务院有关部门公布的《食品中可能违法添加的非食用物质名单》和《保健食品中可能非法添加的物质名单》中的物质，但如果该物质与上述名单中所列物质具有同等属性，并且根据检验报告和专家意见等相关材料能够确定该物质对人体具有同等危害的，应当认定为《中华人民共和国刑法》第144条规定的‘有毒、有害的非食品原料’。”可以说，该裁判要点进一步肯定了这两份名单在认定“有毒、有害非食品原料”时的重要依据。

(3)关于“国务院有关部门公告禁止使用的农药、兽药以及其他有毒、有害物质”。本款项适用的关键问题是准确把握“禁止使用的农药、兽药”的范围。按照我国农业、兽药的使用规定，根据其毒害性程度，可以分为低度农药兽药、高度农药兽药等不同类型。既有限制使用的农药，也有禁止使用的农药。比如，农业部公告的禁止生产销售和使用的农药名录，共有42种农药禁止用于蔬菜、瓜果、茶叶和中草药材等国家规定的农作物。比如，六六六、滴滴涕、毒杀芬、二溴氯丙烷、杀虫脒、二溴乙烷、除草醚、艾氏剂、狄氏剂、汞制剂、砷类、铅类、敌枯双、氟乙酰胺、甘氟、毒鼠强、氟乙酸钠、毒鼠硅，甲胺磷、甲基对硫磷、对硫磷、久效磷、磷胺、苯线磷、地虫硫磷、甲基硫环磷、磷化钙、磷化镁、磷化锌、硫线磷、蝇毒磷、治螟磷、特丁硫磷、氯磺隆，福美胂、福美甲胂、胺苯磺隆单剂、甲磺隆单剂等38种。百草枯水剂自2016年7月1日起停止在国内销售和使用。胺苯磺隆复配制剂、甲磺隆复配制剂自 2017 年 7 月 1 日起禁止在国内销售和使用。三氯杀螨醇自 2018 年 10 月 1 日起，全面禁止三氯杀螨醇销售、使用。除了上述名录上的农药以外，其他包括限制使用的农药等都不属于“有毒、有害非食品原料”。这些被禁用的农药、兽药，均属于高毒、剧毒的农药和含有激素等严重危害人体健康的兽药，因此，将它们认定为“有毒、有害非食品原料”与其本身的毒害性较为吻合。这里需要注意的是，对于“其他有毒、有害物质”的认定，应该确定其毒害性和这些禁用农药、兽药的毒害程度具有相当性，否则不宜适用该项条款予以认定。

（4）对于“其他危害人体健康的物质”。刑法第 144 条所规定的“有毒、有害的非食品原料”并不是泛指任何具有毒害性的非食品原料，应该对其进行限制解释，将那些允许在食品中添加但超出标准限量或者范围才会出现毒害性进而危及公众健康的非食品原料排除在外。也就是说，此处的“有毒、有害的非食品原料”，是指具有绝对的毒害性而不是相对毒害性的非食品原料。从刑法适用的角度来表述的话，它是指因不安全而禁止在食品中添加的非食品原料。因此，有毒、有害的非食品原料具有两个方面的特征：一是必须是不安全的非食品原料，即这一非食品原料不能通过食品安全风险评估，这一特征是“有毒有害”性的另一表述。二是必须是禁止在食品中添加的物质，而不能是限量或者限定范围添加的物质。从规范上说，该特征使其可以与刑法第 143 条规定的违反食品安全标准违规添加的物质相区别。[①] 即对于违规超限量、超范围添加的非食品原料，在足以造成刑法规定的危险状态的情况下，应当构成刑法第 143 条之犯罪。对于基于安全问题而禁止在食品中添加的非食品原料，则涉嫌刑法第 144 条的犯罪行为。对于那些在法律上没有禁止添加的物质，也可能属于“其他危害人体健康的物

---

① 参见《食品安全法》第 34 条关于禁止生产、经营的不符合安全标准的行为类型之有关规定。

质”的范畴，对此需要通过鉴定的方式予以确定。正如前述“北京 ×× 生物技术开发有限公司 ×× 等生产、销售有毒、有害食品案”的裁判理由中所提到的，“根据扬州大学医学院 ××× 教授出具的专家意见和南京医科大学司法鉴定所的鉴定意见证明，盐酸丁二胍与《解释》第 20 条第（二）项《保健食品中可能非法添加的物质名单》中的其他降糖类西药（盐酸二甲双胍、盐酸苯乙双胍）具有同等属性和同等危害。长期服用添加有盐酸丁二胍的‘阳光一佰牌山芪参胶囊’有对人体产生毒副作用的风险，影响人体健康、甚至危害生命”。据此，本项中的其他有毒、有害非食品原料的鉴定标准，应当是与《食品中可能违法添加的非食用物质名单》《保健食品中可能非法添加的物质名单》中的物质具有同等属性和同等危害，这也是本案的裁判要点所在。

最后，需要注意的是，刑法第 144 条和刑法第 143 条的具有包容关系，构成刑法第 144 条之犯罪，一定也符合刑法第 143 条之犯罪构成。因此，司法实践中，在查办生产、销售有毒、有害食品犯罪案件时，如果不能证明行为人对有毒、有害非食品原料这一特定对象存在主观明知，可以根据其他证据判断是否认识到涉案食品属于不符合安全标准的食品，进而在确定涉案食品掺入有毒、有害非食品原料的情况下，认定涉案食品足以造成严重食物中毒事故或者其他严重食源性疾病，从而按照刑法第 143 条生产、销售不符合安全标准的食品罪定罪处罚。

第八章
危害药品安全犯罪刑事案件的法律适用疑难问题

从我国刑法规定来看，危害药品安全犯罪主要包括了刑法第 141 条生产、销售假药犯罪和第 142 条生产、销售劣药犯罪。由于成立生产、销售劣药犯罪，要求不法行为对人体健康造成严重危害，而实践中证明两者之间存在因果关系极其困难，因此，鲜有生产、销售劣药的案例。基于此，本部分关于危害药品安全犯罪刑事案件法律适用疑难问题的探讨，以生产、销售假药犯罪为主要研究对象。当然，不管是生产、销售劣药犯罪还是生产、销售假药犯罪，除了犯罪对象的差异，在生产、销售行为的认定以及行政认定对犯罪成立的影响具有相同的原理，故而本文中关于这两方面的分析同样适用于生产、销售劣药犯罪。

一、生产、销售行为的认定

作为生产、销售伪劣商品犯罪的重要类型，行为人是否实施了生产行为和销售行为，是构成生产、销售假药犯罪的客观基础。如何准确评价这两种行为方式，在实践中不无争议。作为破坏社会主义市场经济秩序犯罪的重要经济类型，生产、销售假药犯罪中生产、销售行为既具有市场经济行为的一般属性，同时，其具体表现形式与特定犯罪对象也具有密切联系。因此，我们可以从这两个方面探讨生产、销售行为的解释问题。

（一）生产、销售行为的规范属性

按照现代汉语词典的解释，生产，是指人们使用工具来创造各种生产资料和生活资料。[①]从文义上来说，生产行为强调的是行为的创造性和对象的特定性，从而将孕育思想、怀孕分娩等行为排除在外。很显然，上述理解只是对生产行为社会属性的表述，并不符合刑法的规范语境。比如，根据民间配方采集草药熬制自己服用的中药，完全符合文义层面对“生产”的界定，但直觉上我们都不会主张其属于刑法第141条生产、销售假药罪中的生产行为。因此，对于生产行为的刑法解释，需要在社会属性的基础上明确其规范属性。销售行为的认定也存在同样的问题。从字面意思来看，销售就是卖出商品的行为。[②]有偿是其本质特征，但是并非所有有偿的行为都可以认定为破坏社会主义市场经济秩序罪中的销售行为，例如，甲偶尔从一次国外旅行回来给朋友乙带一盒进口药，然后抵销此前对乙的欠款。

在规范层面，作为生产、销售伪劣商品犯罪的实行行为，是否属于“生产、销售行为”，应当考虑其作为构成要件要素与所侵害的法益之间的内在关系。这是基于法益的保护性对构成要件作出解释的必然要求。“对违法构成要件的解释结论，必须使符合这种违法构成要件的行为确实侵犯了刑法规定该犯罪所要保护的法益，从而使刑法规定该犯罪、设立该条文的目的得以实现。”[③]因此，对生产、销售假药犯罪中“生产行为”的解释，应当纳入社会主义市场经济秩序这一规范评价之中——属于破坏社会主义市场经济监管秩序的行为。在刑法中，破坏社会

---

① 中国社会科学院语言研究所词典编辑室编：《现代汉语词典》，商务印书馆2005年版，1217页。

② 中国社会科学院语言研究所词典编辑室编：《现代汉语词典》，商务印书馆2005年版，1495页。

③ 参见张明楷：《刑法分则的解释原理（第二版）（上）》，中国人民大学出版社2011年版，第347页。

主义市场经济秩序犯罪，是指违反国家市场经济管理法规，破坏社会主义市场经济秩序，严重危害市场经济发展的行为。倘若行为本身不属于市场经济管理法规调控的行为，也就难以造成社会主义市场经济秩序的破坏（可能只是侵害他人财产权或者扰乱社会秩序等），不能适用本罪进行评价。市场经济秩序，通常理解为由市场经济活动所必须遵循的经济准则与行为规范所调整的模式、结构及其有序状态。[①] 这一限定排除了与市场经济活动无涉的一般的民事行为，而属于被称之为商行为的另一种法律行为。换言之，生产、销售假药犯罪中的生产、销售行为，应当是受到市场规制、调控的商行为。虽然如何准确地区分民事行为与商行为至今不无争议，但商行为的特殊性是毋庸置疑的。一般认为，“商行为本质上为市场行为，其根本目标乃在于实现利润最大化，因此，商行为是以营利为目的的法律行为；同时，商行为是经营性行为，即营利行为的连续性和不间断性，它表明商主体至少在一段时间内连续不间断地从事某种同一性质的营利活动，因而是一种职业性营利行为。商行为是商主体所从事的行为，体现商事交易特点的行为”。[②] 将刑法分则第 3 章第 1 节的生产、销售行为纳入商行为的范畴，其司法认定的脉络就清晰起来了。

笔者认为，生产行为应当符合以下特征：（1）从主体层面来说，生产行为往往是商事主体从事创造各种生产资料和生活资料的活动，这里的商事主体主要包括个体工商户、公司、企业等。（2）在主观层面上，生产行为必须以营利为目的。不是商事主体实施的所有创造活动都是生产行为，不以营利为目的的行为不属于商行为。当然，这种营利目的只是行为人的内心意思，并不需要得到切实的实现。实践中可以根据特定事实来推定行为是否存在这一目的。（3）在客观上，生产行为需具有营业性和交易性。前者表明行为的职业性特征，将偶发性的交易行

① 张明楷：《刑法学》（第四版），法律出版社 2011 年版，第 644 页。

② 范健：《商行为论纲》，载《南京大学法律评论》2004 年秋季号。

为排除在外；后者表明对象的商品性特征，将不以实现交换价值为内容的行为排除在外。因此，对于把原料加工成品后自己使用而不使之进入流通领域的行为，不能认定为生产行为。同样，判断是否存在交易性，既可以是现实的，也可以是推定的，并不以产品实际进入流通领域为依据。相应地，销售行为除了具有“卖出”这一本质特征，也应当具有主体特定性、主观营利性和客观的营业性与交易性的特点。例如，对于实践中出现的“以药抵债”行为，[①] 如果行为人属于商事主体，且从事药品经营活动，那么其将药品抵债的行为就应当认定为销售行为——通过药品的价值换取了财产性利益。但若行为人不属于商事主体，将家里的进口药用于抵债，即便通过交换抵消债务，也不宜认定为销售行为。在认定销售行为时需要注意：（1）以营利性作为基础的赠与行为应认定为销售。在一些保健品销售行业，消费者向经营者购买某种服务时，后者会通过赠与保健品笼络更多消费者，但部分案例中的保健品被检测出含有药物成分而被认定为假药，此时，不能因为保健品属于“赠品”而否定行为的“销售”属性。这种与经营者意思表示不同的强制性法律效果，“来源于立法者对商人和商行为营利性的基本判断。这种特殊规则即便与民事行为的意思自治原则不符”，但却符合商行为的本质。[②]（2）价格变化与销售行为的认定并无直接关系。买卖活动中，价格变化往往是销售行为的直观表现，但是价格变化不能反映销售行为的本质。事实上，销售行为的交易性，只是表明了买卖关系双方围绕商品价值而进行的物质交换，是否存在

---

① 在陈某生产、销售假药案中，陈某是九江市某私立医院的老板，邹某系其司机。2012年4月，陈某告诉邹某，他在九江市修水县开设的中药饮片厂需要资金周转。邹某便拿出自己40余万元借给陈某，并约定每月支付月息两分五。债务到期后陈某未能按期归还借款，邹某遂将陈某告上法院。经过法院审理，判决陈某在两个月内归还欠款。到了还款期限后，陈某提出用价值40余万元的名贵中药冬虫夏草和东阿阿胶来偿还欠款。邹某拿到陈某的药品后，把药品送到九江市食品药品监督管理局进行鉴定。经鉴定，这批药全部为假药。参见杨海涛：《医院老板‘以药抵债’，牵出家族式制售假药案》，载《新法制报》2013年9月13日。

② 叶林：《商行为的性质》，载《清华法学》2008年第4期。

物质对价才是判断交易性的重要指标。因此，即便行为人在出售药品时没有提高价格，仍然不能直接否定其销售的属性。

（二）特殊生产、销售行为的认定问题

对于生产、销售行为的司法认定，从社会属性和规范属性两个层面进行客观评价，更有助于对社会主义市场经济秩序的充分保障，同时对社会公众行为性质进行公平评价。不过，我们注意到，对于这两种行为规范属性的评价尚未引起司法机关的足够重视。为严厉打击此类危害药品安全的犯罪，[①]《最高人民法院、最高人民检察院关于办理危害药品安全刑事案件适用法律若干问题的解释》（以下简称《解释》）中第 6 条第 1 款对生产行为进行了明确界定。即“以生产、销售假药、劣药为目的，实施下列行为之一的，应当认定为刑法第一百四十一条、第一百四十二条规定的‘生产’：（一）合成、精制、提取、储存、加工炮制药品原料的行为；（二）将药品原料、辅料、包装材料制成成品过程中，进行配料、混合、制剂、储存、包装的行为；（三）印制包装材料、标签、说明书的行为”。显然，《解释》是以列举的方式明确了生产行为的外延，没有区分其社会属性与规范属性。这种方式固然可以解决实践中认定哪些经营行为属于生产行为的困难，但也会遇到一些问题。一方面，以列举的方式阐释概念使其明确性有余而概括性不足，导致一些行为性质难以认定，如受病人委托代煎中药的行为。因此，上述方式只是明确了典型的生产行为，在一些非典型的行为或伴随市场经济活跃而出现的新类型会产生认定困境。另一方面，《解释》以生活经验对生产行为进行事实层面的归纳，固然可以解决生产行为的社会属性，但难以说明其规范属性。比如，是否所有炮制药品原料的行为都属于刑法第 141 条中的生产行为不无疑问。在笔者看来，《解释》中所列举的诸多方式只是认定“生产”行为的必

---

① 韩耀元、卢宇蓉、杨建军：《〈关于办理危害药品安全刑事案件适用法律若干问题的解释〉理解与适用》，载《人民检察》2015 年第 1 期。

要条件，只有将这些行为方式和商行为的本质特征结合起来，才能够准确评价相关社会活动的刑法属性。在此，我们可以通过对非典型生产行为和销售行为的分析说明这一问题。之所以成为“非典型”行为，是因为从形式上看这些行为都符合我们日常观念上甚至司法解释中对生产、销售行为的理解，但是却不能一概而论，必须在规范层面进行合乎法益解释原理的判断。

1. 非典型生产行为的刑法评价。如果说《解释》中提到的行为方式是药品经营行业典型的生产行为，诸如受他人委托代煎中药等行为就属于非典型的加工行为。代煎药主要是指特定机构或者个人应病人委托代为煎制中药的行为。一些正规医院往往有专门的部门为病人提供代煎服务，但是也有一些个体小诊所等提供此类服务。那么这种行为是否属于刑法意义上的生产行为呢？从行为方式上来看，代煎药行为属于中药加工行为，但是它不具有生产行为的交易性。生产行为是为了改变原料价值并通过交换的方式达到营利的目的。虽然代煎药行为具有营利目的，也包含了创造性，却并不是以中药本身的价值作为交换的对价，相反是以熬制行为的劳动力支出等抽象价值作为评价标准，因此，难以认定为具有交易性而属于生产行为。[①] 但是，倘若医生在开具药方之后直接要求为病人代煎，且代煎机构拿出了与药方所注明的药材相一致且熬制好的中药，则可以认定为生产行为。因为这种行为所针对的药方是固定的，而不是因病人不同而有所差异，且属于事先炮制好的成品，所以不宜否定其生产性。例如，某诊疗机构对各种中药处方自行命名一个代号并集中煎制，在开药时，医师询问患者是否要医院代煎，如果患者需要代煎，医师只需开写内部协定好的代号，然后药房根据这一内部处方，把煎制好的中药煎剂直接发给患者，此时医院代煎行为就应当认定为生产行为。

2. 非典型销售行为的刑法评价。这里的非典型销售行为主要包括了存放在药

---

① 当然，从法律关系上来说，代煎药行为是受病人委托而实施的，相当于病人雇佣他人完成一定的工作量，因此这种加工行为也属于病人本身的行为，往往不会因代煎而受到法律的禁止性评价。

店但超出合法经营犯罪行为的药品以及海外代购行为的性质问题。（1）药店存放超出经营范围的药品行为。按照《零售药店经营服务规范》的要求，零售药店的营业场所、仓库、办公、生活等区域应分开。一般来讲，药店的经营区域属于实施经营行为的场所，因此，放置在该区域的药品就会被视为销售的产品。但是，实践中存在争议的是，是否在经营区域发现的药品都属于待销售的药品呢？放置行为是否属于销售行为的“着手”？笔者认为，由于药店经营者属于商事主体，因此，其从事的与经营范围相近的行为都可以认定为商行为即销售行为。换言之，只要是在药店经营区域发现的药品都可以认定为待销售产品。当然，这种认定属于一种事实推定。除非药店经营者有证据证明其不以营利为目的，或者这些药品不是用来交易的，否则，不能构成对上述推定的有效反驳。相应地，如果在药店经营区域查获的非法药品上还标有销售价格，则可以进一步强化推定销售行为的证据。（2）海外代购药品行为。代购通常是指帮助他人代为购买商品。物流业的发达带动了代购行业的迅猛发展，但同时在药品行业将国外药品代购入境并出售的行为是否属于销售行为在实践中引起了较大争议，尤其是在“陆 × 案”中更是掀起了巨大的司法热点。代购行为是否属于销售行为，在陆 × 案中，检察机关认为陆 × 的行为不是销售行为。因为“销售即卖出（商品）。在经济学上，销售是以货币为媒介的商品交换过程中卖方的业务活动，是卖出商品的行为，卖方寻求的是商品的价值，而买方寻求的则是商品的使用价值。陆 × 为病友购买药品提供的帮助是无偿的。陆 × 不仅帮助病友买药、付款，还利用懂英语的特长，为病友的药品说明书和来往电子邮件进行翻译，在此过程中，陆 × 既没有加价行为，也没有收取代理费、中介费等任何费用。陆 × 所帮助的买药者全部是白血病患者，没有任何为盈利而从事销售或者中介等经营药品的人员”。[①] 从上述理由可以看出，

① 沅江市人民检察院：《关于对陆 × 妨害信用卡管理和销售假药案决定不起诉的释法说理书》，见 2015 年 2 月 26 日，http://www.hn.jcy.gov.cn/xwfb/qwfb/gg/2015/content_47624.html。

检察机关之所以认定陆 × 的代购行为不属于销售行为，原因在于其不具有营利目的和经营性等特征，这一点和销售行为是不同的。对此，笔者予以认定。针对实践中频繁出现的代购行为，是否属于销售行为，仍然应当考虑主体性、目的性和客观性等三个特征，只有符合这些要素的，才能视为销售行为。

二、关于“假药”的认定问题

《刑法》第 141 条第 2 款规定，“本条所称假药，是指依照《中华人民共和国药品管理法》的规定属于假药和按假药处理的药品、非药品”。药品管理法第 48 条规定，“禁止生产（包括配制，下同）、销售假药。有下列情形之一的，为假药：（一）药品所含成份与国家药品标准规定的成份不符的；（二）以非药品冒充药品或者以他种药品冒充此种药品的。有下列情形之一的药品，按假药论处：（一）国务院药品监督管理部门规定禁止使用的；（二）依照本法必须批准而未经批准生产、进口，或者依照本法必须检验而未经检验即销售的；（三）变质的；（四）被污染的；（五）使用依照本法必须取得批准文号而未取得批准文号的原料药生产的；（六）所标明的适应症或者功能主治超出规定范围的”。从上述规定来看，生产、销售假药犯罪的犯罪对象即假药的范围是明确的，主要属于上述情形都可以认定为假药。然而，从近年来的司法实践来看，假药的认定标准也面临着较大的司法争议。在此，我们围绕常见的认定分歧进行探讨。

（一）刑法中假药的认定范围

如上所述，《刑法》第 141 条和《药品管理法》第 48 条对假药的认定范围作出了明确规定。但是，客观来说，由于第 48 条规定的假药和以假药论的物质的社会危害性有很大差异，因此，有学者认为，“药品管理秩序是值得刑法保护的法益，但是，保护药品管理秩序这一公法益，是为了保护公众的健康。如果对药品管理秩序的保护不利于保护公众的健康，这种法益就不值得刑法保护。所以，没有未经批准进口的合格药品，必须排除在《刑法》第 141 条的假药之外。行为仅侵害行政管理秩序时，即使在行政法上被认为侵害了公法益，但如果没有最终侵害个人法益的，就只是行政违法行为，而不可能成为犯罪行为”。[①] 对于这种观点，我们难以认同。首先，且不说公法益是否必须最终在个人法益上体现出来是犯罪行为的判断标准，事实上，在药品监管领域，假药监管不仅关系到行政管理秩序的稳定，而且与公众个人法益具有密切关系。以进口药的审批为例，之所以加强对进口药的注册管理，从根本上也是对公众个人安全的有效保障。毕竟，作为药品，对于某种疾病是否具有相应的治疗效果，是否适合中国人的体质等，是需要进行一定的临床试验的，而没有经过批准的进口药，则直接越过临床试验等关键环节而进入市场，其潜在的风险是客观存在的。比如，“欧洲药品管理局（EMA）的人用医药产品委员会（CHMP）已评审了包括 3 例致命性肝脏损伤病例在内的 Thelin（西他生坦）相关肝毒性数据，这促使该药上市许可的持有者辉瑞制药撤回 Thelin 的全球上市许可，并停止所有正在进行的临床试验，该委员会也考虑了替代治疗方案”。据悉，西他生坦没有获准进入过中国市场，也未在中国进行过相关临床试验。因此，主张未经批准的进口药认定为假药无助于个人法益的实现是背离客观事实的。在笔者看来，之所以会出现上述观点，是因为学者们将个案问题普遍化，认为所有的进口药都是有利于公众疾病的治疗这一前提下的。也正是基于此，笔者认为，认为“未经批准的进口药属于假药”的认定不能实现个人法益的保障，只是出于行政管理的考量是不妥当的。其次，基于罪刑法定原则的考量，将进口药排除在外的解释理由不够充分。刑法第 141 条第 2 款明确了第 1 款中的假药是指《中华人民共和国药品管理法》的规定属于假药和按假药处理的药品、非药品。因此，药品管理法第 48 条规定的假药和以假药论

---

① 生物谷：《西他生坦上市许可撤回新进展》，访问网址：http://www.bioon.com/industry/internation/468786.shtml。

处的情形都应当属于刑法中“假药”的范围。换言之，在刑法作出明确规定的情况下，不宜因个案原因而作出超出刑法条文文义和药品管理法具体规定的假药范围。当然，在个案中，对于这种没有直接证据表明给公众健康产生威胁的“未经批准进口药”来说，在将其认定为假药的前提下，可以通过刑法第 13 条“但书”的规定予以出罪。其实，《药品解释》第 11 条第 2 款所规定的，销售少量根据民间传统配方私自加工的药品，或者销售少量未经批准进口的国外、境外药品，没有造成他人伤害后果或者延误诊治，情节显著轻微危害不大的，不认为是犯罪。

（二）特定类型假药的认定问题

1. 非药品冒充药品的问题。“以非药品冒充药品”，是药品管理法规定的典型的假药类型，也是实践中高发型假药犯罪的行为方式。其具有两个典型特征：（1）涉案物品在客观上不属于药品。此处的“药品”要考虑药品管理法中关于药品的定义，即药品，是指用于预防、治疗、诊断人的疾病，有目的地调节人的生理机能并规定有适应症或者功能主治、用法和用量的物质，包括中药材、中药饮片、中成药、化学原料药及其制剂、抗生素、生化药品、放射性药品、血清、疫苗、血液制品和诊断药品等。因此，以非药品冒充药品，是指实质上不是药品，所谓冒充药品，应当是指通过虚构事实、隐瞒真相的方式，以药品的名义进行销售。因此，药品具有调节人体生理节能、治疗疾病的主要功能，而非药品则显然是不具有这些功能的物质。（2）冒充药品，这是将不具有某些治疗功效的物质以治疗疾病的名义对外销售。从实践的表现情况看，这种宣传方式主要包括：一是在外包装上表明适应症或者功能主治、用法和用量；二是宣传载体中表明其具有治疗功效从而以药品的名义存在。因此，冒充在规范层面上就是虚构具有治疗功效的事实，隐瞒了非药品的属性。从笔者调研中来看，对于非药品冒充药品的行为，主要在于如何认定属于冒充药品。实践中有一些药品检验机构拒绝对非药品物质进行鉴定，理由是这些物质没有药品注册审批的文号，其只能对药字号的样品进行检验，从而导致一些非药品冒充药品的行为难以认定。对此，由于假药包括了因质量问题、程序问题而被认定为假药的情形，也包括了本身不是药品而冒充药品的情形，所以后者根本就不存在注册审批的文号。如果以注册号为检验认定的条件，就会导致大量的非药品冒充药品类假药案件无法得到及时的认定处理。基于此，我们认为，对于非药品冒充药品的假药行为，其认定的关键是行为人将非药品以药品的名义进入流通领域，故而是否有证据可以证明行为人以“药品”名义销售非药品物质，就成为认定的关键。如果行为人宣称涉案物品能够预防、治疗、诊断人的疾病，有目的地调节人的生理机能，明确了其适应症或者功能主治、用法和用量等，则可以认定为假药。同时，在证据层面上，应当尽可能对非药品的主要成分进行检验，以确定其非药品的具体原料，判断行为的危险性程度，为客观评价行为人的刑事责任提供更加全面的证据材料。

2. 药用辅料类案件的定性问题。药用辅料，简称辅料，是指生产药品和调配处方时所用的赋形剂和附加剂。根据《加强药用辅料监督管理的有关规定》，药用辅料实施分类管理。对新的药用辅料和安全风险较高的药用辅料实行许可管理，即生产企业应取得《药品生产许可证》，品种必须获得注册许可；对其他辅料实行备案管理，即生产企业及其产品进行备案。也许正是由于上述规定，有观点认为，对于生产、销售的药用辅料不符合安全生产标准或者没有或者相应的注册许可的，应当认定为假药犯罪。比如，2012 年央视《每周质量报告》曝光的个别企业利用工业明胶加工医用胶囊的问题。在本案中，如果认为行为人以工业明胶生产出的胶囊属于假药，则应当认定为生产、销售假药犯罪。其问题的核心就是药用胶囊作为药用辅料是否属于药品。很显然，由于药品管理法对药品的概念进行了明确的阐释，而具有治疗功能是药品的核心特征，虽然我们国家对药用空心胶囊生产企业按药品生产企业进行管理，但不能将其等同于药品。也正是因为如此，药品管理法才会将药品和辅料分别作出规定。所以对于违反质量管理标准为生产、销售的药用辅料，不能认定为假药。那么，对于这种行为该如何认定呢？我们认为，如果药用辅料符合供人饮用、食用的特征，就应当认定为食品，从而按照生产、销售不符合安全标准的食品的行为来处理。一般来说，药用辅料是为了改善药品的安全性、有效性、稳定性、依从性等而加入的物质，[①]不具有治疗功能且需要人用，就此而言，其符合食品安全法中关于食品的定义，即各种供人食用或者饮用的成品和原料以及按照传统既是食品又是中药材的物品，但是不包括以治疗为目的的物品。因此，按照生产、销售不符合安全标准的食品的行为来处理此类案件是符合法律规定的。

3. 保健食品掺入药品。在实践中，不法经营者为了夸大保健食品对人体机能的改善效果，会在保健食品中添加某些药品，通过药物作用来达到治疗效果。根据食品安全法第38条的规定，食品中禁止添加药品。因此，在保健食品中添加药品的行为违反食品安全法的明确规定，同时也会给公众安全健康带来重大隐患。对于这种行为，有的司法机关将其认定为生产、销售有毒有害食品罪，有的司法机关则认为此类案件构成生产、销售假药罪。我们认为，对于保健食品中添加药品的案件应当如何定性不能一概而论，其认定的关键是涉案产品究竟是属于食品还是药品，因为只有认定为食品才可能构成生产、销售有毒有害食品罪，而只有属于药品时才能认定为假药，所以定性问题取决于涉案产品的属性。根据前文提到的食品与药品的概念，要认定为药品必须有证据证明不法行为人在经营产品时表明其具有治疗功能或者表明治疗疾病的范围、功效等。如果没有证据证明这一点，那么作为供人食用、饮用的成品，应当认定为食品。对于前者，应当认定为生产、销售假药犯罪，而对于后者则应当认定为生产、销售有毒有害食品罪。其原因在于根据《食品解释》第20条第1款的规定，法律、法规禁止在食品中添加的物质，应当认定为有毒、有害的非食品原料，所以作为食品安全法明确禁止在食品中添加的药品，当在食品中被检测出来且能够证明行为人主观具有明知的情况下，应当认定为生产、销售有毒、有害食品犯罪。

---

① 金勇、刘征宙、顾小焱：《药用辅料分类及其应用》，载《化学试剂》2013年10期。

第九章
侵犯知识产权犯罪刑事案件的法律适用疑难问题

与部分发达国家和地区相比，我国对知识产权的刑法保护起步相对较晚。1997 年刑法修订时，鉴于当时我国侵犯知识产权犯罪尚不突出并且知识产权的非刑事立法体系正在形成的情况，刑法典在侵犯知识产权行为的犯罪化方面采取了“宁粗勿细”的谨慎态度，也由此导致我国知识产权刑事立法比较原则、简约，加之刑事立法中定量因素等限制，造成刑事法网较为粗疏，知识产权犯罪刑事政策的刑法控制偏弱。我国知识产权刑法保护的现状可以说是：一方面，假冒盗版屡禁不止甚至日益猖獗，严重破坏了社会主义市场经济秩序和权利人利益；另一方面，能够进入审判程序的刑事案件少之又少，相关实体法律与程序法律亟待完善，知识产权刑事司法保护的职能发挥尚有很大提升空间。

一、刑事实体法方面

（一）知识产权犯罪构成视野中“主观目的”要件

在知识产权犯罪防控中对刑事执法形成内在制约的第一个刑事实体法障碍，就是其犯罪构成要件中“主观目的”要件的规定与立法限制。目的犯的立法规定在中外刑事立法中是一个较为普遍的立法现象，在我国知识产权犯罪刑事立法中目的犯的存在也是一个客观存在的事实。但从目的犯的司法实践以及理论考察来看，“目的要件”的设计可谓是一把双刃剑，既具有积极功能，又具有消极作用，我们对此要进行辩证的分析与考察。从“目的要件”设计的积极功能上看，“目的要件”具有过滤功能，将那些不具有该目的的行为排除出打击范围，有利于缩小刑法圈。“目的要件”还具有区别功能，有利于防止客观归罪，因为“目的要件”是界定具体犯罪罪过形式的航标，其存在可以促进司法者积极关注、探求行为人的主观方面，并且以此作为定罪量刑的重要依据与标准。“目的要件”同样具有消极作用，在诉讼法意义上，行为人主观目的具有不可测量性与难以证明性，因为人的心理具有非直观性、不可测量性与易变性，由此决定了目的要件认定的间接性、困难性与复杂性。目的要件的存在增加了公诉机关的证明难度，从而导致作恶者逃脱法网的概率上升。①

在我国，知识产权犯罪构成要件中设置“目的要件”即“以营利为目的”的要求，立法者的动机也是为了缩小刑法打击面。但从知识产权刑事保护的执法现状来看，这种刑事实体法的规定，一方面，增加了公诉机关的证明难度，从而导致部分侵权行为人逃脱了法律的追究；另一方面，“以营利为目的”的主观要求限制并不符合社会知识产权保护的现实，故意却并不追求商业利益或者个人经济利益目的的网络侵权案件在实践中已大量出现，比如，有的行为人进行著作权侵权完全是为了提高自己网页的点击率等。所以我国刑法规定侵犯著作权犯罪和销售侵权复制品罪主观方面必须“以营利为目的”，这种限制是没有必要的。同时立法者仅对侵犯著作权的犯罪规定了“以营利为目的”，对侵犯商标权、专利权、商业秘密权的犯罪行为却没有作此要求，即出于其他目的侵犯商标权、专利权、商业秘密权构成犯罪，但是出于其他目的侵犯著作权的，不构成犯罪。四者同属

① 参见付立庆：《主观违法要素理论——以目的犯为中心的展开》，中国人民大学出版社2008年版，第214—215页。

知识产权，刑法这样区别对待保护是有失公平的。从知识产权刑法保护的平等性与全面性的考虑起见，建议取消侵犯著作权犯罪、销售侵权复制品罪中“以营利为目的”的限制。

（二）刑法与相关知识产权保护法律、法规的衔接

世界各国由于各自的立法技术与传统等存在诸多不同，那么对于知识产权犯罪刑事立法的规定方式与方法就存在诸多不同。从世界各国法律对知识产权犯罪立法的现状来看，知识产权犯罪的立法主要存在以下三种模式：

第一，散在型立法模式。此种立法模式在相应的保护知识产权的法规中设置具有独立罪名和法定刑的刑法规范体系，而在刑法典中并不作出相应的规定。此种立法例以普通法系国家以及日本立法最为典型。

第二，集中型立法模式。此种立法模式以刑法典或单行刑法法规的方式规定所有知识产权犯罪的犯罪构成及其刑事责任。这种立法模式以大陆法系国家如巴西、瑞典等国家为代表。我国知识产权刑事立法也遵循了此种立法模式。

第三，结合型立法模式。此种立法模式将知识产权犯罪行为同时在刑法典及相关的知识产权法律、法规对知识产权犯罪进行具体规定。既考虑了刑法典对知识产权犯罪规定的稳定性与权威性，同时又考虑到了知识产权犯罪行为本身的易变性与变动性。此种立法例以德国与法国等国家为代表。①

集中型立法模式虽然可以维护刑法典的稳定性与权威性，但我们应该明确知识产权的刑法保护并不仅仅是一个单纯的刑法问题，同时它也是一个涉及民事侵权与民事概念、原理的民事问题，也就是说知识产权的刑法保护课题具有双重性质，一方面其涉及刑法规范设置，另一方面在知识产权犯罪构成要件的理解上又涉及知识产权法律、法规的适用范围与理解。特别是知识产权随着网络技术与信息技术市场的高速发展，新的问题与情况将层出不穷，知识产权的

---

① 参见赵秉志、田宏杰：《侵犯知识产权犯罪比较研究》，法律出版社2004年版，第71页。

侵权形式与其具体样态都将出现不同的变化，作为保护知识产权的相关法律与行政法规都将会出现不同的修正与变化。在采取集中型立法模式的我国，怎样协调刑法典规定与相关知识产权法律、法规之间的内在关系就成为一个值得关注的问题。这样一来，刑法典、单行刑法法规与相关知识产权保护法律、法规的衔接实质上就表现为两个方面的内容：一是在刑事立法修正的层面上，我们在完善知识产权犯罪立法时，知识产权犯罪罪状的设计与规定应当与相关法律、行政法规相衔接，从而做到刑事法网的严密与完善；二是在刑法的解释与具体适用层面上，我们在适用知识产权犯罪罪名时，有关其构成要件的理解需要借助相关知识产权法律、行政法规的规定，妥善地适用知识产权犯罪的具体罪名，在司法层面上完善刑事法网。

（三）知识产权保护刑法条文中“罪量因素”的理解

知识产权犯罪的具体犯罪构成要件中“罪量因素”的要求是我国刑事立法定性、定量立法模式的一种具体体现。此种立法模式虽然存在一定的优点，但从司法实践层面上来讲，“罪量因素”的存在也为司法适用遗留了诸多障碍，时常会导致司法适用的混乱。比如，构成要件中“情节严重”“情节特别严重”等情节在不同法院、不同法官之间，即使在同一法院的不同法官之间都会存在不同理解，这就会造成相关罪名的不同适用。针对此种情况，在司法实践中，最高人民法院往往通过发布司法解释的方式来解决“罪量因素”所带来的司法适用中的困惑问题。例如，我国刑法第217条规定：以营利为目的，有下列侵犯著作权情形之一，违法所得数额较大或者有其他严重情节的，处三年以下有期徒刑或者拘役，并处或者单处罚金；违法所得数额巨大或者有其他特别严重情节的，处三年以上七年以下有期徒刑，并处罚金……但对于“其他严重情节”与“其他特别严重情节”应当如何理解？这在司法实践中是一个颇具争议的问题。为此，最高人民法院、最高人民检察院分别于2004年、2007年发布了两个《关于办理侵犯知识产权刑事案件具体应用法律若干问题的解释》，从复制品数量方面，对此作出了明确规定。

以上仅仅是以侵犯著作权罪为例对犯罪构成要件中罪量因素的理解与适用进行了一些说明，但事实上罪量因素在司法实践中的运用远比司法解释所展现出来的状况要复杂得多。怎样更好地适用知识产权犯罪构成要件中的罪量因素是一个较为复杂的问题，涉及问题的多个方面，但在我国刑事立法定性、定量的模式下应该说司法解释是其中的一个极为重要方面。根据社会具体形势的发展，及时有效地发布知识产权犯罪的司法解释可以有效地解决其司法实践效果。在制定统一的司法解释之时，我们一方面要积极贯彻宽严相济刑事政策的具体要求，另一方面我们应当密切关注知识产权犯罪的具体情况，积极做好调研，及时发布有关罪量因素的司法解释，同时如果再辅以案例指导，知识产权犯罪构成要件中罪量因素的司法实践效果会更佳。

二、刑事程序法方面

（一）起诉方式问题

根据我国刑法以及刑事诉讼法的规定，犯罪类型根据起诉方式的不同可以区分为自诉案件与公诉案件。自诉案件是指被害人及其法定代理人或近亲属为追究被告人的刑事责任，自行向人民法院起诉，由人民法院直接受理的刑事案件。公诉案件是指由人民检察院代表国家要求人民法院审理指控的被告人的行为，以确定被告人的刑事责任的刑事案件。根据我国刑事诉讼法第 170 条的规定，自诉案件的范围具体包括三类：（1）告诉才处理的案件，即刑法上的亲告罪；（2）被害人有证据证明的轻微刑事案件；（3）公诉转自诉的案件，即被害人有证据证明对被告人侵犯人身、财产的行为应当依法追究刑事责任，而公安机关或者人民检察院给被害人出示不予追究刑事责任的书面文件的案件。第二类中被害人有证据证明的轻微刑事案件其实可以自诉也可以公诉，被害人直接向人民法院起诉的，人民法院应当依法受理，被害人向公安机关控告的，公安机关应当受理。

知识产权犯罪在刑法规定上并不属于亲告罪，在传统意义上往往是作为公诉案件来对待的，往往是由公诉机关代表国家提起诉讼的。也就是说在以往的知识产权犯罪的案件处理中知识产权犯罪往往看作是对国家整体秩序与社会集体法益的侵犯。即使按照刑事诉讼法第 170 条第（二）项的规定提起自诉的案件也仅仅限于有证据证明的“轻微”刑事案件。可以说这一规定大大限制了知识产权犯罪的刑事追诉的比例，不利于鼓励被害人通过刑事的途径来保护自己的知识产权。从知识产权权属性质来看，知识产权在本质属性上应当属于私权的范畴，属于知识产权人的私权利，私权利的侵害应当更多由私权主体通过自身选择的途径来加以解决，即使是在涉及知识产权犯罪时也应当赋予知识产权主体更大的自由选择空间，所以知识产权犯罪应当扩大自诉案件的范围。我们从最高人民法院与最高人民检察院发布的有关知识产权犯罪的司法解释的轨迹可以看出“两高”也逐渐认识到了此问题的重要性，通过司法解释的形式逐步放松了知识产权犯罪自诉的条件限制。2004 年 12 月，最高人民法院、最高人民检察院联合发布《关于办理侵犯知识产权刑事案件具体应用法律若干问题的解释》；2005 年 10 月，最高人民法院、最高人民检察院又随之发布《关于办理侵犯著作权刑事案件中涉及录音录像制品有关问题的批复》，但两个司法解释都未涉及知识产权犯罪案件自诉的问题，在司法实践中更多是按照公诉案件由公诉机关来提起诉讼，这实际上大大限制了知识产权犯罪立法的保护范围及其打击、保护力度。2007 年 4 月 5 日，为维护社会主义市场经济秩序，依法惩治侵犯知识产权犯罪活动，根据刑法、刑事诉讼法有关规定，最高人民法院、最高人民检察院再次出台《关于办理侵犯知识产权刑事案件具体应用法律若干问题的解释（二）》，此项司法解释在条文中正式明确规定了知识产权案件自诉的条件与要求，被害人有证据证明的侵犯知识产权刑事案件，直接向人民法院起诉的，人民法院应当依法受理；严重危害社会秩序和国家利益的侵犯知识产权刑事案件，由人民检察院依法提起公诉。这一规定实质突破了刑事诉讼法第 170 条第（二）项自诉案件有关“轻微”的要求与限制，明显提升了知识产权的刑事保护力度。

（二）被害人的诉讼地位问题

当前，被害人的诉讼地位问题是刑事诉讼法以及刑法理论与实践中的一个重要问题。如何提升被害人的诉讼地位、积极保护刑事被害人的合法诉讼权益，是现代刑事诉讼亟待解决的问题。在传统的刑事诉讼模式之中，由于过分夸大了国家与刑事被告人（犯罪行为人）之间的对立关系以及它们之间的重要程度，由此导致的一个消极后果是无论是在当前的对抗型司法模式中还是在公力合作模式中，被害人都没有应有的诉讼地位和容身之地，被害人最多不过是一个重要的"控方证人"和附带民事诉讼的原告而已。被害人在遭受精神上的巨大痛苦与心理上的巨大创伤的同时，也遭受着不同程度的经济损失，获得经济补偿的愿望遥遥无期，或者根本就无法实现。我国刑事诉讼法虽然在立案、审查起诉、审判过程、自诉程序、刑事附带民事诉讼程序以及执行程序之中规定了一些刑事被害人的诉讼权利，[①] 但从司法实践来看，立法的初衷并没有得到实现，刑事被害人的合法权利保护陷入困境之中。这个问题同样表现在刑法中知识产权的犯罪规制并对知识产权的刑法保护产生消极影响。

因此，当前在知识产权犯罪的刑法保护中最突出的问题就是：被害人地位未给予充分关注，刑事附带民事诉讼有待加强。相对于追究知识产权犯罪人的刑事责任，被害人更多关注的是其经济利益能否得到保障。许多被害人认为刑事诉讼缺乏对被害人经济利益有效的保护措施，于是选择民事救济方法而舍弃刑事救济渠道。据统计，从1998—2002年，全国地方法院共审结一审知识产权民事案件23636件，比5年前上升了40%，平均每年递增9.04%。相对而言，知识产权的刑事司法保护还有待大力提高，受理案件数量极少，5年间全国法院仅审理了侵

---

① 刑事被害人相关的诉讼权利体现可参见房保国：《被害人的刑事程序保护》，法律出版社2007年版，第8—9页。

犯知识产权刑事一审案件1273件（大约是知识产权民事案件的5%）。[1]而十几年之后的2016年，全国地方各级人民法院共新收知识产权民事一审案件136534件、涉知识产权刑事一审案件8352件，二者之比为100∶6，[2]与十几年前的比例基本相仿。与海量的一般刑事案件相比，知识产权刑事案件不过沧海一粟。知识产权救济民事途径与刑事诉讼数据相差悬殊说明了在司法实践中人们更倾向于选择民事诉讼来解决知识产权纠纷。这样一来，加大知识产权的刑法保护就成为一个问题，其实这也与知识产权刑事诉讼中被害人的地位低微与救济不力存在密切的联系。而且在知识产权案件中，侵权行为一般都是经过精心策划、严密组织的，分工极细，各环节独立性强又非常隐蔽，特别是涉及案值的证据往往掌握在犯罪人手中且极容易被隐匿、销毁。因此，证据的发现、固定和获取一直是一个比较困难的问题。特别是对于权利人自己进行调查过程中所采取的方法和手段的合法性以及因此获得的证据的可采性，法律规定并不明确。这一切都将会削弱知识产权犯罪被害人的诉讼权利的行使与诉讼地位。

知识产权刑事诉讼中刑事被害人诉讼地位低微，还牵涉知识产权犯罪案件中刑事与民事关系的妥当处理问题。一般来讲，涉及刑事与民事关系处理时，“先刑后民”是一个较为普遍的适用原则。但实际上“先刑后民”的审判原则用于知识产权案件并不适宜。由于知识产权刑事诉讼和民事诉讼均针对的是同一侵权行为，“先刑后民”可能会导致在先的刑事判决认定被告人侵权并构成犯罪，而在后的民事审判中却认为被告的行为不构成侵权，民事判决如果要和已经生效的刑事判决保持一致就必然会导致两起错案，而如果直接认定不构成侵权又会和生效刑事判决相矛盾。广东佛山就曾经有过这种案例，从程序上很难协调解决。同样因为实行“先刑后民”，在公安机关立案后，民事案件往往就可能要中止诉讼，

① 具体数据参见2003年最高人民法院：《知识产权刑法保护有关问题的调研报告》。

② 具体数据参见2016年最高人民法院：《中国法院知识产权司法保护状况（2016年）》。

导致案件久拖不决，对权利人不能予以及时救济。并且从知识产权权属性质来看，知识产权从本质上而且作为首要的是一种私权利，是一种私权，这也就决定了在知识产权诉讼中追求民事赔偿是知识产权被害人的最朴实、最迫切的一种诉求，如果在刑事诉讼或者在刑事附带民事诉讼中不能很好地解决知识产权被害人的这一基本诉求，那么知识产权的刑法保护因得不到被害人的理解与支持就将成为一句空话，即使进行知识产权的强制性刑法保护，刑法的执行效果也不会好。

（三）知识产权保护三审合一问题

我国的知识产权法律保护存在多个层面，具体表现为知识产权的民事保护、行政保护与刑事保护，这三种保护方式在法律性质上处于不同的法律层面，有着不同的运作方式。当然在这三种诉讼方式中经常涉及的是知识产权的民事保护与刑事保护，从所采取的法律措施与手段方面它们之间存在着完全不同的法律性质，民事手段具有较强的补偿性质，侧重的是个人私权保护，而刑事手段则具有较强的惩罚特性，侧重的是国家的社会公共性质。而知识产权的行政诉讼则主要涉及的是行政权与司法权的关系处理问题，主要是专利复审委员会、商标评审委员会与法院的关系处理问题。在我国现有的知识产权审判体制下，知识产权的审判与保护存在如下问题：

第一，由于案件性质不同，知识产权案件的审理存在着比较严重的条块分割问题。中国现行的审判理念过于强调民事审判、行政审判与刑事审判的专业性，尽可能将懂得某些审判知识，掌握某一方面审判技能的法官集中在某一审判庭中，从而使得法官对于其他方面的审判知识掌握不够，在司法实践中往往会造成刑事审判的认定与民事审判的判决存在相异之处或者说完全不同。[①] 比如，商业秘密的认定就由于不同审判庭中法官的业务素质高低不一导致在具体认定上存在

---

① 中国社会科学院知识产权研究中心编：《中国知识产权保护体系改革研究》，知识产权出版社 2008 年版，第 218 页。

很大差别，判决结果往往相异。

第二，由于知识产权民事审判、刑事审判与行政审判的级别管辖不同，导致三大审判之间存在管辖上的结构性矛盾，也制约着知识产权刑事案件的审理。根据“专业审判”的理念，有关知识产权的民事案件通常由中级以上人民法院审理，只有北京市、上海市、广州市、深圳市、青岛市的个别基层法院可以受理知识产权的民事案件。至于专利纠纷的案件管辖更为集中，只有62个中级人民法院可以进行一审。在刑事管辖方面，同样根据专业审判的理念，有关知识产权的刑事案件通常是由基层法院管辖，这样一来，知识产权的民事管辖、审判与刑事管辖、审判之间就存在着体制性的矛盾，知识产权民事案件的“跨区管辖”与刑事案件的普通管辖尚不和谐。

第三，从诉讼便利性角度看，知识产权三大审判的不同格局也为知识产权保护带来不利影响，诉讼机制也很难理顺，影响审判效率。一件知识产权纠纷案件，往往牵扯到民事、行政、刑事三类诉讼中的两类以上。假设一知识产权诉讼是民事、行政交叉在一起的，如果把知识产权行政案件归行政庭，民事案件归民三庭，对当事人来说要到两个庭起诉，极为不便。对法院来说，有可能出现冲突的判决。很多法院认识到了这个问题，已经把知识产权行政案归到民三庭以解决以上矛盾，这与世界上大多数国家的做法也是一致的。但对全国大多数法院来说（上海法院是个例外），知识产权刑事案仍由刑庭审理。如此一来，上述矛盾突出出来。再者，相对而言，刑庭法官欠缺知识产权的专业知识，不适应知识产权案件的复杂性，加上受对知识产权犯罪社会危害性认识不足的社会意识的影响，往往对知识产权案消极对待。①

如何解决上述问题？目前占主导地位的观点是建立知识产权审判庭，统一审理涉及知识产权的民事、行政与刑事案件，即“三审合一”的审判模式，表现

---

① 吕曰东、曹露、王涛：《知识产权的刑法保护》，载《山东审判》2003年第4期。

在司法实践中，主要有“浦东模式”与“西安模式”。1996年上海浦东新区法院率先进行试点，由知识产权审判庭统一审理有关知识产权的民事、行政与刑事案件。西安市中级人民法院在2006年即开始实行被最高人民法院肯定并称为“西安模式”的知识产权民事、刑事和行政审判一体化措施，即在研究探讨知识产权审判应遵循“先民后刑”规律，以及从程序上和实体上讨论民事审判与刑事审判的冲突与协调、民事审判与行政审判的冲突与协调的基本理论问题基础上，加以实施的。具体而言，就是将由基层法院管辖的知识产权刑事案件和行政案件提到中级法院管辖，以便与知识产权民事案件相对集中在中级法院管辖相协调；刑事案件和行政案件审判中再吸收民事法官共同组成合议庭，从而达到各类法官取长补短、相互促进，提高审判质量的目的，并在机会成熟时成立专门的综合审判庭。2010年之后，条件成熟地区逐渐实行刑事、民事、行政“三审合一”诉讼模式。知识产权案件专业性强，案件涉及的法律问题和技术问题都需要专业化的解决方案。“三审合一”，有利于全面把握知识产权法律适用的标准与范围，从而提升知识产权案件的审理质量和水平。这种审判模式以知识产权民事审判为主，在审理知识产权犯罪案件时，则由民事审判庭的法官与刑事审判庭的法官建立某种比较固定的业务联系，组成合议庭审理相关的案件。从实践效果上看，这两种审判模式都取得了比较好的效果，节约了审判资源、统一了审判标准、提高了知识产权纠纷的审判质量。我们认为，目前我国司法机关缺少既懂法律又具有专业技术知识的复合型法官、检察官，而知识产权案件的专业性、复杂性又难于驾驭，在此情况下，应当说这是一个较好的选择。但因三类案件有各自不同的审判思路和处理模式，案件审理在司法实践中逐渐显现出诸多法律问题。例如，知识产权民事、行政、刑事诉讼转化的衔接问题；刑事案件法律适用中，罪名选择的问题、非法经营数额认定的问题；以及对违法所得及非法经营数额均无法查清、相关司法解释也没有作出明确规定的情况下，罚金该如何确定？这些问题都需要经由实践探索后，尽快完善相关机制与法律制度。

第四篇

食品药品与知识产权案件行刑衔接机制

第十章
行政执法与刑事司法衔接的一般规定

“行刑”衔接，是行政执法与刑事司法相互衔接的简称，因此也被称为“两法衔接”。[①] 作为行政权和司法权的实践方式，行政执法与刑事司法是国家立法之外最重要的权力体现，两者的独立运作以及协调配合是否遵循应有的权力运行规范，不仅关系到行政权和司法权行使的正当性，而且对权力目标、效果的实现具有重要意义和影响。尤其是在行政违法与刑事犯罪二元分离的法律评价体系中，行政执法与刑事司法之间充分、高效的协作配合，既是惩治一般违法行为的现实要求，也是犯罪治理与防控不可或缺的重要环节。从实践来看，行政执法与刑事司法机制衔接顺畅的地区，往往也是行政违法犯罪活动治理成效显著的区域；相反，行政执法与刑事司法衔接机制倘若没有得到应有的重视，执法部门之间相互推诿、扯皮，不仅影响行政违法的治理，而且在很大程度上也放纵了犯罪。鉴于此，本节对近年来行刑衔接立法及实践状况进行了述评，为了解、把握行刑衔接

① 不管是理论还是实践中，“行刑衔接”和“两法衔接”都是较为常见的用法。不过在笔者看来，行刑衔接的用法更为准确一点，体现了行政执法与刑事司法衔接的主体内容。虽然在人们的一般理解中“两法衔接”也是行政执法与刑事司法中的“两法”，但是随着食品安全法规定对于不构成犯罪但情节严重的不法行为适用行政拘留，这个层面也出现了食品安全法与公安机关执行行政处罚法的衔接，“两法”衔接的表述就不够精确了。为此，本书采用“行刑衔接”的概念做统一表述。

机制的实践状况奠定了基础。

一、行刑衔接机制立法概况

行政处罚法以及刑法分别规定了行政机关执法过程中发现的涉嫌犯罪案件应当由司法机关追究刑事责任及其没有及时移送的法律后果。如1996年的《行政处罚法》第7条规定，“违法行为构成犯罪，应当依法追究刑事责任，不得以行政处罚代替刑事处罚。”第61条进一步明确，“行政机关为牟取本单位私利，对应当依法移交司法机关追究刑事责任的不移交，以行政处罚代替刑罚，由上级行政机关或者有关部门责令纠正；拒不纠正的，对直接负责的主管人员给予行政处分；徇私舞弊、包庇纵容违法行为的，比照刑法第一百八十八条的规定追究刑事责任”。虽然这些条文中没有直接说明行政机关应当将涉嫌犯罪案件移送司法机关，但是却在条款中明确了“以罚代刑”的法律责任。这一后果也在1997年刑法典修订时进一步以犯罪的形式予以明确，即在第402条规定了徇私舞弊不移交刑事案件罪。然而，总体来说，在20世纪后20年的法律改革中，我们对行政执法与刑事司法衔接的认识尚处于比较朦胧的阶段，未能形成规范性的理解。直到21世纪初，随着破坏社会主义市场经济秩序犯罪的急剧增加，有关部门方才认识到行政执法与刑事司法协作配合共同打击经济犯罪的重要性，行政执法与刑事司法衔接机制才迎来了法治发展的春天。

（一）行刑衔接立法之起步阶段

一般认为，2000年10月，国务院开展打假联合行动首次提出行政执法与刑事执法相衔接的问题。[①] 此后，2001年4月27日，国务院发布了《关于整顿和规范市场经济秩序的决定》，其中要求“行政执法部门在查处违法行为中发现的犯罪

---

① 元明：《行政执法与刑事司法相衔接的理论与实践》，载《人民检察》2011年第12期。

线索，必须及时通报并依法移送公安部门及其他有关部门，坚决制止一些地方和部门存在的瞒案不报、以罚代管、以罚代刑现象，造成严重后果的要严肃追究责任”。在此基础上明确提出了“加强行政执法与刑事执法的衔接，建立信息共享、沟通便捷、防范有力、查处及时的打击经济犯罪的协作机制，对破坏市场经济秩序构成犯罪行为的，及时移送司法机关处理”。这是我们在国家层面上初步提出了行刑衔接机制以及与之相配套的保障制度要求。同年7月9日，国务院公布了《行政执法机关移送涉嫌犯罪案件的规定》（第310号令）（以下简称“国务院310号令”），首次以行政法规的形式规定了行政执法与刑事司法衔接机制的结构框架，对行政执法机关向司法机关移送案件的法律依据、移送条件、证据问题、移送程序、处理时限、移送管辖、移送材料、移送监督以及责任后果等进行了详细规定，也标志着行刑衔接机制从此正式进入制度化、规范化发展的新时期。

紧随其后，2001年12月3日，最高人民检察院发布了《人民检察院办理行政执法机关移送涉嫌犯罪案件的规定》，针对行政执法机关移送检察机关的涉嫌犯罪案件的管辖受理、移送材料、移送程序等作了具体规定，使行刑衔接的内容更加丰富。2004年3月18日，最高人民检察院、全国整顿和规范市场经济秩序领导小组办公室、公安部联合发布了《关于加强行政执法机关与公安机关、人民检察院工作联系的意见》，对信息共享机制、检察监督机制、线索移送制度等作了具体规定，进一步加强了行刑衔接的制度保障。2006年1月26日，最高人民检察院、全国整顿和规范市场经济秩序领导小组办公室、公安部、监察部联合印发了《关于在行政执法中及时移送涉嫌犯罪案件的意见》。该意见针对行刑衔接机制实践中存在的问题，从案件线索移送、移送审查程序、涉案物品的处置、强化法律监督等作了更为详细的规定。2010年10月27日，国务院办公厅印发了《关于印发打击侵犯知识产权和制售假冒伪劣商品专项行动方案的通知》，提出“要加强行政执法和刑事司法的有效衔接，防止有案不送、以罚代刑，坚决追究侵犯知识产权犯罪分子的刑事责任。知识产权、工商、新闻出版（版权）、商务、税务、质检、农林等部门在行政执法过程中，对符合刑事立案追诉标准、涉嫌犯罪的，要及时移送公安机关；对现场查获、行为人可能逃匿或销毁证据的，要立即商请公安机关提前介入调查。公安机关要对行政执法部门移送的涉嫌犯罪案件或线索及时审查，对涉嫌犯罪的抓紧依法立案侦查。监察部门要加强对行政执法机关移送涉嫌犯罪案件的监督”。该规定最突出的特点就是对公安机关提前介入调查制度作为明确规定，从而使行政执法与刑事执法之间的衔接更加紧密。2011年2月9日，中共中央办公厅、国务院办公厅转发了国务院法制办、中央纪委、最高人民法院、最高人民检察院、公安部、国家安全部、司法部、人力资源和社会保障部联合发布了《关于加强行政执法与刑事司法衔接工作的意见》。该文件提出了完善行政执法与刑事司法衔接机制的具体举措，如联席会议制度、案件咨询制度、信息共享平台建设以及检察监督等内容。更重要的是，文件还明确指出，“人民检察院对作出不起诉决定的案件、人民法院对作出无罪判决或者免于刑事处罚的案件，认为依法应当给予行政处罚的，应当提出检察建议或者司法建议，移送有关行政执法机关处理”。这使行政执法与刑事司法衔接机制突破了传统观念里移送涉嫌犯罪案件的单向衔接，使行刑衔接机制更加充实。可以说，该文件对于行政执法与刑事司法衔接机制的建设具有重要意义，标志着行政执法与刑事司法衔接制度已经初步形成。①

（二）行刑衔接立法之发展完善

从法律层面来说，涉及行刑衔接机制中具体制度的规范主要包括了刑事诉讼法和食品安全法。

2012年新修订的刑事诉讼法第52条第2款规定了行政证据和刑事证据的转化规则，即“行政机关在行政执法和查办案件过程中收集的物证、书证、视听资料、电子数据等证据材料，在刑事诉讼中可以作为证据使用”。该规定系首次对

① 元明：《行政执法与刑事司法相衔接的理论与实践》，载《人民检察》2011年第12期。

行刑衔接机制中的证据制度进行规范，明确规定了行政执法机关收集的物证、书证、视听资料和电子数据四类证据材料可以作为证据使用。这意味着行政机关搜集的上述证据不仅可以用来证明移送案件涉嫌犯罪，而且可以在刑事诉讼中直接用来作为定罪量刑的依据，从而在行政证据与刑事证据之间建立了更为密切的衔接机制。行刑衔接机制在刑事法领域的新发展，也带动了行政法律规范的不断完善。2015 年 10 月 1 日实施的新食品安全法开创了行刑衔接机制的先河，首次在法律中明确了行政执法与刑事司法的双向衔接机制。食品安全法第 121 条规定，“县级以上人民政府食品药品监督管理、质量监督等部门发现涉嫌食品安全犯罪的，应当按照有关规定及时将案件移送公安机关。对移送的案件，公安机关应当及时审查；认为有犯罪事实需要追究刑事责任的，应当立案侦查。公安机关在食品安全犯罪案件侦查过程中认为没有犯罪事实，或者犯罪事实显著轻微，不需要追究刑事责任，但依法应当追究行政责任的，应当及时将案件移送食品药品监督管理、质量监督等部门和监察机关，有关部门应当依法处理。公安机关商请食品药品监督管理、质量监督、环境保护等部门提供检验结论、认定意见以及对涉案物品进行无害化处理等协助的，有关部门应当及时提供，予以协助”。这一规定在明确了食品安全行政监管部门移送涉嫌犯罪案件的法定义务的同时，也明确提出了公安机关案件移送的回溯义务，更重要的是以法律的形式把案件协作机制固定下来。这不仅体现从严打击食品安全违法犯罪行为的坚定立场，而且将行政法规层面的行刑衔接机制上升到法律的层面上，体现了国家对食品安全保障的高度重视，同时对提升行刑衔接机制的法治地位也具有重要的示范意义。

随着新的刑事诉讼法的修订，最高人民法院、最高人民检察院、公安部根据新法相继颁行了规范性文件用来指导司法实践。这其中除了公安部在文件中明确了案件移送受理程序以外，三个部门的相关文件也都涉及了行刑证据转化问题。2012 年 12 月 13 日公安部颁行的《公安机关办理刑事案件程序规定》（以下简称“公安刑事程序规定”）第 177 条规定，“对行政执法机关移送的案件，公安机关应当自接受案件之日起三日以内进行审查，认为有犯罪事实，需要追究刑事责任，依法决定立案的，应当书面通知移送案件的行政执法机关；认为没有犯罪事实，或者犯罪事实显著轻微，不需要追究刑事责任，依法不予立案的，应当说明理由，并将不予立案通知书送达移送案件的行政执法机关，相应退回案件材料”。第178条规定，“移送案件的行政执法机关对不予立案决定不服的，可以在收到不予立案通知书后三日以内向作出决定的公安机关申请复议；公安机关应当在收到行政执法机关的复议申请后三日以内作出决定，并书面通知移送案件的行政执法机关”。本条规定明确了公安机关对于行政部门移送的涉嫌犯罪案件负有“有案必受”的义务，同时规定了受理案件的审查期限以及相关的处理程序。作为行刑衔接机制的重要组成部门，关于行刑证据的转化问题在这些规范性文件中都有相关表述。如最高人民法院发布的《关于适用〈中华人民共和国刑事诉讼法〉的解释》（以下简称“刑事诉讼解释”）第65条规定：“行政机关在行政执法和查办案件过程中收集的物证、书证、视听资料、电子数据等证据材料，在刑事诉讼中可以作为证据使用；经法庭查证属实，且收集程序符合有关法律、行政法规规定的，可以作为定案的根据。”最高人民检察院发布的《人民检察院刑事诉讼规则（试行）》（以下简称“检察诉讼规则”）第64条前两款规定：“行政机关在行政执法和查办案件过程中收集的物证、书证、视听资料、电子数据证据材料，应当以该机关的名义移送，经人民检察院审查符合法定要求的，可以作为证据使用。行政机关在行政执法和查办案件过程中收集的鉴定意见、勘验、检查笔录，经人民检察院审查符合法定要求的，可以作为证据使用。”《公安刑事程序规定》也对证据转化规则予以明确，第60条规定：“公安机关接受或者依法调取的行政机关在行政执法和查办案件过程中收集的物证、书证、视听资料、电子数据、检验报告、鉴定意见、勘验笔录、检查笔录等证据材料，可以作为证据使用。”通过对比可以发现，上述三部规范性文件中关于可以转化的行政证据种类都不一样，最高人民法院没有扩大可以转化的证据种类范围，而公安机关、最高人民检察院则分别作了不同程度的扩张。这种彼此冲突的规定直接影响食品药品安全行刑衔接机制的正常运行，甚至在实践中不得不求助于个案的协调。当然，客观而言，这些规定对于推动食品药品监管部门与刑事侦查部门之间的案件移送、程序衔接仍然发挥了重要作用。

为了解决前述规范性文件在行刑衔接具体规范上的不一致，进一步健全食品药品行政执法与刑事司法衔接工作机制，加大对食品药品领域违法犯罪行为打击力度，国家食品药品监督管理总局、公安部、最高人民法院、最高人民检察院、国务院食品安全办于2015年12月22日联合印发了《食品药品行政执法与刑事司法衔接工作办法》（以下简称《工作办法》），对食品药品领域行刑衔接机制的运行作了详细的规定。这是有关部门第一次专门针对某一类具体违法犯罪的行刑衔接问题而制定的工作办法。因此，该工作办法的内容不仅具体、翔实，而且具有较强的操作性，成为食品安全行刑衔接机制发展过程中的标志性事件。从内容上来看，该工作办法详细规定了案件移送程序、检察监督机制、涉案物品检验与认定、办案协作与配合以及信息共享，涵盖了制约食品药品安全行刑衔接机制的主要问题。该工作办法历时两年多的调研，几易其稿，针对实践中存在的影响行刑衔接的制度性障碍、观念性认识等进行了具体规定，从近两年的实践情况来看，取得了良好的社会效果和法治效果。

二、行刑衔接机制实践问题

行刑衔接的实践状况和立法完善程度密切相关。上文对立法状况的分析有助于我们更为直接地分析行政执法机关与刑事司法部门在打击违法与犯罪案件中的协调、配合状况。

（一）行刑衔接机制的实践状况

从国务院310号令实施，行刑衔接就进入一个日益重视、迅速起步发展的历史时期。特别是 2003 年 4 月全国整顿和规范市场经济秩序工作会议提出："进一步解决行政执法与刑事执法的衔接问题，加强案件移送和监督检查，不得以罚代刑"的要求以来，行政执法与刑事司法衔接过程中，尤其是行政执法机关在执法过程中发现的涉嫌犯罪案件的移送问题，在全国范围内依然存在执法不严、有罪不究、打击不力的现象，实际发生多、查处少，行政处理多、移送司法机关追究刑事责任少，查处一般犯罪分子多、追究幕后操纵主犯和职务犯罪分子少，判缓刑多、判实刑少的"四多四少"问题，在一些地方仍然较为突出。① 为此，国家有关部委相继制定了多部规范性文件，加强对行刑衔接机制运行中的突出问题予以治理、规范，并取得了明显的法治效果。以食品安全为例，2013 年以来，各级检察机关建议行政执法机关移送涉嫌犯罪案件 23769 件，其中公安机关立案 20085 件。② 根据最高人民检察院 2016 年工作报告，仅在 2015 年度，检察机关督促食品药品监管部门移送涉嫌犯罪案件 1646 件，监督公安机关立案 877 件。起诉 ×× 公司生产、销售伪劣产品案、王 ×× 等 44 人销售假药案等危害食品药品安全犯罪 13240 人。最高人民检察院对 81 件制售假药劣药、有毒、有害食品重大案件挂牌督办。③ 特别是面对日渐复杂危害食品安全违法犯罪形势，《工作办法》的公布实施，极大地促进了食品药品安全领域行刑衔接机制的顺畅运行。可以说，这是中央有关部门在具体领域共同落实"行刑衔接"机制的第一个规范性文件，对于实现行政处罚与刑事处罚无缝对接，建立"行刑衔接"长效机制，具有"破冰"作用。正如张德江委员长在 2016 年 6 月 30 日第十二届全国人民代

---

① 元明：《〈关于在行政执法中及时移送涉嫌犯罪案件的意见〉解读》，载《检察日报》2006 年 3 月 28 日。

② 王治国：《最高检：着力纠正有案不移有案难移以罚代刑》，访问网址：http://www.jcrb.com/xztpd/dkf/201610/jcjdgzbg/wgy/201611/t20161106_1670719.html，访问时间：2016 年 11 月 20 日。

③ 于子茹：《最高检新闻发言人解读最高检 2016 年工作报告》，访问网址：http://www.yn-fzb.cn/kmpj/ZhenYuShouXieDiaoYong/227911.shtml，访问时间：2016 年 3 月 14 日。

表大会常务委员会第二十一次会议上发表《全国人民代表大会常务委员会执法检查组关于检查〈中华人民共和国食品安全法〉实施情况的报告》(以下简称“全国人大常委会食品安全报告”)时所提到的，食品药品监管总局与公安部、最高人民法院、最高人民检察院联合出台的《食品药品行政执法与刑事司法衔接工作办法》，研究解决了行政执法与刑事司法衔接工作中存在的案件移送标准不明确、涉案物品检验认定难、案件查办协调配合不到位等主要问题。对于司法案件办理来说，在规范上明确这些问题的处理规则，具有重要意义和价值。

如前文所述，虽然我们在多年时间里制定实施了多部规范性文件来完善行刑衔接机制，但这些文件中都有不同侧重，整体上重复性和制度突破性的规定较少，行刑衔接恰恰是立法中的盲点和薄弱点，立法层级低、部门协调困难等客观问题也使我们难以以部门规章等形式实现突破。所以这些文件更多地表明食品安全行刑衔接工作受到重视，即便如《工作办法》已经在规则上有了较大发展，但因缺乏配套机制建设难以形成长效机制。在《工作办法》公布实施的两年时间里，笔者围绕食品安全行刑衔接机制问题参与了多个省份的执法调研，同时也以行刑衔接为主题在多个省份的食品药品监管部门做交流讲座。通过这些学术往来、实践调研发现，制约行刑衔接的老问题依然存在。

1. 涉嫌犯罪案件有案不移问题依然突出

行刑衔接机制是为了应对查处经济犯罪过程中行政执法部门不积极移送涉嫌犯罪案件而建立起来的，因此，我们对行刑衔接机制的研究以及制度建设也始终把规范行政执法部门主动移送涉嫌犯罪案件作为机制的核心内容。毕竟，从常理来说，行刑衔接存在的实际案件发生多、真正查处少，行政处理多、移送司法机关追究刑事责任少等问题与行政执法部门不积极移送涉嫌犯罪案件密切相关。在涉嫌犯罪的案件不能及时向公安机关移送的情况下，就意味着对这些犯罪案件降格处理，以罚代刑，既不能有效打击违法犯罪，甚至是对食品药品犯罪行为的放纵。而造成这种局面的重要原因就是现有相关规定对行政执法机关如何向公安机关移送涉嫌犯罪案件缺乏刚性约束，难以构建运转顺畅的行刑衔接机制。[①]因此，不管是完善案件移送标准和程序，还是检察机关提出强化检察监督，以及国务院提出加强信息共享平台建设，无不是为了提升对行政执法机关执法办案的约束，推动其积极移送涉嫌犯罪的案件。然而，从笔者调研的情况看，行政执法部门在执法过程中发现的涉嫌犯罪案件不予及时移送的问题依然存在。（1）受个人利益、部门利益驱动降低处罚条件而不予移送，这也是行政执法部门涉嫌犯罪案件不予及时移送的主要原因。按照通常强调的“刑事优先原则”，行政执法部门将涉嫌犯罪案件移送司法机关以后，如果没有作出行政处罚的，就不能对这些案件作出行政处罚，而只能等待案件处理完毕以后再行处理。这样一来，行政执法部门一旦将案件移送司法机关，就会影响有关人员和单位办案考评的业绩，致使移送的主动性不足。更不用说因个人私利而伪造材料拒绝移送的情形。（2）受地方利益压迫降低处罚条件而不予移送。食品安全犯罪属于市场经济秩序犯罪的类型，生产者、经营者通常会给地方政府带来一定的经济利益。因此，如果对这些违法生产经营予以严厉打击，积极移送涉嫌犯罪案件，就可能会影响地方的经济收入。而在食品药品监管部门归属地方政府的情况下，就会出现地方政府从经济利益考虑而要求食品药品监管部门“以罚代刑”降格处理的情形。（3）因食品药品案件查证困难，食品药品监管部门会“甩包袱”式的要求公安机关及早介入，在遭到后者拒绝的情况下，因不规范执法、取证而不予移送。虽然行刑衔接机制规定了公安机关在疑难、复杂、重大案件可以提前介入案件办理，但是由于两个部门对何时介入都有自己的利益考虑，双方时常出现分歧。对于个别案件，公安机关认为行政执法部门有“甩包袱”的嫌疑时，往往会拒绝参与协助办理。这样一来，因为行政执法部门的取证能力、执法水平都难以满足涉嫌犯罪案件（线索）查办

① 陈磊：《食品药品领域“行刑衔接”运转不畅，有案不移等问题突出》，载《法制日报》2015 年 4 月 16 日。

的需要，导致无法取得有效证据来证明有犯罪事实发生，从而导致案件不能及时移送。

2. 涉嫌犯罪案件有案难移问题不容忽视

行刑衔接中案件移送数量少，是对食品药品监管部门将犯罪案件移送到公安机关并得以立案侦查的最终情况而言的。但是，这只能表明案件移送的结果不符合法律的期待，但是并不能完全说明导致这一现状的原因是因为“有案不移”。其实，既然是从食品药品监管部门与刑事司法机关的协作配合来构建行刑衔接机制，关于案件移送的问题就不仅仅是食品药品监管部门的问题，还应该考虑到公安机关在受理食品药品监管部门移送涉嫌犯罪案件的过程中处理是否规范的问题。从调研情况来看，如果说食品药品监管部门有案不移的问题较为突出，那么有案难移的问题同样值得警惕。所谓有案难移，主要是指食品药品监管部门在案件移送公安机关时，公安机关以各种理由不及时受理，或者受理以后不在规定期限内作出是否立案的决定，导致最终查办的危害食品安全犯罪案件中食品药品监管部门移送的案件数量不高的问题。从逻辑上说，食品药品监管部门在执法过程中发现涉嫌犯罪的案件不予移送，会导致案件移送数量下降。但若行政机关在执法过程中将涉嫌犯罪的案件移送公安机关时，后者不予受理，同样会影响案件移送的数量。这里需要注意的是，虽然刑事诉讼法规定，食品药品监管部门移送的涉嫌犯罪的案件，公安机关必须受理并及时进行审查。但因部门利益、证据审查判断等因素，公安机关有时会拒绝接受移送的涉嫌犯罪案件。同时，这种情形也不会出具任何的法律文书，导致食品药品监管部门难以向检察机关提出立案监督，最终只能由食品药品监管部门对此类案件降格处理，以罚代刑。“有案难移”主要表现在：（1）以不符合涉嫌犯罪案件条件为由不予接受。是否涉嫌犯罪，是食品药品监管部门移送案件的前提条件。但从实践情况来看，在食品药品监管部门和公安机关协作配合不够密切的地方，公安机关往往也会对是否涉嫌犯罪的标准进行严格把握，甚至按照犯罪成立的主客观标准作为案件移送的证据标准，导致案件移送较为困难。（2）以材料不全、证据不规范为由拒绝接受。由于行政证据和刑事证据的证据规则有较大差异，因此，公安机关一旦按照刑事证据的标准要求来对行政证据进行审查，甚至将瑕疵证据当作非法证据拒绝接受，就会导致案件移送困难重重。（3）接受以后无限期将案件搁置起来，逾期不作出是否立案的决定。由于危害食品安全犯罪案件的侦办需要付出较多的人力、财力资源，而且如果案件移送不及时，会导致公安机关刑事证据的搜集极为困难，所以一些公安机关在受理案件以后，就会根据案件侦办的难易程度、成本高低进行评估，对于疑难、复杂的案件，以受案审查为由，无限期搁置，最终导致案件难以进行刑事诉讼程序，影响案件移送数量。

3. 行政违法案件逆向移送不畅亟待重视

如前文所述，行刑衔接机制所规范的是行政执法与刑事司法之间的协作问题，因此，食品药品监管部门向刑事司法机关移送涉嫌犯罪案件只是行刑衔接机制的一个方面，另一方面就是公安司法机关在刑事诉讼过程中发现的不构成犯罪或者情节轻微不需要判处刑罚的案件，如果需要予以行政处罚的，同样需要移送食品药品监管部门予以处理。笔者将后者称之为行刑衔接机制中的逆向移送。之所以通常将行刑衔接机制限制在涉嫌犯罪案件的移送上，是因为犯罪案件本身所具有的严重社会危害性以及经济犯罪领域行政执法机关的监管主体地位决定了案件不能及时移送给犯罪惩治带来的巨大危害。从规范市场经济秩序与保障公众安全的角度来看，在食品药品违法犯罪查处过程中，打击违法行为与严惩犯罪行为同等重要，只有将违法行为与犯罪行为都纳入到有效惩处的法律体系之中，才能实现保障食品安全的法治目标。然而，从行刑衔接的实践状况来看，对行政违法行为的逆向移送在观念上没有得到应有的重视，制度建设以及实践操作都存在诸多不够协调的地方。这不仅影响了食品安全违法行为的查办，而且挫伤了食品药品监管部门移送案件的积极性。（1）涉嫌犯罪案件的整体逆向移送数量极少。根据刑法第 37 条的规定，对于犯罪情节轻微不需要判处刑罚的，可以免予刑事处罚，但是可以根据案件的不同情况，予以训诫或者责令具结悔过、赔礼道歉、赔偿损失，或者由主管部门予以行政处罚或者行政处分。除此以外，对于不构成犯罪但是需要行政处罚的案件，公安机关、检察机关和审判机关也应当交由食品药品监管部门处罚。对于此类案件，就涉及全案整体逆向移送的问题。但从调研的情况来看，因上述情况移送的案件数量极少。当然，我们应当辩证地看待这一问题。一方面，由于能够进入刑事诉讼程序的案件往往属于已有证据证明犯罪事实发生的案件，所以情节轻微不需要判处刑罚或者不构成犯罪的情形是极少的，这也决定了适用这一情形的案件移送数量不大。另一方面，也是我们需要注意的问题，就是应当移送食品药品监管部门予以行政处罚而没有移送的案件。这一类案件主要集中在公安机关办理的非食品药品监管部门移送的涉嫌犯罪案件。比如，通过情报人员自行发现的案件或者群众举报、揭发的线索中梳理出来的案件，如果最终未能移交起诉，在一些情况下就不会移交行政执法部门进行查处。（2）在涉嫌食品安全犯罪案件中，有一部分犯罪嫌疑人需要定罪量刑，其他嫌疑人员则因情节轻微不需要判处刑罚，后者逆向移送不理想。笔者在调研时发现，食品药品监管部门较多反映公安机关在办理涉嫌犯罪的案件中，对于发现情节显著轻微的一般参加者，或者司法机关以情节轻微认为不需要判处刑罚的一般参加者，往往将这些犯罪嫌疑人、被告人直接释放，而不会移交食品药品监管部门。等到食品药品监管部门了解到这些案件线索，需要追究相关人员的行政违法责任时，已经往往难以联系他们。可以说，由于我们没有对公安司法机关移送涉嫌行政违法案件给予应有的重视，导致实践中移送此类案件及其人员的数量极少，影响了食品安全违法行为的惩治力度。

（二）行刑衔接机制的现状分析——以《工作办法》为视角

在食品监管方面，“行刑衔接”机制是遏制以罚代刑、以罚代管、“查处保护伞”等问题的撒手锏。[①] 因此，为了理顺食品安全行刑衔接机制，《工作办法》围

① 王石川：《让“行刑衔接”筑牢食品安全防线》，载《人民日报》2014年8月5日。

绕突出的实践问题进行了诸多详细的规范。鉴于此，笔者拟以该文件的有关规定来说明造成了行刑衔接移送机制不畅的规范性问题。

1. 涉嫌犯罪案件移送标准、范围不明导致案件移送困难

（1）涉嫌犯罪移送标准看似清楚却在办案机关之间引起较大分歧，直接影响涉嫌犯罪案件的判断和移送。《工作办法》第5条吸收借鉴了此前相关规范性文件的内容，规定“食品药品监管部门向公安机关移送的案件，应当符合下列条件：（一）实施行政执法的主体与程序合法。（二）有证据证明涉嫌犯罪事实发生”。这里将涉嫌犯罪案件的判断标准细化为“有证据证明涉嫌犯罪事实发生”，但是从调研情况来看，什么是“涉嫌犯罪事实发生”，地方食品药品监管部门和公安机关之间的理解并不一致。前者认为只要客观事实达到刑事立案标准，就应当属于涉嫌犯罪事实发生，但是后者认为不仅要有客观事实的证明，而且要求有证据证明涉案人员主观上有明知。由于食品药品监管部门执法权限和办案程序的限制，往往很难收集涉案人员主观明知的证据（主观明知的推定规则也使双方在是否存在此类证据问题上存在分歧），从而导致案件移送难以实现。（2）行政违法案件的逆向移送原则性规定过多，导致移送困难。《工作办法》沿袭了刑法、刑事诉讼法的原则性规定，缺乏具体的操作性标准，难以从根本上改变此类案件移送的困境。第13条规定，“公安机关对发现的食品药品违法行为，经审查没有犯罪事实，或者立案侦查后认为犯罪事实显著轻微、不需要追究刑事责任，但依法应当予以行政处罚的，应当及时将案件移交食品药品监管部门”。可以说，在司法机关逆向移送行政案件的情形中，由于我们对此关注较少，甚至没有细化行政处罚等具体标准，导致案件移送更加困难。（3）涉嫌犯罪案件的移送范围不够清楚，影响行政执法部门的案件移送效率。《工作办法》第12条规定，“食品药品监管部门向公安机关移送涉嫌犯罪案件前，已经作出的警告、责令停产停业、暂扣或者吊销许可证的行政处罚决定，不停止执行；向公安机关移送涉嫌犯罪案件时，应当附有行政处罚决定书。已经作出罚款行政处罚的，人民法院在判处罚金时依法折抵。未作出行政处罚决定的，原则上应当在公安机关决定不予立案或者撤销案件、人民检察院作出不起诉决定、人民法院作出无罪判决或者免予刑事处罚后，再决定是否给予行政处罚”。上述规定看似具体明确，但与实践中存在的问题仍有一定差距。比如，在同一个案件涉及多个违法相对人，既有涉嫌犯罪的，也有不需要追究刑事责任的；既有已经作出处罚决定的行为，也有尚未作出处罚决定的行为。对此，是移送涉嫌犯罪的部分事实及证据材料，还是移送全部的证据事实和案卷材料；已经作出行政处罚且不涉及犯罪的行为人是否也移送等，都会成为影响案件移送的实践问题。

2. 犯罪构成要件要素认定困难，影响涉嫌犯罪案件移送

以危害食品安全犯罪为例，虽然刑法中只有第 143 条和第 144 条两个条文专门针对食品安全犯罪，但是这两个犯罪的认定具有特殊性，即要求有证据表明“足以造成严重食物中毒事故或者其他严重食源性疾病”或者存在“有毒、有害的非食品原料”。这两个构成要素属于典型的规范性犯罪构成要件要素；是否符合这两个犯罪构成特征需要依据行政检验、检测来进行认定。然而，现行的检验检测制度是根据食品安全法的执法监管需要建立起来的，只能满足行政监管的要求，而无法提供是否足以造成上述危险状态以及食品中所含物质是否具有毒害性的证明。这样一来，行政机关按照行政执法规范搜集行政证据时，要想证明涉案物品具有上述特征并得出检测意见就很困难。如果不能很好地解决这一问题，不仅无法为涉嫌犯罪案件的判断提供证据支持，而且不利于公安机关办理此类案件。这也是多年来影响案件移送的重要问题。

3. 涉案物品处置加剧了案件移送的困难，影响行刑衔接机制的顺畅运行

食品安全犯罪案件往往涉及大量易变质、易腐烂的伪劣食品，有的甚至可能属于有毒、有害食品。这些食品又是犯罪案件查办中的重点证据材料，从行政执法部门查货涉案物品到司法机关作出有罪判决，在案件办理过程中往往会需要保存较长时间，同时，还会使办案部门背负沉重的经济负担。更重要的是，除了证明犯罪行为，这些涉案物品并没有其他任何价值。因此，在案件移送过程中，如何处理这部分证据问题会极大地影响公安机关接受案件的积极性。如果公安机关不接受这些物品，就会在刑事证据的收集与保管方面难以符合证据的规范性要求，影响移送乃至案件侦办的效率。对此，《工作办法》虽然没有解决涉案物品统一处置的规范问题，但是在第 26 条明确规定，办案部门应当及时告知犯罪嫌疑人、被害人或者其辩护律师、法定代理人，在涉案物品依法处置前提出重新或补充检验检测、认定的申请。较此前行刑衔接领域的规范性文件来说，该规定明确了办案部门处置涉案物品的程序规范，在保障被告方合法权益的同时，也有利于降低司法成本。但实践中的问题是，办案部门是否可以自行决定处置涉案物品，还是由行政执法部门、刑事侦查部门、刑事司法部门共同协商决定，以及应当在依法处置前的多长时间内告知被告方，同时给被告方预留多少时间提出重新或者补充申请，这些问题都没有明确，也直接影响了该条款的可操作性，也降低了它的实践价值。

4. 行刑衔接监督机制“先天不足，后天失调”，未能形成案件移送的有效保障

如果说案件移送范围、标准以及证据规则内在地迟滞了案件移送的效率，那么监督机制的缺失、疏漏则进一步加剧了案件移送的矛盾和问题。比如，虽然法律层面规定了检察机关是法律实施的监督机关，但是其如何行使对行政执法机关的监督等法律并没有作出明确规定，致使行政监督形同虚设；就刑事立法监督而言，由于以公安机关不予立案为前提条件，而大多数的案件往往很难满足这个条件，因此刑事立案监督也往往被架空。之所以说行刑衔接机制先天不足，源于我们国家法律体系中对于检察机关如何监督行政执法部门的执法活动以及公安机关案件受理环节缺少法律支撑。为此，《工作办法》第 10 条规定，“对于公安机关逾期未作出是否立案决定，以及对不予立案决定、复议决定、立案后撤销案件决定有异议的，食品药品监管部门可以建议人民检察院予以立案监督”。该条规定明确了检察机关可对公安机关的案件受理程序进行法律监督，但是检察机关该如何进行监督，上述规定中没有作出说明，因此，实践效果难如人意。当然，实践中更为突出的是对行政执法机关是否及时移送涉嫌犯罪案件进行监督的问题。虽然近年来检察机关加大了对监管渎职犯罪的打击力度，笔者在调研中也明显感觉到行政执法部门移送案件的外在压力。但在规范层面上，这毕竟只是事后惩治机制，行刑衔接监督机制不是为了打击渎职犯罪而增设，而是为了直接督促行政执法机关和公安机关提高案件移送、审查的效率，因此，缺乏对这一问题的直接规范难以有效推动行刑衔接。毕竟，在行刑衔接中，受利益驱动影响主要有两种表现：一种是惩治违法、打击犯罪与行政机关所追求的利益趋于一致时，这些行政机关移送案件的积极性就高，“衔接”就相对顺利。另一种更具有普遍性的是，行政执法机关为了追求地方、部门利益而不愿将案件移送司法机关处理。[①] 所以说，只有通过监督才能打通行政执法与刑事司法的藩篱，确保法律规定能够得到严格落实，实现从严惩处的刑事政策。

5. 信息共享机制推进困难，进一步削弱了监督的手段和方式，放纵了有案不移的问题

如果说行刑衔接机制运行不畅，与检察监督制度不健全有密切关系的话，那么信息共享机制则是检察机关履行行刑衔接职能的重要依托。可以说，不管是理论界还是实务界，早已经意识到信息共享平台建设对于行刑衔接的重要意义。全国打击侵犯知识产权和制售假冒伪劣商品工作领导小组办公室早已建立了全国性的信息共享平台，通过对行政执法信息的分析、梳理来实现对行政执法部门的监管。但是，在食品药品安全行刑衔接领域，信息共享机制推行多年，仍然进展缓慢，难以实现检察机关对行政执法部门和刑事侦查部门的执法监督。究其原因，

---

① 参见四川省人民检察院“行刑”衔接课题组：《促进行政执法与刑事司法有效衔接须由全国人大常委会立法解决》，载《中国检察官》2011 年第 11 期。

既有行政执法部门主观认识的原因，也有资金和技术等客观条件的限制。但是抛开这些因素来看，还有规范层面不容忽视的问题，即所谓的信息共享，那么多个部门之间应该共享的信息范围有多大。与之相关的问题，比如，食品安全领域的信息共享平台，应当由谁来负责运行、管理。哪个部门负责信息录入，应该在什么时间录入信息，没有及时录入信息甚至没有及时建立信息平台的法律责任等都缺乏明确规定。可以说，多年来，由于这些问题在规范上没有统一解决，致使信息共享机制建设推进困难，并且各地区的做法也不尽相同，从而影响了行刑衔接机制的完善。

6. 联席会议制度规范性不足，难以形成食品安全行刑衔接机制的有效保障

如果说案件移送标准、范围不清导致涉嫌犯罪案件移送困难的话，联席会议制度可以在很大程度上推动这一问题的解决。即通过联席会议，对犯罪案件的移送标准、证据范围以及公安机关协助查办案件等问题形成共识，从而弥补法律过于原则性规定带来的理解上的分歧。可以说，行刑衔接机制运行相对顺畅的区域，一定是食品药品监管部门、公安机关、检察机关、审判机关对法律的共识性相对较高的地方，也往往是沟通渠道比较顺畅的地方。联席会议制度正式强化沟通、化解法律理解分歧的重要途径。笔者在调研中也发现了不同地方所进行的积极探索，比如，江苏省的“四方联席会议制度”、海南省的“联打办”模式，等等。以江苏省为例，经过多年的实践和推广，江苏省市、县两级普遍建立了“四方联席会议制度”，使食品药品监管部门与公安司法部门的联系更加便捷、密切，奠定了规范稽查执法的机制基础。

第十一章
危害食品药品安全与侵犯知识产权犯罪案件移送及线索通报

从实践来看，涉嫌犯罪移送制度包括了涉嫌犯罪案件移送和涉嫌犯罪线索移送两个方面的内容。其中，前者以涉嫌犯罪案件为移送对象，后者则把涉嫌犯罪线索作为移送对象。

一、涉嫌犯罪线索移送机制

一般来说，如果只是行政执法部门在查办案件过程中发现的涉嫌犯罪的线索，意味着执法人员还没有明确的证据证明不法行为涉嫌犯罪。此时，公安机关是否具有管辖权就处于不确定状态。易言之，行政执法机关所查处的不法行为在本质上仍然属于其管辖范围；一旦允许行政执法部门将涉嫌犯罪线索移送给公安机关，就意味着后者介入了行政执法机关的执法活动。其介入的时间，与公安机关接受行政执法部门移送的涉嫌犯罪案件以后开展侦查活动相比要早，为此，我们往往将公安机关应行政执法部门的要求、通报而介入查证、核实涉嫌犯罪线索的情形，称为提前介入。不过，行政执法部门向公安机关移送涉嫌犯罪线索与公安机关的提前介入活动之间不能直接画等号。从逻辑上来说，行政执法部门移送涉嫌犯罪线索是公安机关提前介入查办不法行为的前提，但是公安机关提前介入刑事案件却不限于涉嫌犯罪线索移送，前者基于社会公共利益的考量等因素也可以提前介入。所以在本部分对行刑衔接机制中涉嫌犯罪线索移送制度的分析和公安机关提前介入规则结合起来。事实上，很多地方也是从公安机关提前介入的角度来理解涉嫌犯罪线索移送制度的。

（一）涉嫌犯罪线索移送机制的规范分析

《关于在行政执法中及时移送涉嫌犯罪案件的意见》规定："对有证据表明可能涉嫌犯罪的行为人可能逃匿或者销毁证据，需要公安机关参与、配合的，行政执法机关可以商请公安机关提前介入，公安机关可以派员介入。"客观而言，上述规定使行政执法部门向公安机关移送涉嫌犯罪线索，公安机关提前介入查证、核实相关线索提供明确的规范依据，但该条款的具体内容却无助于实现涉嫌犯罪线索移送制度的目的和价值。具体可以从以下两个方面分析：（1）涉嫌犯罪线索通报的前提条件过于苛刻，极大地限制了行政执法机关通报线索的可操作性，削弱了制度的规范价值。该规定将行政执法部门向公安机关通报涉嫌犯罪线索的条件限定在"有证据表明可能涉嫌犯罪的行为人可能逃匿或者销毁证据"是不合理的。一方面，将行政执法部门通报的前提条件限定在"有证据表明……"的场合，混淆了涉嫌犯罪案件移送和涉嫌犯罪线索移送之间的关系。由于这里的"有证据表明"指向的是涉嫌犯罪的情形，一旦有证据证明行政违法案件中存在涉嫌犯罪的事实，该案件就属于涉嫌犯罪的案件，必须移送公安机关，而无须后者提前介入。因此，这一规定所设定的前提条件等于架空了移送涉嫌犯罪线索的可能性。另一方面，将线索通报的条件限定在"行为人可能逃匿或者销毁证据"的场合，极大缩小了线索移送的范围。如前所述，规范涉嫌犯罪线索移送的目的，就是为了使公安机关提前介入尚不确定涉嫌犯罪的案件，以便能够及时收集、保存证据，所以原则上行政执法过程中妨碍办案机关收集涉嫌犯罪证据的所有情形，都可以作为公安机关提前介入的条件。

但是该规定仅设定了“行为人可能逃匿或者销毁证据”的情形，对于行为人自杀、妨碍执法，以及行为人转移、隐匿证据等情形都被排除在外，无疑不利于实现涉嫌犯罪线索移送制度的目的。（2）把涉嫌犯罪线索通报程序设定为“可以”这一任意性规范，降低了行政机关线索通报和公安机关提前介入的强制力，削弱了该制度的实践价值。涉嫌犯罪线索移送涉及行政执法部门与刑事侦查部门之间的协作配合，法律规范强制性的强弱对部门协作的开展具有重要作用。尤其是涉嫌犯罪线索移送的主观性以及行政违法案件中潜在的部门利益，都会对部门协作配合产生干扰。这种情况下，规范性文件对涉嫌犯罪线索移送及提前介入制度规定的明确性和强制性程度，就直接影响规范的实施效果。但从上述规定来看，不管是行政执法机关还是公安机关都缺乏强制性规定。前者认为需要公安机关参与、配合的，可以商请公安机关提前介入，后者也可以根据情形决定是否派员介入。从实践来看，这种“可以”型的规范要求往往最终演化为行政执法机关、公安机关根据部门利益决定是否商请公安机关介入，使“可以商请、参与”变成“可商可不商的不商”“可参可不参的不参”，最终导致该条款在实践中形同虚设，难以发挥应有的作用。

针对这些问题，《关于加强行政执法与刑事司法衔接工作的意见》对行政执法机关通报涉嫌犯罪线索的规则作了修改。其第 1 条第（二）款规定：“行政执法机关在执法检查时，发现违法行为明显涉嫌犯罪的，应当及时向公安机关通报。接到通报后，公安机关应当立即派人进行调查，并依法作出立案或者不予立案的决定。”从内容来看，该条文所意图解决的问题十分明确，专门针对《关于在行政执法中及时移送涉嫌犯罪案件的意见》中的相关规定作了修改。具体包括两个方面：（1）放宽了涉嫌犯罪线索通报的前提条件，有助于改善线索通报的适用状况。此次修订把线索通报的前提条件规定为“违法行为明显涉嫌犯罪”，删除了原规定中关于证据条件和妨碍办案两个条件的限制，从而理顺了涉嫌犯罪线索和涉嫌犯罪案件之间的关系。对于行政执法机关来说，在执法过程中只需要根据已经发现的事实和证据从主观判断属于“涉嫌犯罪”即可。当然，已经查明、发现的证据是否能够证明涉嫌犯罪并不影响线索通报。同时，行政执法机关只需要判断违法行为明显涉嫌犯罪即可，不需要具体判断是否影响证据搜集的情形存在。换言之，即便没有影响案件办理的客观障碍，但若根据现场情形可以判断违法行为涉嫌犯罪，就可以将涉嫌犯罪线索通报公安机关。以此来看，上述规定极大地放宽了行政执法部门向公安机关通报涉嫌犯罪线索的情形。（2）确立了“应当”型的通报程序和介入制度，有助于强化线索通报的适用效果。为了改变实践中行政执法部门和公安机关在线索通报问题协作不畅的局面，该规定明确要求行政执法机关应当及时向公安机关通报涉嫌犯罪线索，公安机关应当在接到通报后立即派人进行调查，从而建立了强制性的线索通报和提前介入规则，避免两部门间因部门利益等进行选择性执法。不过，从实践效果来看，上述规定固然在形式上解决了《关于在行政执法中及时移送涉嫌犯罪案件的意见》所存在的问题，但对线索通报的前提条件规定的过于宽松。涉嫌犯罪线索通报和提前介入机制是借助公安机关有限的刑事侦查权确保涉嫌犯罪案件线索移送审查以后侦查活动的顺利开展，确保证据能够得到及时收集和保存，因此，涉嫌犯罪线索移送的范围不宜过宽，否则就会导致该机制的功能难以实现。更重要的是，如果不对涉嫌犯罪线索移送作出适当限制，就可能使行政执法机关过早地将正在查办的行政违法案件以发现犯罪线索为由移送公安机关，导致后者承受过多的工作负担。这里需要说明的是，行政执法部门移送涉嫌犯罪线索和社会公众向公安机关提供涉嫌犯罪线索应当有所区别。就前者而言，虽然案件中存在涉嫌犯罪线索，但根据现有的证据情况仍然属于行政违法案件，管辖权仍然属于行政执法部门，倘若不考虑行政执法机关的职责权限而过于强调移送，就会导致刑事侦查权对行政执法权的侵犯。后者则与之不同，社会公众对于涉嫌犯罪线索等不具有调查权等权力，发现犯罪线索向公安机关举报是公民的一项法定权利，公安机关对此不得进行选择性接受甚至推诿。基于此，笔者认为，对于涉嫌犯罪线索的移送条件不宜限定“违法行为明显涉嫌犯罪”这一宽泛的条件，而应当考虑到行政权与侦查权的平衡以及线索移送制度的基本目标而进行合理的设定。

遗憾的是，针对上述问题，《办理食品药品行政执法与刑事司法衔接工作办法》没有作出进一步的修改。其第27条直接吸收了《关于加强行政执法与刑事司法衔接工作的意见》的相关条文，规定“食品药品监管部门在日常工作中发现属于《中华人民共和国食品安全法》《中华人民共和国药品管理法》规定的明显涉嫌犯罪的案件线索，应当立即以书面形式向同级公安机关通报。公安机关应当及时进行审查，必要时可以进行初查。初查过程中，公安机关可以依法采取询问、查询、勘验、鉴定和调取证据材料等不限制被调查对象人身、财产权利的措施。对符合立案条件的，公安机关应当及时依法立案侦查”。该规定虽然没有进一步细化行政执法机关移送涉嫌犯罪线索的条件，但是对于线索通过的形式、效力等作出了具体规定。(1)《工作办法》确立了书面通报为原则，口头通报为例外的涉嫌犯罪线索通报规则。关于食品药品行政执法机关应当以何种形式向公安机关通报，此次规范明确要求，在日常工作中发现明显涉嫌犯罪的案件线索后，应当立即以书面形式向同级公安机关通报。当然，从实践来看，行政执法人员在执法过程中发现有关证据面临毁损、转移等紧急情况下，也可以以口头形式向公安机关通报。(2)《工作办法》明确了线索通报程序的法定效力。即对于食品药品监管部门通报的涉嫌犯罪线索，公安机关应当及时进行审查。在案件线索审查中，公安机关发现线索不明的，必要时可以进行初查。初查过程中，公安机关可以采取询问、查询、勘验、鉴定和调取证据材料等措施。经过初查，对符合立案条件的，公安机关应当依法立案侦查。从内容上来看，关于线索通报程序的有关效力规定援引了《公安机关办理刑事案件程序规定》中的有关条文，但这里并非简单的重复性规定，而是通过这些条款突出强调了公安机关在受理食品药品监管部门移送的涉嫌犯罪线索以后的法定职责，以免公安机关混淆接受后者线索移送和社会公众提供犯罪线索后的处理程序。

（二）食品药品与知识产权犯罪案件中公安机关提前介入规则的实践分析

自《工作办法》实施以来，笔者对其适用状况进行了多次调研。在调研中发现，涉嫌犯罪线索移送和公安机关提前介入机制并没有得到明显改善。其主要原因就在于“违法行为明显涉嫌犯罪”的条件过于宽泛；而这种宽泛性也意味着涉嫌犯罪线索移送标准不够明确，最终影响线索移送的效率。

基于此，结合笔者参与实践调研的情况，可以从以下两个层次把握食品药品安全与知识产权保护部门向公安机关移送涉嫌犯罪线索的条件：（1）前提条件是行政机关在执法过程中发现了行为人涉嫌犯罪的线索。既然是涉嫌犯罪的线索，便意味着不需要提供证明犯罪存在的客观证据，但涉嫌犯罪的判断标准与刑事追诉标准有关，在判断是否涉嫌危害食品安全犯罪时，需要考虑刑法典中相关犯罪的刑事追诉标准，如刑法第140条生产、销售伪劣产品罪，第143条生产、销售不符合安全标准的食品罪和第144条生产、销售有毒、有害食品罪的追诉标准。同时，这些追诉标准主要涉及货值金额、销售金额、涉案食品可能掺入的非食品原料的性质及其可能引发的危险状态，所以涉嫌犯罪的线索主要是指现场查获的涉案货值金额或者案件其他情节明显达到刑事责任追诉标准。换言之，只要存在后者的情形，就能够认定发现了涉嫌犯罪的线索。当然，如果有证据证明了货值金额、销售金额等确实符合追诉标准，就属于有证据表明涉嫌犯罪的案件而非线索。比如，2015年1月，某市公安局食品安全犯罪侦查部门接到该市食品药品稽查部门移交线索，刘某在城区销售阿胶，其销售价格比正常市场销售价格低20%左右，怀疑其销售的阿胶为假。公安民警接到线索以后经初查发现刘某销售的阿胶系药字号“东阿”牌阿胶，属于销售假药行为。在本案中，食品药品监管部门发现刘某的可疑行为以后，没有进一步去核实其销售的阿胶是否涉嫌犯罪，而是将其直接移交公安机关。此种情形就属于典型的涉嫌犯罪的线索——没有确实证据证明涉案食品涉嫌犯罪。（2）实质条件是违法相对人可能逃匿、串供，或者实施转移、隐匿、销毁证据等影响案件查办的行为。如前所述，食品药品监管部门发现涉嫌犯罪的线索，不一定都需要移交给公安机关审查办理，而是由前者在查办行政违法案件时对线索进行核实和确认，因此，必须限定行政执法部门向公安机关移送涉嫌犯罪线索的范围。在笔者看来，我们应当将线索移送的范围限定在违法相对人可能逃匿、串供，或者实施转移、隐匿、销毁证据等情形。在这种情形下，单纯依靠行政执法机关，不能对相对人进行有效控制，也难以有效地收集、保全、固定证据，妨碍线索核实与案件侦办。如果公安机关不提前介入对涉嫌犯罪线索进行审查、初查，就可能导致涉嫌犯罪的事实无法查实。

当然，由于行政执法机关移送涉嫌犯罪线索与公安机关提前介入的情形没有必然联系，因此，上述对于涉嫌犯罪线索的条件分析不同于公安机关提起介入食品药品行政执法部门执法活动的条件。从实践来看，后者的范围要大得多，除了涉嫌犯罪线索移送的场合，还可以在以下情形中商请公安机关提前介入：（1）可能产生重大影响或疑难复杂的涉嫌犯罪案件；（2）上级机关交办或督办的具有较大社会影响的案件；（3）食品药品监管部门与公安机关联合执法过程中发现的案件。

二、涉嫌犯罪案件移送机制

（一）关于涉嫌犯罪案件移送的规范评析

当前，关于行刑衔接问题规定的最为详尽的依然是国务院310号令。其中，第3条规定，“行政执法机关在依法查处违法行为过程中，发现违法事实涉及的金额、违法事实的情节、违法事实造成的后果等，根据刑法关于破坏社会主义市场经济秩序罪、妨害社会管理秩序罪等罪的规定和最高人民法院、最高人民检察院关于破坏社会主义市场经济秩序罪、妨害社会管理秩序罪等罪的司法解释以及最高人民检察院、公安部关于经济犯罪案件的追诉标准等规定，涉嫌构成犯罪，依法需要追究刑事责任的，必须依照本规定向公安机关移送”。根据该规定，行政机关向公安机关移送的案件，应当符合以下基本的条件：首先，行政机关在查办案件的过程中，发现违法事实涉及的金额、违法事实的情节、违法事实造成的后果等符合该类犯罪案件的追诉标准；其次，根据追诉标准的对比判断，这些案件的行为人涉嫌犯罪，需要追究刑事责任。由于我国刑法典中对破坏社会主义市场经济秩序罪、妨害社会管理秩序罪乃至一些危害公共安全犯罪都规定的概括性的入罪标准，追诉标准不明确，因此，最高人民检察院、公安部等根据各类案件的特殊情况又发布个罪的具体入罪标准。通过分析可以发现，这些立案追诉标准以涉案物品的案值、行为情节、行为结果、社会影响等因素为主要依据。即都是通过对客观事实的具体描述来确定个罪的追诉标准。一般情况下，符合追诉标准的案件基本上都可以认定为涉嫌犯罪，并需要追究刑事责任，应当予以移送；但也不能排除特殊情况下，不法行为虽然在客观上符合了追诉标准但因为一些特殊情况等不宜认定为犯罪，或者虽涉嫌犯罪，但不需要追究刑事责任。这些案件在危害食品安全犯罪案件查办过程中都会出现。例如，少量食品被掺入了有毒、有害的非食品原料，或者生产、销售不符合安全标准的食品的数量、金额较低，情节显著轻微，等等。但是，从规范性文件的普遍性特征来看，本条规定确定了一个最基本原则，即涉嫌犯罪案件的判断标准是以客观事实为对象确认是否符合个罪的追诉标准。国务院 310 号令第 8 条进一步明确公安机关对于移送案件是否应予立案的审查与判断。“公安机关应当自接受行政执法机关移送的涉嫌犯罪案件之日起 3 日内，依照刑法、刑事诉讼法以及最高人民法院、最高人民检察院关于立案标准和公安部关于公安机关办理刑事案件程序的规定，对所移送的案件进行审查。认为有犯罪事实，需要追究刑事责任，依法决定立案的，应当书面通知移送案件的行政执法机关；认为没有犯罪事实，或者犯罪事实显著轻微，不需要追究刑事责任，依法不予立案的，应当说明理由，并书面通知移送案件的行政执法机关，相应退回案卷材料。”从该规定可以看出，公安机关判断是否应予立案的标准，就是根据个罪的立案标准即追诉标准来认定的。在符合追诉标准的基础上，如果有犯罪事实、需要追究刑事责任且符合管辖条件的，应当立案。

除此以外，《公安刑事程序规定》和最高人民检察院、全国整顿和规范市场经济秩序领导小组办公室、公安部、原监察部《关于在行政执法中及时移送涉嫌犯罪案件的意见》等规范性文件也都对行刑衔接中的相关问题作了具体规定。[①]可以说，现行规范大多只是对食品药品监管部门移送涉嫌犯罪案件的标准做了初步规定，难以满足司法实践要求。其原因在于“这一规定只是笼统规定了涉嫌构成犯罪的案件应当移送，但具体移送标准没有明确，现实操作性不强”。[②]为此，《工作办法》第5条对此进行了明确规定，食品药品监管部门向公安机关移送的案件，应当符合下列条件：一是实施行政执法的主体与程序合法；二是有证据证明涉嫌犯罪事实发生。基于此，下文将结合该条款对涉嫌犯罪案件移送的有关内容做进一步分析。

（二）涉嫌犯罪案件移送的条件

从执法实践来看，食品药品安全与知识产权保护领域行刑衔接机制的运行状况不尽如人意，出现了有案不移、有案难移、以罚代刑等诸多问题，严重影响犯罪治理的力度。究其原因，行政执法过程中法律监督不到位，执法部门对案件移送的标准和要求认识不同，行刑衔接的保障、协调制度不完善等，都严重影响了衔接机制的运行效果。因此，打破执法机关权力运行的封闭性，强化对行政机关移送涉嫌犯罪案件的法律监督，明确案件移送的标准已成为推动行刑衔接机制顺畅运行亟需解决的重要问题。基于此，《工作办法》第5条开宗明义，在强调食品药品监管部门向公安机关依法移送涉嫌犯罪案件的基础上，明确要求食品药

---

① 除了这些文件以外，《关于加强行政执法与刑事司法衔接工作的意见》《药品监督行政处罚程序规定》《关于做好药品涉嫌犯罪案件移送有关工作的通知》等都对行刑衔接问题作了相关的规定。

② 张永伟、刘志芳、马哲：《食品安全涉嫌犯罪案件移送问题与对策》，载《中国食品卫生杂志》2009年第3期。

品监管部门应当将案件移送的情况抄送人民检察院，使检察机关能够及时了解行政执法机关案件查办的具体情况，并对案件移送情况和公安机关的案件受理情况进行法律监督。此外，由于刑事诉讼法等其他法律、法规中只是规定移送的对象是涉嫌犯罪且需要追究刑事责任的案件，没有明确涉嫌犯罪以及需要追究刑事责任的判断标准，致使公安机关和食品药品监管部门在案件移送标准上存在一些分歧，甚至导致案件难以移送。针对实践中案件移送标准不明的问题，本条款从形式和实体两个层面明确规定了案件移送的条件，对于统一执法标准、强化执法意识具有重要意义。

1. 涉嫌犯罪案件移送的形式条件

这里的形式条件，主要是指实施行政执法的主体与程序合法。食品药品监管与知识产权保护部门在行政执法过程中发现涉嫌犯罪的案件，需要追究刑事责任，应当将其移送公安机关。但在认定违法行为是否涉嫌犯罪时所依据的正是行政机关在执法过程中发现证据材料和查明的事实。一般来说，行政执法的合法性包括行政主体的合法性、行政执法内容的合法性和执法程序的合法性，对认定案件性质来说具有重要作用。因此，作为案件移送的基础条件的行政执法行为必须满足主体合法性、内容合法性和程序合法性三方面的要求。主体合法性，是指执法者必须是行政执法组织的工作人员或者经法律授权、委托的机构或者组织的人员，具有相应的执法资格和执法权限；内容合法性，是指通过依法规范、搜集证据，准确认定案件事实和适用法律；程序合法性，是指执法活动必须在法定权限内按照法定步骤、规则、时限等进行。之所以要求案件移送要满足主体和程序的合法性要素，是因为没有法定依据或者不遵守法定程序作出的行政行为，不仅可能会导致行政处罚无效，而且会导致证据非法而可能被排除。这样一来，就难以认定相关案件是否“涉嫌犯罪”，移送的前提条件也可能随之丧失。因此，在案件移送过程中必须要求行政执法主体与程序的合法。不过，程序的合法性，并不意味着食品药品监管部门的执法活动不能存在任何程序上的瑕疵。在法律上，与程序的非法性不同，程序上的轻微瑕疵，如轻微的程序违法、没有对行政相对人的实体权益造成侵害的程序违法并不足以否定程序的合法性，可以通过瑕疵程序的补正规则进行解释，如果能够得到合理的解释、说明，就不会影响执法活动的合法性和案件移送。

2. 涉嫌犯罪案件移送的实质条件

案件移送的实质条件实质是“有证据证明有犯罪事实发生”。对此，我们可以从以下两个层面理解。

其一，此处的犯罪事实主要是指能够证明涉嫌存在犯罪行为的事实，包括了定罪事实和量刑事实，如违法行为涉及的金额、违法事实的具体情节（如次数、时间、人数等）、违法行为造成的危害后果等。当然，犯罪事实的认定不是随意的，而是需要有证据予以证实。对此，需要注意两个方面的问题：一方面，涉嫌犯罪的案件与案件线索之间存在差异。这一点，前文已有介绍，在此不再赘述。因此，食品药品监管部门与知识产权保护部门移送涉嫌犯罪的案件，不能仅仅停留在线索的层面上，需要通过鉴定意见、调查笔录、现场检查笔录等证据材料证实已经发生涉嫌犯罪案件。另一方面，证明涉嫌犯罪事实发生的证据不需要达到确实、充分的程度。这里“有证据证明”的证明要求不能太高，只需要达到证明符合犯罪案件的追诉标准即可。理论上来说，这里的证明标准可以低于刑事案件的立案标准，因为在受案以后，公安机关可以通过初查进一步查明案件事实，以确认是否有犯罪事实发生并需要追究刑事责任，但实践中办案部门往往将案件移送时的证据标准等同于刑事立案的证据标准。虽然大多数的案件与这种标准的混同并不影响案件移送，但在个别案件中不能排除行政执法部门所搜集证据难以满足立案要求，但确有发生犯罪行为的可能性，此时，公安机关应当根据案件的具体情况酌情作出处理。

其二，这里的犯罪事实只能是客观事实，而不是犯罪成立所要求的主客观相统一的事实。以危害食品安全犯罪案件为例，从调研情况来看，食品药品监管部门和公安机关对“有证据证明有危害食品安全的犯罪事实发生”中是否包括主观事实存在争议。一些地方的公安机关认为，有证据证明犯罪事实应当是主客观相统一的犯罪事实，这是刑法关于犯罪认定的必然要求；但食品药品监管部门认为，在向公安机关移交涉嫌犯罪案件时，只需要证明有客观的犯罪事实即可，不需要证明犯罪嫌疑人主观过错的内容。笔者认为，作为移送条件的“有证据证明有危害食品安全的犯罪事实发生”仅限于客观事实，即包括了犯罪行为、危害结果的犯罪客观方面的事实和以犯罪对象为核心的法益受侵害的事实，不包括证明行为人过错程度的主观事实。从行刑衔接的规范性文件来看，作为案件移送条件的“有证据证明有危害食品安全的犯罪事实发生”应该是客观事实。如前所述，国务院 310 号令对涉嫌犯罪事实认定标准的规定已经明确了这一点，即涉嫌犯罪事实所涵盖的涉及金额、情节、后果的违法事实等标准都属于对不法行为危害性的客观表述，没有提到表明行为人人身危险性和主观恶性的主观方面内容。

当然，作为案件移送条件的“有证据证明有犯罪事实发生”是客观事实而不包括主观内容，不意味着行政执法机关在移送涉嫌犯罪案件时不查找证明行为人主观过错的证据，更不能将已经发现的表明行为人主观上具有过错的证据不移交公安机关。食品药品监管与知识产权部门在查办违法行为时，不仅要搜集表明违法相对人不法行为性质和客观危害后果等证据，而且应当收集行为人主观过错的证据，以准确评价行为人行为的社会危害性。当然，如果有关部门确实无法查明不法行为人主观过错的证据，依然应当把案件移交公安机关，因为公安机关可以通过更多的客观证据来印证行为人主观过错的形式和程度。但是若能够收集到证据证明行为人主观过错事实，则必须随案一起移送公安机关，作为公安机关判断是否涉嫌犯罪以及立案后确定侦查方向的依据。

（三）涉嫌犯罪案件移送的标准

一般来说，移送标准和立案标准是泾渭分明的两个概念。移送标准是行政机关在办理行政违法案件中发现行为人涉嫌犯罪时将案件移交给公安机关的规范尺度。而这里的立案标准则是指公安机关在受理案件以后应当立案的规范尺度。因此，移送标准和立案标准分处案件受理环节的两端，一个启动了案件受理，使公安机关对案件进行初查，另一个则终结了案件受理，公安机关开始案件进行侦查。虽然在逻辑上这是非常清楚的，但在具体案件办理中却存在诸多问题，主要是移送标准与移送条件的关系问题。

移送标准，只是行政机关在向公安机关移送具体案件过程中必须达到的最低标准。根据上文所述，这个移送标准即是指“有证据证明有犯罪事实发生”，而具体的判断依据则是相关规范性文件中规定各类案件的最低立案追诉标准。那么是否满足这个移送标准时，公安机关就应当接受此类案件的移送呢？在笔者看来，判断是否符合移送标准只是公安机关确定是否接受案件的因素之一，除此之外，行刑衔接中的案件移送还应该满足其他条件，即应当区分开移送标准和移送条件。

首先，移送标准是实体性标准，不能满足现代刑事诉讼程序的全部要求。从有关部门发布的立案追诉标准可以看出，其所涉内容包括案件的货值、销售金额、行为手段以及伤亡状况等。有关部门据此所提供的这些标准只是证明有犯罪事实发生的实体性内容，而与证据采集的合法性等没有任何关系。但是现代刑事诉讼程序将程序正义和实体正义置于同等重要的地位，证据搜集方式、手段以及主体的合法性问题都决定了程序的正当性。在刑事诉讼法明确规定了行政证据和刑事证据可以转化的情况下，行政证据搜集的合法性问题直接决定了转化为刑事证据以后后者的证明力问题。倘若前者来源不合法，势必影响刑事证据的合法性。因此，在移送条件中，基于现代刑事诉讼程序的严格要求，应当明确行政机关证据搜集程序应当合法的要求。

其次，移送标准是结果性标准，不能体现现代行政执法合法的全部内容。在案件移送时，行政机关应当提供证据证明案件符合移送要求，但这些证据表明移送标准的证据更多是证明不法行为所造成的危害结果。具体行政行为的合法性包括了行为主体合法、内容合法、程序合法和形式合法；围绕移送标准所进行的证据审查，只能判断其结果是否符合立案标准，证据表现形式是否合法，内容是否具有充分的证明力，无法体现行政执法主体的合法性和程序的合法性。如果在案件移送过程中置后者于不顾，一方面无法确定在行政主体和程序违法的情况下证据的真实性、客观性、关联性；另一方面一旦行政主体和程序违法必然导致证据的合法性受到质疑，而这些可能面临非法排除的证据无法为刑事诉讼提供有效的支撑，也会最终影响案件的质量。因此，基于行刑衔接中行政执法合法性的基础性地位，应当对移送条件规定的宽泛一些。

（四）涉嫌犯罪案件移送材料

国务院 310 号令第 5 条、第 6 条明确了行政机关向公安机关移送涉嫌犯罪的案件材料的时间以及移送材料的范围。这一规定也为检察机关对案件移送与受理进行监督提供了保证。根据《工作办法》第 7 条规定，“食品药品监管部门向公安机关移送涉嫌犯罪案件，应当附有下列材料：（一）涉嫌犯罪案件的移送书；（二）涉嫌犯罪案件情况的调查报告；（三）涉案物品清单；（四）有关检验报告或者鉴定意见；（五）其他有关涉嫌犯罪的材料”。分析上述规定可以发现，五个方面的材料不仅包含了证明移送案件符合移送标准的材料，而且还包括了证明行为主体资格，执法程序及过程，证据来源、固定、鉴定、保存等多个方面的证明材料。因此，证据标准只是案件移送过程中应当遵循的条件之一，食品药品监管部门还应当提交证明移送主体资格合法、执法程序合法的相关证据。此外，本条款规定了案件材料移送的程序、范围以及明确了食品药品监管部门的配合义务。首先，本条款明确了案件移送材料移送的时间。为了强化行政执法与刑事司法衔接机制的顺利进行，保障公安机关能够及时受理并审查案件，食品药品监管部门应当自作出向公安机关移送涉嫌犯罪案件的决定之日起 24 小时内移交案件材料。其次，食品药品监管部门应将案件移送书抄送同级人民检察院。这是对本《工作办法》第 5 条规定的具体化。其实，行刑衔接中移送材料的法定性也对移送条件提出了更高的要求。

行政机关随案移送材料，不仅要向公安机关证明其查处的行政违法案件涉嫌犯罪，而且要向公安机关表明其对违法行为处理的具体情况。据此，食品药品监管与知识产权保护部门随案移送材料的范围就需要考虑涉嫌犯罪这一客观事实的证明以及行政程序的运行状况。当然，考虑到行政主体及程序的合法性是行政机关移送涉嫌犯罪案件的条件之一，因此，移送的案件材料中应当能够表明行政主体及程序的合法性问题。具体而言，笔者认为，涉嫌犯罪案件材料的范围的确定需要考虑两个方面的问题：（1）涉嫌犯罪判断标准的客观性。如前文所述，所谓涉嫌犯罪的事实，应当指的是犯罪构成中的客观事实，不包括主观过错内容。因此，移送涉嫌犯罪案件的材料中，行政执法部门只需要移送可以证明所查办的案件涉嫌犯罪即可。但需要注意的是，由于此类犯罪属于故意犯罪，犯罪成立需要证明行为人主观上对不法行为具有明确的认识即“明知”，公安机关往往会提出要求行政执法机关移送能够证明行为人主观明知的证据。对此，如果行为人在笔录中明确承认对不法行为有明知，此类案件应当随案移送；但如果行为人明确否认对不法行为存在明知，也不影响案件移送，公安机关不能因缺少明知的材料而认定其材料不全。（2）涉嫌犯罪判断标准的法定性。判断某个案件是否涉嫌犯罪，必须遵循刑法及相关司法解释等规范性文件规定的犯罪构成要件和刑事追诉标准。因此，移送涉嫌犯罪的材料中证明案件涉嫌犯罪的证据只需要围绕追诉标准以及犯罪事实和行政违法行为之间的关系来判断即可。任何忽视刑法等规范性文件而要求提供与刑事追诉标准等涉嫌犯罪证据无关的材料都是不合理的。比如，在生产、销售有毒、有害食品案件中，其犯罪构成的客观特征是生产者、销售者违反国家食品安全管理法规，故意在生产、销售的食品中掺入有毒、有害的非食品原料，或者销售明知掺有有毒、有害的非食品原料的食品的行为。因此，食品药品监管部门要证明查办行政违法案件涉嫌生产、销售有毒、有害食品犯罪，其关键证据是提供能够证明食品中掺入了有毒、有害的非食品原料的材料，而不需要提供证明涉案食品属于有毒、有害食品的证据材料。因为后者不属于生产、销售有毒、有害食品罪犯罪构成要件的客观要素，也不是此类案件刑事追诉标准的内容。如果公安机关要求食品药品监管部门提供后一类证据材料来确定移送的案件涉嫌犯罪，这一要求不仅不合理，也是违反刑法规定的。

基于上述分析，考虑到实践中关于涉嫌犯罪案件移送的材料争议比较大，因此，笔者将根据前述要求，就食品药品监管部门向公安机关移送涉嫌生产、销售不符合安全标准的食品犯罪和生产、销售有毒、有害食品犯罪案件时应当附有的材料做如下分析。需要说明的是，由于有关规范性文件中对于移送涉嫌犯罪案件的移送书、涉嫌犯罪案件情况的调查报告、涉案物品清单以及有关检验报告或者鉴定意见等材料并无异议。因此，这里主要围绕着上述材料之外的“其他涉嫌犯罪的材料”来进行分析。

1. 食品药品部门移送涉嫌生产、销售有毒、有害食品犯罪案件应当附有的材料

生产、销售有毒、有害食品罪是指生产者、销售者违反国家食品安全管理法规，故意在生产、销售的食品中掺入有毒、有害的非食品原料的，或者销售明知掺有有毒、有害的非食品原料的食品的行为。根据刑法第 144 条规定，其涉嫌犯罪案件的立案标准是，在生产、销售的食品中掺入有毒、有害的非食品原料的，或者销售明知掺有有毒、有害的非食品原料的食品。据此，行政执法机关应当移送的证据类材料主要是：

一是食品药品监管部门应当移送的行政证据材料。其包括：证明行政违法相对人主体身份、人数等证据。证明行政违法相对人实施生产、销售有毒、有害食品行为的证据。如证明生产、加工人员在生产、加工食品过程中掺入有毒、有害非食品原料行为的证据；证明销售者在销售的食品中掺入有毒、有害非食品原料的证据，或者销售掺有有毒、有害非食品原料的证据。证明餐饮服务提供者在销售的餐饮中掺有有毒、有害非食品原料的证据，等等。证明行政违法相对人没有依法履行相应的食品安全生产、加工、销售、餐饮服务等生产经营过程控制等法定义务的其他证据，如食品生产经营者进货查验记录、食品出厂检验记录凭证等证据，餐饮服务提供者原料控制、食品安全管理规范证据，等等。证明行政违法相对人违法行为客观危害性程度的证据。如实施违法行为时间、时长、地点，涉案食品种类、销售范围，涉案食品的货值金额、销售金额，涉案食品的数量，非食品原料的种类、含量，出现食物中毒事故以及食源性疾病等后果的。证明危害后果状况的证据，等等。证明行政违法相对人在涉案食品中非法掺入的非食品原料的检验报告。

二是食品药品监管部门应当移送证明该案件涉嫌犯罪的证据材料。除了行政执法机关依法搜集到的上述证据，应当按照法定形式、程序随案移送之外，还应当根据不同案件移送以下能够证明非食品原料具有毒害性的证据材料：对于向供人食用的动物非法使用“瘦肉精”等禁止在饲料和动物饮用水中使用的药品或者含有该类药品的饲料的案件，应当提供涉案食品中含有“瘦肉精”的检验报告；对于利用“地沟油”生产、销售“食用油”的，应当提供涉案非食品原料的检验报告，以及属于“地沟油”的认定意见；对于涉案的非食品原料，属于“法律、法规禁止在食品生产、经营过程中添加、使用的物质”，或者属于“国务院有关部门公布的《食品中可能违法添加的非食用物质名单》《保健食品中可能非法添加的物质名单》上的物质”，或者属于“国务院有关部门公告禁止使用的农药、兽药以及其他有毒、有害物质”，应当提供涉案食品中掺有上述非食品原料的检验报告；对于不属于上述前三项类型的非食品原料，且难以确定是否属于“有毒、有害的非食品原料的”，行政执法机关应该提供检验报告以及能够认定涉案非食品原料属于“有毒、有害非食品原料”的专家意见。

2. 食品药品监管部门移送涉嫌生产、销售不符合安全标准的食品犯罪案件应当附有的材料

生产、销售不符合安全标准的食品罪是指生产、销售不符合食品安全标准的食品，足以造成严重食物中毒事故或者其他严重食源性疾病的行为。根据刑法第143条及立案追诉标准规定，生产、销售不符合食品安全标准的食品，涉嫌下列情形之一的，应予立案追诉：（1）食品含有严重超出标准限量的致病性微生物、农药残留、兽药残留、重金属、污染物质以及其他危害人体健康的物质的；（2）属于病死、死因不明或者检验检疫不合格的畜、禽、兽、水产动物及其肉类、肉类制品的；（3）属于国家为防控疾病等特殊需要明令禁止生产、销售的食品的；（4）婴幼儿食品中生长发育所需营养成分严重不符合食品安全标准的；（5）其他足以造成严重食物中毒事故或者严重食源性疾病的情形。在食品加工、销售、运输、贮存等过程中，违反食品安全标准，超限量或者超范围滥用食品添加剂，足以造成严重食物中毒事故或者其他严重食源性疾病的，应予立案追诉。在食用农产品种植、养殖、销售、运输、贮存等过程中，违反食品安全标准，超限量或者超范围滥用添加剂、农药、兽药等，足以造成严重食物中毒事故或者其他严重食源性疾病的，应予立案追诉。据此，食品药品监管部门应当移送的证据类材料主要是：

一是食品药品监管部门应当移送的行政证据材料。这部分材料与生产、销售有毒、有害食品犯罪基本相同，但其证明的核心是涉案食品属于不符合食品安全标准的食品。其主要包括：证明行政违法相对人主体身份、人数等证据。证明行政违法相对人实施生产、销售不符合食品安全标准行为的证据。证明行政违法相对人没有依法履行相应的食品安全生产、加工、销售、餐饮服务等生产经营过程控制等法定义务的其他证据。证明行政违法相对人违法行为客观危害性程度的证据。证明行政违法相对人在涉案食品中非法掺入的非食品原料的检验报告。

二是食品药品监管部门应当移送证明该案件涉嫌犯罪的证据材料。除了行政执法机关依法搜集到的上述证据，应当按照法定形式、程序随案移送之外，还应当根据不同案件移送以下能够证明涉案食品足以造成严重食物中毒事故或者其他严重食源性疾病的证据材料：食品中的致病性微生物、农药残留、兽药残留、重金属、污染物质以及其他危害人体健康的物质严重超出国家限量标准的检验报告和认定意见；畜、禽、兽、水产动物及其肉类、肉类制品属于病死、死因不明或者检验检疫不合格的检验报告；涉案食品属于国家为防控疾病等特殊需要明令禁止生产、销售的食品的检验报告；涉案的婴幼儿食品中生长发育所需营养成分严重不符合食品安全标准的检验报告、认定意见。对于这四类之外的其他不符合食品安全标准的案件，需要提交证据证明足以造成严重食物中毒事故或者其他严重食源性疾病的鉴定意见或者专家意见。难以确定该危险状态的，行政执法机关应该提供检验报告以及能够认定涉案食品会造成上述危险状态的专家意见。

第十二章
危害食品药品安全与侵犯知识产权犯罪案件的证据移送

在食品药品监管与知识产权保护部门向公安机关移送涉嫌犯罪案件时，用来证明涉嫌犯罪的证据材料都是按照行政执法规范依法收集。这些行政证据能否在刑事诉讼过程中作为证明不法行为的依据，抑或只是公安机关查办犯罪行为的线索，在实践中并非毫无争议。尤其是在食品安全领域，不符合安全标准食品的行政认定意见如何与刑事司法所需要的犯罪证据统一起来，形成犯罪治理的合力，成为行刑衔接中不容回避而又亟待解决的问题。毕竟，没有证据的充分支持，就难以认定犯罪事实，更不用说对犯罪人适用有效的刑罚处置。因此，如果说涉嫌犯罪案件（线索）是移送时行刑衔接机制的核心制度，那么证据制度则是行刑衔接机制能够顺利运行的根本保障。

一、行刑衔接机制中的证据转化问题

（一）行刑衔接机制中证据转化的基本问题

1. 行政证据与刑事证据的相同点

不管是行政证据，还是刑事证据，两者都具有证据的属性，这是两种证据可以转化的基础。在笔者看来，行政证据与刑事证据的主要相同点就是证据的属性相同，都具有合法性、客观性和关联性的特点，都是用来证明案件事实的载体（材料）。证据合法性，是指证据必须具备法定形式，由法定的主体依照法定的程序收集和运用；证据的客观性，是指证据事实应当是在案件发生发展的过程中遗留下来的，不以人的意志为转移的客观事实；证据的关联性，是指证据必须与案件事实存在实质性的联系，从而对证明案情具有一定的作用。不管是行政证据，还是刑事证据，作为证据的不同类别，都必须符合上述特点才能证明案件事实。因此，行政执法部门和刑事司法部门对于行政证据和刑事证据进行判断、审查的主要内容也往往是相同的。比如，在2002年7月颁布的《最高人民法院关于行政诉讼证据若干问题的规定》第55条规定，"法庭应当根据案件的具体情况，从以下方面审查证据的合法性：（一）证据是否符合法定形式；（二）证据的取得是否符合法律、法规、司法解释和规章的要求；（三）是否有影响证据效力的其他违法情形"。这就是对行政证据合法性审查的具体要求。在刑事诉讼中，取证主体的合法性、证据表现形式的合法性、取证手段的合法性，都是判断证据合法性的主要方面。如果司法机关一旦认定有关部门搜集的证据不符合合法性等条件，就应当否定这些材料的证据效力。可以说，正是由于行政证据与刑事证据具有这些相同的特点，才使证据转化成为可能。

2. 行政证据与刑事证据的不同点

行政证据与刑事证据的差异性是显而易见的，这不仅表现在行政属性与刑事属性的差异，而且在证据收集的主体、证据收集程序甚至证据法定类别上都有很大不同。这也使行政证据进入刑事诉讼程序中作为证据使用必须先行转化。（1）行政证据与刑事证据的收集主体和程序不同。行政证据是由行政机关部门及其执法人员依照法定行政程序收集、调取、制作的案件材料，而刑事证据则是由人民法院、人民检察院、公安机关及其工作人员依照法定程序收集、调取。由于行政证据的收集主体、程序不符合刑事证据合法性的要求，如果没有专门的证据转化规则对行政证据进入刑事诉讼程序进行规范，行政证据就不能作为证明刑事案件事实的证据。当然，这不是说行政证据没有任何用处，行政执法人员搜集的行政证据可以作为公安机关、检察机关等办理刑事案件、查明案件事实的资料或者线索。（2）行政证据与刑事证据的种类不同。根据2014年修订的《行政诉讼法》第33条的规定，行政（诉讼）证据的种类包括八类，分别是：书证；物证；视听资料；电子证据；证人证言；当事人的陈述；鉴定意见；勘验笔录、现场笔录。刑事证据则不同，虽然刑事诉讼法第48条也规定了八种法定类型，但种类分别是：物证；书证；证人证言；被害人陈述；犯罪嫌疑人、被告人供述和辩解；鉴定意见；勘验、检查、辨认、侦查实验等笔录；视听资料、电子数据。通过对比可以发现，作为行政证据的现场笔录在刑事证据中缺乏直接对应的类别，而刑事证据中的辨认、侦查实验等笔录在行政证据中也没有相应的证据形式。这样一来，只有建立规范的证据转化规则，才能确定行政证据与刑事证据可以相互转化的范围，从而提高证据使用的效率，保障行政相对人、犯罪嫌疑人、被告人的合法权益。

（二）行刑衔接机制中证据转化的具体方式

行政证据可以转化为刑事证据，在2012年新修订的刑事诉讼法中已得到确认，并以明文形式确定下来。第52条第2款规定："行政机关在行政执法和查办案件过程中收集的物证、书证、视听资料、电子数据等证据材料，在刑事诉讼中可以作为证据使用。"该条款不仅明确了行政证据可以在刑事诉讼中作为证据使用，而且明确了行政转化的范围，即行政机关收集的物证、书证、视听资料和电子数据等证据材料。该规定虽然较为清晰地列明证据转化的范围，但是"可以作为证据使用"以及"等证据材料"的表述却在理论和实践中引起了较大争议。在笔者看来，关于这两个问题，应当分别予以体系性理解：（1）"可以作为证据使用"表明立法者基本立场的同时也体现了对证据规范的尊重。一方面，原则上这四类证据都可以转化，无特殊情况不存在证据转化的例外，即“可以”表明了证据转化的原则性立场；另一方面，即便是这“四类证据”，能够进入刑事诉讼作为证据使用，也必须经过公安机关、检察机关等主体的审查与判断，确定符合证据合法性、真实性和关联性的要求。如果不符合这些条件，则“不可以”转化。（2）关于“等证据材料”的理解分歧。对于“等”字的理解，理论界有“等内等”与“等外等”等不同观点。所谓“等内等”，即可以在刑事诉讼中作为证据使用的只有物证、书证、视听资料以及电子证据这四种证据；而所谓“等外等”则指除了这四种证据外，还包括了其他相类似的证据种类。[①]对于上述两种不同的主张，笔者认为，从理论上来说，“等”字是否指向物证、书证、视听资料以及电子证据之外的其他证据，可以从这四种证据的特点予以分析，毕竟行政证据与刑事证据的转化是以证据特点为基础的。就此而言，勘验、检查笔录等证据能够在刑事诉讼中使用也是合理的。但是，我们也应当注意到刑事诉讼法在证据转化问题上的审慎之态。试想，如果这四种证据之外的其他证据也可以予以转化，那么立法者就会明确将其规定在条文之中，而不是以“等”这样模糊性的字眼进行表述以致引起歧义？所以“等内等”的观点也有一定道理。当然，如何理解上述这些理论分歧，终究取决于规范性文件的解释说明。所以最高司法机关、公安部等权威部门作出的解释为我们理解适用该条款提供了明确指南。

1. 规范性文件对《刑事诉讼法》第 52 条第 2 款的解释及述评

对于《刑事诉讼法》第 52 条第 2 款所引起的分歧，最高人民法院、最高人民检察院与公安部相继在规范性文件中作出了解释。从内容来看，《检察诉讼规则》不仅明确了物证、书证、视听资料、电子数据证据材料的转化程序，而且对“等证据材料”的内涵、转化规则作出了具体规范。整体来看，其包括两种类别：（1）直接转化类证据。该类行政证据不仅包括刑事诉讼法中规定的物证、书证、

① 练育强：《行政执法与刑事司法衔接中证据转化研究》，载《探索与争鸣》2017 年第 4 期。

视听资料、电子数据，而且扩大到鉴定意见、勘验、检查笔录，从而使“等”的内涵具体化。（2）禁止转化类证据。该类证据主要是指涉案人员供述或者相关人员的证言、陈述等言词证据。也就是说，这些证据刑事侦查部门原则上应该重新收集，只有符合法定的特定情形才可使用。通过比较发现，最高人民检察院在证据转化问题上比最高人民法院持开放态度，对刑事诉讼法作了更为宽泛的解释。[①]当然，这一解释也面临着学者的质疑。有学者认为，“最高人民检察院和公安部在这一点上显然操之过急，《刑事诉讼法》之所以这么规定也是希望通过实践来探索究竟哪些行政执法机关收集的证据可以在刑事诉讼中直接使用，在未经实践检验的情况下就匆忙出台具体操作标准，显然与《刑事诉讼法》的立法目的相悖”。[②]不管《检察诉讼规则》的规范是否合理，却在客观上表明了最高司法机关在这一问题上的分歧。然而，在食品安全领域，与食品药品监管部门搜集的行政证据能否转化为刑事证据关系较为密切的是公安机关，后者在这一问题上的态度对于食品安全领域行政证据与刑事证据的转化极为关键。对此，《公安刑事程序规定》第60条也作了规定，该条款规定：“公安机关接受或者依法调取的行政机

---

① 最高人民法院在《刑事诉讼法解释》第65条规定：“行政机关在行政执法和查办案件过程中收集的物证、书证、视听资料、电子数据等证据材料，在刑事诉讼中可以作为证据使用；经法庭查证属实，且收集程序符合有关法律、行政法规规定的，可以作为定案的根据。”从该规定来看，最高人民法院再次重申了《刑事诉讼法》的有关规定，没有对“等证据材料”的范围作出新的界定。然而，最高人民检察院在《检察诉讼规则》第64条第2款作出了不同的理解。其规定：“行政机关在行政执法和查办案件过程中收集的物证、书证、视听资料、电子数据证据材料，应当以该机关的名义移送，经人民检察院审查符合法定要求的，可以作为证据使用。行政机关在行政执法和查办案件过程中收集的鉴定意见、勘验、检查笔录，经人民检察院审查符合法定要求的，可以作为证据使用。人民检察院办理直接受理立案侦查的案件，对于有关机关在行政执法和查办案件过程中收集的涉案人员供述或者相关人员的证言、陈述，应当重新收集；确有证据证实涉案人员或者相关人员因路途遥远、死亡、失踪或者丧失作证能力，无法重新收集，但供述、证言或者陈述的来源、收集程序合法，并有其他证据相印证，经人民检察院审查符合法定要求的，可以作为证据使用。”

② 练育强：《行政执法与刑事司法衔接中证据转化研究》，载《探索与争鸣》2017年第4期。

关在行政执法和查办案件过程中收集的物证、书证、视听资料、电子数据、检验报告、鉴定意见、勘验笔录、检查笔录等证据材料，可以作为证据使用。”显然，与最高司法机关的解释规范相比，《公安刑事程序规定》具有以下特点：（1）进一步扩大了可以直接转化的证据的范围，在《检察诉讼规则》七类证据外增加了检验报告作为可以直接转化的证据类型。这对于危害食品安全案件办理来说具有重要价值。因为与其他案件相比，危害食品安全案件中大量的案件事实需要通过证据检验报告来予以证明，比如，食品违规添加成分的含量等。（2）对于言词证据的转化没有作出规定。但从实践来看，公安机关一般情况下不会将食品药品监管部门移送的言词证据作为刑事证据使用，后者对此不存在太多争议。

针对危害食品药品安全案件办理中证据问题的特殊性以及工作机制的针对性，《工作办法》第 18 条援引了《公安机关程序规定》的有关条款，规定“食品药品监管部门在行政执法和查办案件过程中依法收集的物证、书证、视听资料、电子数据、检验报告、鉴定意见、勘验笔录、检查笔录等证据材料，经公安机关、人民检察院审查，人民法院庭审质证确认，可以作为证据使用”。由于该规范是公安机关、最高人民检察院、最高人民法院与国家食品药品监督管理总局联合会签的，因此，上述证据转化规则在食品安全领域具有特殊效力。换言之，即便该规定与最高人民法院、最高人民检察院的规范性文件有所差异，但不能否认其规范性文件的效力。不过，在实施过程中，各地办案机关结合办案实际在《工作办法》地方性实施细则中对证据转化规则作了不同处理。如《河北实施细则》沿袭了《工作办法》的原有规定，《上海实施细则》综合吸收了最高人民检察院和公安部两部规范性文件的规定，《山西省实施细则》则突破了上述规范性文件的规定进行了更大的扩充。其第 21 条规定：“食品药品监管部门在行政执法和查办案件过程中依法收集的物证、书证、视听资料、电子数据、检验检测报告、认定（鉴定）意见、询问调查笔录、检查笔录等证据材料，经公安机关、人民检察院审查，人民法院庭审质证确认，可以作为证据使用。”据此，在山西省地方实践中，不仅《工作办法》中规定的八种证据可以转换，而且增加了询问调查笔录这一言词证据的类型，几乎将所有的行政证据纳入可以转化的范围。

（三）行刑证据转化的审查问题

行政证据可以在刑事诉讼活动中作为刑事证据使用，并不是无条件的。在行政执法与刑事司法衔接机制，公安机关会先对食品药品监管部门移送的行政证据进行审查，只有经过审查符合法定条件的，才能作为证据使用。具体而言，对行政证据的审查主要从三个方面进行：首先，对行政证据进行形式上的合法性审查，重点审查行政机关对于实物证据的查扣收集是否符合法定行政程序，法律手续是否齐全完备，证据保全措施是否合法恰当。其次，合法性审查通过，也要对证据材料的真实性进行审查，确定证据是否被编辑、删减或者篡改，是否属于原件，或者符合复印件制作要求。如果这些审查未予通过的，应当要求行政机关依法予以补正或者作出合理解释后，再依法调取转化为刑事证据；不能补正或者作出合理解释的，对该行政实物证据予以排除，不予调取转化。[①] 最后，对行政证据的关联性进行审查，确定是否能够证明案件事实。在对行政证据进行审查过程中，需要注意两个问题：（1）公安机关对移交的行政执法证据的合法性审查，应严格依据行政法律、法规的规定。对此，《刑事诉讼解释》第65条明确规定，经法庭查证属实，且收集程序符合有关法律、行政法规规定的，可以作为定案的根据。（2）公安机关对行政证据关联性的审查方面，应当从宽把握。如果说证据的合法性、真实性的判断都有相对明确的标准可以依法操作，那么证据关联性的判断则带有较强的主观性。因此，为了提高证据转化的效率，同时避免某些证据因为个人主观认识不同而影响使用，对侦查活动产生影响，应当从宽理解证据的关联性。

---

① 田宏杰：《行政犯罪的归责程序及其证据转化》，载《北京大学学报（哲学社会科学版）》2014年第2期。

基于上述分析，笔者认为，为了提高行政执法向公安机关移送涉嫌犯罪案件时相关证据的转化效率，行政执法部门、公安机关应当对行政法规中有关证据的审查标准予以明确认识，从而提高证据审查的准确性、规范性。为此，根据《工作办法》中关于证据转化的有关规定，结合《最高人民法院关于行政诉讼证据若干问题的规定》等规范性文件的相关要求，对物证、书证、视听资料、电子数据、检验报告、鉴定意见、勘验笔录、检查笔录的合法性、客观性的审查做如下分析。当然，这些规则也同样适用于知识产权保护领域的证据转化问题。

第一，关于物证的审查与认定。（1）办案机关应当要求执法部门提供原物。提供原物确有困难的，可以提供与原物核对无误的复制件或者证明该物证的照片、录像等其他证据。（2）原物为数量较多的种类物的，提供其中的一部分。

第二，关于书证的审查与认定。（1）提供书证的原件，原本、正本和副本均属于书证的原件。提供原件确有困难的，可以提供与原件核对无误的复印件、照片、节录本。（2）提供由有关部门保管的书证原件的复制件、影印件或者抄录件的，应当注明出处，经该部门核对无异后加盖其印章。（3）提供报表、图纸、会计账册、专业技术资料、科技文献等书证的，应当附有说明材料。

第三，关于视听资料的审查与认定。（1）附有提取过程的说明，来源合法；制作过程中是否存在威胁、引诱当事人等违反法律、有关规定的情形。（2）提供有关资料的原始载体。提供原始载体确有困难的，可以提供复制件；复制份数；是复制件的，附有无法调取原件的原因、复制件制作过程和原件存放地点的说明，制作人、原视听资料持有人是否签名或者盖章。（3）注明制作人、持有人的身份，制作的时间、地点、条件和方法、证明对象等。（4）声音资料应当附有该声音内容的文字记录。

第四，关于电子数据的审查与认定。电子数据作为新的证据类型，行政证据审查规则尚无明确。不过，考虑到电子数据一旦被认定为刑事证据最终要接受人民法院的审查、质证，因此，在电子证据的行政证据审查标准明确之前，可以参考《刑事诉讼法解释》的相关规定。根据第93条的规定，对电子邮件、电子数据交换、网上聊天记录、博客、微博客、手机短信、电子签名、域名等电子数据，应当着重审查以下内容：（1）是否随原始存储介质移送；在原始存储介质无法封存、不便移动或者依法应当由有关部门保管、处理、返还时，提取、复制电子数据是否由二人以上进行，是否足以保证电子数据的完整性，有无提取、复制过程及原始存储介质存放地点的文字说明和签名。（2）收集程序、方式是否符合法律及有关技术规范；经勘验、检查、搜查等侦查活动收集的电子数据，是否附有笔录、清单，并经侦查人员、电子数据持有人、见证人签名；没有持有人签名的，是否注明原因；远程调取境外或者异地的电子数据的，是否注明相关情况；对电子数据的规格、类别、文件格式等注明是否清楚。（3）电子数据内容是否真实，有无删除、修改、增加等情形。

第五，关于鉴定意见的审查与认定。执法部门提供的在行政程序中采用的鉴定结论，应当载明：（1）委托人和委托鉴定的事项。（2）向鉴定部门提交的相关材料及其要求。如检材的来源、取得、保管、送检符合法律、有关规定，与相关提取笔录、扣押物品清单等记载的内容相符，检材充足、可靠。（3）鉴定的依据和使用的科学技术手段、鉴定部门和鉴定人鉴定资格的说明，并应有鉴定人的签名和鉴定部门的盖章。（4）通过分析获得的鉴定意见应当明确，且说明分析过程。（5）鉴定程序是否符合法律、有关规定。（6）鉴定的过程和方法是否符合相关专业的规范要求。（7）鉴定意见与勘验、检查笔录及相关照片等其他证据不矛盾。（8）鉴定意见依法及时告知相关人员，当事人对鉴定意见有无异议。检验报告的审查参考上述内容。

第六，关于勘验笔录、现场笔录的审查与认定。（1）执法部门提供的勘验笔录、现场笔录，应当注明时间、地点和事件等内容，如勘验、检查笔录是否记录了提起勘验、检查的事由，勘验、检查的时间、地点，在场人员、现场方位、周围环境等。（2）勘验、检查依法进行，并由执法人员和当事人签名，有其他人在现场的，可由其他人签名。如笔录的制作是否符合法律、有关规定，勘验、检查人员和见证人是否签名或者盖章；当事人拒绝签名或者不能签名的，应当注明原因。

二、移送涉嫌犯罪案件中食品危险性的证据问题

在食品药品安全与知识产权保护领域的犯罪案件中，危害食品安全犯罪的证据收集有其特定的要求，在实践中也极易引起争议，因此，有必要做专门论述。

危害食品安全犯罪的类型很多，涵盖了刑法分则第三章中的生产、销售不符合安全标准食品罪、生产、销售有毒、有害食品罪和生产、销售伪劣产品罪这样的典型犯罪类型，也包括了刑法分则第二章中的以危险方法危害公共安全罪和第三章的非法经营罪以及侵犯知识产权犯罪等诸多犯罪类型。在这些犯罪类型中，最常见、多发的依然是刑法第 143 条、第 144 条规定的生产、销售不符合安全标准食品罪和生产、销售有毒、有害食品罪两种犯罪，这也成为我们研究危害食品安全犯罪的重点类型。从司法实践来看，食品药品监管部门向公安机关移送的涉嫌危害食品安全犯罪的案件大多属于这两种类型。鉴于此，本节将围绕这两种犯罪的认定问题，探讨食品安全行刑衔接机制中影响涉嫌犯罪案件移送的突出问题。

（一）涉案食品危险性证明的法定性和必要性

如前文所述，移送涉嫌犯罪的案件要求必须符合有证据证明有犯罪事实发生，对于危害食品安全犯罪，如何理解“有犯罪事实发生”对行政执法部门顺利移送涉嫌犯罪的案件极其重要。从犯罪构成上来看，生产、销售不符合安全标准的食品罪的客观方面特征是生产、销售不符合食品安全标准的食品，足以造成严重食物中毒事故或者其他严重食源性疾病的行为；生产、销售有毒、有害食品罪的客观方面特征是在生产、销售的食品中掺入有毒、有害的非食品原料的，或者

销售明知掺有有毒、有害的非食品原料的食品的行为。由于食品药品监管部门对涉嫌犯罪事实的判断仅仅是客观判断，因此，要确定不法行为涉嫌生产、销售不符合安全标准的食品罪，需要有证据证明“生产、销售不符合食品安全标准的食品，足以造成严重食物中毒事故或者其他严重食源性疾病”；要确定不法行为涉嫌生产、销售有毒、有害食品罪，需要有证据证明“食品中掺入了有毒、有害的非食品原料”。如果说是否属于“生产、销售不符合食品安全标准的食品”可以根据《食品安全法》予以认定，那么“足以造成严重食物中毒事故或者其他严重食源性疾病”以及“有毒、有害的非食品原料”就成为食品药品监管部门移送涉嫌危害食品安全犯罪中必须证明的对象。由于这两者都属于涉嫌食品的危险性，因此，我们可以将这两种要素的证明统称为“危险性证明”。在笔者看来，食品药品监管部门要对涉嫌食品进行“危险性证明”，必须坚持合法性和必要性两个原则。

1. 关于涉案食品危险性证明的法定性

涉案食品危险性，属于两种危害食品安全犯罪的犯罪构成要素之一，对其的证明必须遵守刑法典明文规定，不能将其他内容作为证明对象。比如，在生产、销售不符合安全标准的食品罪中，要证明涉案食品具有危险性，只需要证明其“足以造成严重食物中毒事故或者其他严重食源性疾病”；在生产、销售有毒、有害食品罪中，要证明涉案食品具有危险性，只需要证明涉案食品中“掺入了有毒、有害的非食品原料”，不需要证明食品本身属于“有毒、有害食品”。这就是涉案食品危险性证明的法定性。然而，司法实践中对于这一问题的理解并非毫无争议，尤其是在生产、销售有毒、有害食品犯罪案件中。

案例一：浙江省台州市黄岩区人民法院经公开审理查明，张 ××、郑 ××明知食用猪油不能含有淋巴，仍先后从浙江省黄岩食品有限公司、浙江省诚远食品有限公司购入含有淋巴的花油、含有伤肉的膘肉碎及“肚下塌”等猪肉加工废弃物并用于炼制食用猪油。利用上述原料，张 ××、郑 ×× 在台州市黄岩区的家中炼制“食用油”360余桶，销售金额共计人民币10万余元。被告人张××的辩护人提出检测报告显示张××炼制的猪油合格，并非有毒、有害食品，因此，其行为不构成生产、销售有毒、有害食品罪。对于该辩护意见，司法机关未予采纳，仍然判决上述被告人犯罪成立。[①]

显然，在辩护方看来，由于涉案食品经过检测指出属于合格猪油，并非有毒、有害食品，公诉机关指控的不法行为不能被认定生产、销售有毒、有害食品罪。其内在逻辑是，要证明成立生产、销售有毒、有害食品罪，不仅要证明食品中掺入了有毒、有害的非食品原料，而且要证明涉案食品本身具有毒害性。那么，这种观点对刑法典第144条的理解是否符合罪刑法定原则呢？笔者认为，该主张错误地理解了涉案食品危险性的证明内容。涉案食品是否具有危险性，只能根据犯罪构成的法定要件来进行证明。在生产、销售有毒、有害食品罪中，表明行为具有危险性的构成要件只是涉案食品中掺入了有毒、有害的非食品原料，而不是涉案食品的毒害性。所以前者是犯罪成立的证明内容，而后者不是。其实，涉案食品是否具有毒害性与本罪并无关系；“有毒、有害食品”只是本罪罪名所使用的称谓，而不是犯罪构成要件的组成要素。从罪刑法定原则来说，不需要证明非构成要件要素的内容，故而律师的辩护意见是难以成立的。对此，浙江省台州市黄岩区人民法院也作出了详细的说明，认为本案不能完全依赖鉴定机构作出关于检测报告中各项指标合格的鉴定，应当结合技术标准和法学标准综合判断。即根据《浙江省高级人民法院、浙江省人民检察院、浙江省公安厅联合发布的〈关于办理危害食品、药品安全犯罪案件适用法律若干问题的会议纪要〉》，对于有确实、充分的证据证实行为人在食品中掺入了国家行业主管机关明令禁止使用

① 参见最高人民法院刑事审判第一、二、三、四、五庭主办：《刑事审判参考》（第99期），法律出版社2015年3月版，第9–14页。

的非食用物质的，对涉案食品不需要由鉴定机构出具鉴定意见。[①]

透过这一裁判理由可以发现，在食品药品监管部门移送涉嫌生产、销售有毒、有害食品犯罪案件中，只需要提供能够证明涉案食品中掺入的非食品原料具有毒害性即可，而不需要去证明涉案食品具有毒害性，至此就可以视为已经完成了“有证据证明有犯罪事实”这一主要内容。相应的，在移送涉嫌生产、销售不符合安全标准的食品罪的案件中，在提供涉案食品属于不符合安全标准的食品的基础上，同时还要提供其足以造成刑法规定的上述危险状态的证据，才算完成“有证据证明有犯罪事实”的证明义务。

2. 关于涉案食品危险性证明的必要性

食品药品监管部门在移送涉嫌犯罪案件时，对涉案食品危险性予以证明，不仅是基于罪刑法定原则的考量，而且也是准确认定犯罪事实的必然要求。如果不能或者没有提供涉案食品危险性的证据，那么就不能按照生产、销售不符合安全标准的食品罪或者生产、销售有毒、有害食品罪移送公安机关。

案例二：上海福喜、河北福喜均系食品生产经营企业。2013 年 3 月至 2014 年 7 月间，两家福喜生产、销售的部分食品因不符合 ××（上海）有限公司的工艺和原料要求，被退货或终止订单，造成相关产品大量积压。杨 ×× 等人为挽回经济损失，经商议决定并下达指令，沿用原处理方案，将上述产品重新加工包装后继续销售或作为原料进行生产，致使部分不合格产品流入市场。法院认定，杨 ××、贺 ××、陆 ××、杜 ×× 分别利用担任的相关职务，根据各自职责，指令上海福喜、河北福喜违反国家法律法规，在食品生产、销售过程中，以不合格产品冒充合格产品，实施了生产、销售伪劣产品的行为，其中，杨 ××、贺 ×× 销售金额 110 万余元，两被告单位及其余 9 名被告人销售金额 76 万元至 16

---

① 参见最高人民法院刑事审判第一、二、三、四、五庭主办：《刑事审判参考》（第 99 期），法律出版社 2015 年 3 月版，第 16 页。

万余元不等，其行为均已构成生产、销售伪劣产品罪，依法应予惩处。[①]

从该案件来看，司法机关没有将生产、经营不合格食品的行为定性为生产、销售不符合食品安全标准犯罪，而是生产、销售伪劣产品犯罪。其根本原因在于没有证据表明涉案食品足以造成严重食物中毒事故或者其他严重食源性疾病。可以说，不符合安全标准的食品是否具有危险性，即“足以造成严重食物中毒事故或者其他严重食源性疾病”，或者是否“掺入了有毒、有害的非食品原料”，直接关系到刑法第140条生产、销售伪劣产品罪和第143条、第144条三个条款之间的区别。如果涉案食品只是不符合食品安全法规定的食品安全标准，就只能认定为“伪劣产品”，货值金额或者销售金额达到法定标准时，可以按照刑法第140条论处。当然，如果能够证明涉案食品足以造成刑法规定的危险状态，或者“掺入了有毒、有害的非食品原料”，即便货值金额或者销售金额没有达到法定标准，也可以认定为刑法第143条或者第144条之犯罪。如果涉案食品同时具备了刑法规定的危险性和法定价值，就成立刑法第140条与第143条或者第140条与第144条之间的竟合。因此，食品药品监管部门向公安机关移送涉嫌犯罪案件时，是否能够移送证明涉案食品存在刑法规定的危险性的证据，对于犯罪事实的认定至为关键。一旦不移送这些方面的证据，就必须按照其他相关犯罪构成要件的要求，移送能够证明其他犯罪事实的证据。之所以强调这一点，是因为行政处罚与刑事处罚在证明对象上存在明显差异。以食品安全法第123条为例，其规定对于“生产经营营养成分不符合食品安全标准的专供婴幼儿和其他特定人群的主辅食品”，不构成犯罪的，由县级以上人民政府食品药品监督管理部门进行行政处罚。对此，食品药品监管部门只需要证明涉案食品的营养成分不符合食品安全标准就具备了作出处罚决定的客观条件。但是，要证明此类行为涉嫌犯罪，则不仅仅要

---

① 参见黄安琪、周琳：《福喜食品案一审宣判两公司被罚10人被判刑》，载《法制日报》2016年2月2日。

证明涉案食品的营养成分不符合食品安全标准，而且还要它足以造成严重食物中毒事故或者其他严重食源性疾病，否则只能按照伪劣产品处理。因此，食品药品监管部门在移送涉嫌犯罪案件时，不能仅从行政执法的角度上理解证明责任，也不宜认为在涉案食品金额与危险性之间完成一个事实证明即履行了证明义务，而应当着眼于涉嫌犯罪事实认定的客观性，全面收集关系到货值金额、销售金额以及危险性的证明，以为犯罪竞合的处理提供明确的证据支持。

（二）涉案食品危险性证据的证明规则

如前所述，危险性证明的实践困境是鉴定意见只能出具送检物质中是否含有有害细菌或者其他污染物以及具体数值，无法对是否“足以造成严重食物中毒事故或者其他严重食源性疾患”作出判定，原有规定的操作性不强；同时，“有毒、有害的非食品原料”也属于较为专业性的问题，这就有必要通过司法解释的形式予以明确、完善。[①] 亦如前文所提到的，《食品解释》通过设定刑法第 143 条和第 144 条规范性构成要素的司法认定规则，使食品药品监管部门向公安机关移送涉嫌犯罪案件时的“涉嫌犯罪事实”的证明内容就发生了改变，降低了案件证明难度。

1. 司法解释对危险性证明对象的改变

根据《食品解释》第 1 条明确了四大类常见不符合安全标准食品的司法认定问题，规定“生产、销售不符合食品安全标准的食品，具有下列情形之一的，应当认定为刑法第一百四十三条规定的‘足以造成严重食物中毒事故或者其他严重食源性疾病’：（一）含有严重超出标准限量的致病性微生物、农药残留、兽药残留、重金属、污染物质以及其他危害人体健康的物质的；（二）属于病死、死因不明或者检验检疫不合格的畜、禽、兽、水产动物及其肉类、肉类制品的；

① 参见陈国庆、韩耀元、吴峤滨：《〈关于办理危害食品安全刑事案件适用法律若干问题的解释〉理解与适用》，载《人民检察》2013 年第 13 期。

（三）属于国家为防控疾病等特殊需要明令禁止生产、销售的；（四）婴幼儿食品中生长发育所需营养成分严重不符合食品安全标准的；（五）其他足以造成严重食物中毒事故或者严重食源性疾病的情形”。第 8 条规定，“在食品加工、销售、运输、贮存等过程中，违反食品安全标准，超限量或者超范围滥用食品添加剂，足以造成严重食物中毒事故或者其他严重食源性疾病的，依照刑法第 143 条的规定以生产、销售不符合安全标准的食品罪定罪处罚。在食用农产品种植、养殖、销售、运输、贮存等过程中，违反食品安全标准，超限量或者超范围滥用添加剂、农药、兽药等，足以造成严重食物中毒事故或者其他严重食源性疾病的，适用前款的规定定罪处罚”。从上述规定来看，第 1 条明确了特定食品刑事危险性的判断标准，第 8 条则明确了超限量、超范围使用食品添加剂、滥用添加剂、农药、兽药的定性问题。相比之下，第 8 条既解释了生产、销售不符合安全标准食品犯罪中行为方式的多样性，也对滥用食品添加剂、限用农药等常见问题的定性作为界定。第 1 条则是从根本上改变了所涉及的特定食品的证明内容，对于含有致病性微生物、农药残留、兽药残留、重金属、污染物质以及其他危害人体健康的物质的食品，不需要判断该涉案食品是否足以造成严重食物中毒事故或者其他严重食源性疾病，只需要判断涉案食品中是否含有严重超出食品安全国家标准限量。同样，对于第二项、第三项、第四项所涉及的食品，也不需要在案件中具体判断是否足以造成严重食物中毒事故或者其他严重食源性疾病，只需确认存在符合这三项条件的事实即可。这样一来，刑法第 143 条所规定的危险性证明就被转化为是否符合该解释第 1 条四种情形的事实论证。当然，对于第 8 条来说，要证明生产者、销售者在生产、经营的食品中超限量、超范围滥用食品添加剂、添加剂、农药、兽药的行为涉嫌生产、销售不符合安全标准的食品犯罪，食品药品监管部门在移送案件时依然需要证明客观上涉案食品足以造成法定的危险状态，即提供证明危险性的证据。

刑法第 144 条生产、销售有毒、有害食品罪中涉案食品危险性的证明也遇到了同样的问题。食品解释第 9 条规定，在食用农产品种植、养殖、销售、运输、贮存等过程中，使用禁用农药、兽药等禁用物质或者其他有毒、有害物质的，在保健食品或者其他食品中非法添加国家禁用药物等有毒、有害物质的，依照刑法第 144 条的规定以生产、销售有毒、有害食品罪定罪处罚。第 20 条规定，"下列物质应当认定为'有毒、有害的非食品原料'：（一）法律、法规禁止在食品生产经营活动中添加、使用的物质；（二）国务院有关部门公布的《食品中可能违法添加的非食用物质名单》《保健食品中可能非法添加的物质名单》上的物质；（三）国务院有关部门公告禁止使用的农药、兽药以及其他有毒、有害物质；（四）其他危害人体健康的物质"。按照这一规定，食品药品监管部门在向公安机关移送涉嫌生产、销售有毒、有害食品犯罪案件时，如果涉案的非食品原料属于禁用农药、兽药等禁用物质，或者属于禁用药物以及其他法律、法规禁止在食品生产经营活动中添加、使用的物质等情形，就可以不用提交专门用来证明该非食品原料具有毒害性的证据。当然，无论符合上述规定的非食品原料客观上是否属于有毒、有害的非食品原料，都不需要办案部门进行实质判断。这是《食品解释》所确立的司法认定规则的应有之义。

2. 危险性证明的地方性探索及评析

以司法解释的形式改变刑法第 143 条、第 144 条的涉案食品的危险性证明对象，虽然看起来简单易行，但实践操作中却陷入依然难以执行的困境。尤其是该解释第 1 条第（一）项、第（四）项以及第 20 条所面临的问题最为突出。其问题主要表现：一是第 1 条第（一）项将办案机关立案追诉的标准从涉嫌食品的法定危险状态转变为食品中所含的特定物质"严重超出标准限量"，但何为"严重超出"缺乏明确标准，难以操作。第 1 条第（四）项中的"严重不符合食品安全标准"也存在同样的问题。笔者在调研中，对于这些问题，有的地方的食品药品监管部门在移送涉嫌生产、销售不符合安全标准的食品案件时，仍然还是从刑法第 143 条所规定的"足以造成"的危险状态的内涵上理解"严重超出标准限量”“严重不符合食品安全标准”的标准，从而使这两项规定被虚置起来。有的食品药品监管部门经过和公安机关、司法部门协商，只要超出食品安全标准限量，一律认定为“严重超出标准限量”，并据此将案件移送侦查起诉。二是第20条以列举的形式明确了“有毒、有害非食品原料”的认定标准，但是由于该标准中涉及的法律、法规禁止在食品生产经营活动中添加、使用的物质等客观上并无证据表明其具有毒害性，因此在适用中引起了司法混乱。[①]针对这些问题，为了加强危害食品安全犯罪的治理力度，全国许多地方以司法解释为基础进行了地方性探索，就刑法第143条、第144条中相关的危险性证明问题予以明确。当然，对于第20条的规定，大多数地方仍然予以重申其司法效力，而这些探索和尝试主要集中在第1条第（一）项、第8条这一较为普遍、多发的食品安全问题上。

（1）危险性证明的地方性探索之北京模式。北京市有关部门针对面食中违规添加“含铝泡打粉”案件多发且认定困难的突出问题，结合《食品解释》第8条的规定，专门明确了超限量、超范围滥用含铝食品添加剂问题的立案标准。北京市公安局根据北京市食品安全监控和风险评估中心提供的《关于包子样品中铝的残留量的评估意见》明确规定，“普通人对铝每周暂停耐受摄入量为每周每公斤体重2mg，参照2014年7月2日前硫酸铝钾作为食品添加剂允许在小麦及其制品中的残留量国家标准，考虑地区实际情况和刑事打击的必要性，经相关部门商定，以超过2017年7月1日之前国家标准和成年人每周耐受量的两倍作为入罪标准，即以铝的残留量超过200mg/kg作为入罪标准”。根据该规定，食品药品监管部门移送涉嫌此类生产、销售不符合安全标准的食品案件时，只需要证明面食中的铝的残留量超过200mg/kg即可，不需要单独证明面食中超限量、超范围滥用食品添加是否足以造成严重食物中毒事故或者其他严重食源性疾病。

---

① 参见赵秉志、张伟珂：《食品安全犯罪司法认定问题研究》，载《中南民族大学学报》2017年第2期。

（2）危险性证明的地方性探索之上海模式。上海市有关部门针对《食品解释》第1条第（一）项难以操作的问题，明确了该项所涉及的食品的入罪标准问题。根据《上海市高级人民法院、上海市人民检察院、上海市公安局、上海市司法局关于适用〈关于办理危害食品安全刑事案件适用法律若干问题的解释〉的若干意见》，判断是否属于食品解释第1条第（一）项中“严重超出标准限量”，应按照国家或者地方有关规定进行认定；国家或者地方没有规定的，一般理解为超出国家或者地方限量标准的一倍；没有具体限量标准的或者仅有定性指标的，应根据检验结果，经健康风险评估后认定。《食品解释》第1条第（一）项中“其他危害人体健康的物质”是指国家或者地方有限量标准且对人体健康的危害程度与本项规定中的“致病性微生物、农药残留、兽药残留、重金属、污染物质”相当的物质。对是否“相当”应经食品安全风险评估后认定。据此，对于食品药品监管部门根据司法解释第1条第（一）项移送涉嫌生产、销售不符合安全标准的食品犯罪时，只需要按照国家或者地方有关“严重超出标准限量”规定直接认定即可；如果国家或者地方没有规定这一标准，那么只需要提供证据证明涉案食品中的相关物质含量超出国家或者地方限量标准的一倍就可以了，不需要用其他鉴定意见证明其足以造成严重食物中毒事故或者其他严重食源性疾病。

（3）危险性证明的地方性探索之鹤壁模式。河南省鹤壁市也针对《食品解释》第1条第（一）项、第8条适用中的问题进行了针对性的探索。河南省鹤壁市《食品药品行政执法与刑事司法衔接工作细则（试行）》（以下简称“鹤壁实施细则”）第24条规定，属于《食品解释》第1条第（一）项中“严重超出标准限量的”，一般按照超出食品安全国家标准、地方标准的三倍以上为严重。没有具体限量标准的或者仅有定性指标的，根据检验结果，经县级食品药品监管部门组织鹤壁市食品安全委员会专家委员会相关专家对涉案食品进行评估后认定。《食品解释》第8条“超限量滥用食品添加剂，足以造成严重食物中毒事故或者其他严重食源性疾病的”，参照前述标准执行。按照这一规定，食品药品监管部门移送涉嫌生产、销售不符合安全标准的食品犯罪时只需要提供证据证明涉案食品中的相关物质含量超出国家标准、地方标准的三倍就可以证明不法行为涉嫌犯罪，从而提高了涉嫌犯罪案件标准的明确性。

上述不同地方对危害食品安全犯罪中个别类案所做的危险性认定，具有一定的合理性，因为在没有相应的国家标准、地方标准颁布之前，这些建立在专业分析基础上综合了法规范价值判断的刑事危险性判断标准，有助于提高案件裁判的统一性，避免行政执法部门、公安机关与司法机关因食品安全标准欠缺而影响犯罪治理，从而强化涉嫌犯罪案件的移送、侦办与起诉。当然，必须承认的是，这些地方性探索也是国家安全标准不健全情况下的无奈之举。本应对危险性进行实质判断以解决定罪量刑公平、公正的犯罪认定问题，最终在技术与规范的缺失中演化为一种地方性的实践，不仅导致区域间入罪标准的不统一，而且从长远来看也会侵蚀社会犯罪治理的公信力。因此，面对这些问题，有必要在法律的框架内寻求更为科学、合理的做法。

（三）涉案食品危险性证明的实现路径

从根本上说，《食品解释》第1条、第8条以及第20条中存在的难以操作的问题，源于解释者对食品安全标准的模糊性认识以及解决问题的急迫性压力，忽略了危害食品犯罪认定的特殊性。当然，司法解释也在其他条款中提供了一定的解决方式。其第21条规定，“足以造成严重食物中毒事故或者其他严重食源性疾病”“有毒、有害非食品原料”难以确定的，司法机关可以根据检验报告并结合专家意见等相关材料进行认定。必要时，人民法院可以依法通知有关专家出庭作出说明。据此，如果食品药品监管部门能够提出检验报告以及相应的专家意见等证据材料，证明涉案食品的危险性，那么仍然有可能获得公安司法机关的认可。这里司法机关“可以”认定的表述，一方面，表明了最高司法机关对“检验报告+专家意见”这种形式证明涉案食品具有法定危险性的效力；另一方面，这一处理思路也对公安机关审查食品药品监管部门移送涉嫌危害食品安全犯罪的证据材料具有一定的指导性。基于此，在办理危害食品安全案件中，食品药品监管部门要向公安机关证明移送的案件涉嫌犯罪，就必须提供能够证明涉案食品危险性的证据。在当前，除了《食品解释》第1条、第20条的明确规定，对于其他难以确定涉案食品危险性的情形，则可以通过“检验报告＋专家意见”的方式解决。从近期来看，应当在省、市一级建立食品安全风险评估专家委员会，对涉案食品的危险性出具专家意见，满足刑事证明的现实要求。

由于我国食品安全标准只是服务于行政监管的需要，因此，与犯罪治理中所需要的刑事危险性评估标准，还有很大差异。在国家层面构建完整的食品安全标准体系，整合食品安全行政监管标准与刑事治理标准之前，危害食品安全犯罪司法认定所需要的危险性证明只能进行地方探索。因为不符合食品安全标准的种类多样性，决定了难以通过司法解释的形式对每一种违规经营行为确定统一、规范的司法认定标准，只能由省、市一级按照最高司法机关认可的模式进行有效探索，解决涉案食品危险性的评估问题。这种模式就是设立食品安全风险评估专家委员会，为执法部门办理此类案件提供专业意见。对此，需要说明两点：（1）关于建立专家委员会的可行性问题。食品安全风险评估专家委员会的主要职责是由各个领域的专家运用专业知识对食品安全风险的专业性问题进行评估、判断，并出具专家意见。专家委员会独立于行政执法部门和刑事侦查、司法部门，但服务于行政违法行为与刑事犯罪行为的认定。当然，专家委员会的权威性是其现实可行的关键问题。对此，《食品解释》第21条关于“检验报告＋专家意见”的证明效力的规定，已经在规范层面赋予了专家意见的证明作用，可以用来证明涉案食品的危险性状况，故而能够有效避免专家意见陷入行政执法部门、刑事办案机关相互质疑的尴尬处境。当然，这也需要该专家委员会的专家在相关领域具有一定的权威性，且受到相关部门的一致认可，便于专家意见被执法办案部门采信。如《鹤壁实施细则》规定，“根据食品药品监管部门或者公安机关、人民检察院的委托，对尚未建立食品安全标准检验方法的，相关检验检测机构可以采用非食品安全标准等规定的检验项目和检验方法对涉案食品进行检验，检验结果可以作为定罪量刑的参考。通过上述办法仍不能得出明确结论的，根据公安机关、人民检察院的委托，市食品药品监管部门可以组织鹤壁市食品安全委员会专家委员会相关专家对涉案食品进行评估认定，该评估认定意见可作为定罪量刑的参考”。（2）关于建立专家委员会的层级。应该在哪个行政层级下建立专家委员会来应对危害食品安全犯罪的司法认定，直接关系到其运行的效率和权威性。在笔者看来，专家委员会宜设置在省级和市级层面，国家级和县级设置该委员会的意义不大。一方面，如果在国家层面建立专家委员会去确定危害食品安全犯罪的危险性问题，可以直接使其上升为国家食品安全标准。否则，在国家食品安全标准之外另行评估具体案件中危害食品安全犯罪的危险性，极其不必要；更何况，一旦建立该层级专家委员会，很大程度上会架空地方的专家委员会，导致大量案件积压在国家层面难以有效应对。如果由县级有关部门主导建立专家委员会，则面临难以有效选定专家的问题。所以国家级和县级设置专家委员会不大可行。另一方面，在省级、市级设置专家委员是合理的。这不仅是因为这两个级别相对较高，可以充分利用行政资源确定相关领域的专家，达到司法认定的专业要求，同时，省级、市级层面设置的专家委员会可以有效辐射所管辖的地市，满足区域范围内案件办理的需要。当然，省级与市级两级专家委员会进行专业鉴定的侧重性可以有所差异，区域范围内是否每个市级层面都设置专家委员会也可以根据地方情况斟酌处理。

近年来，随着国家加大对危害食品安全犯罪的治理力度，以及地方政府对食品安全的极大重视，都在不断地强化危害食品安全犯罪治理的模式。其中，建立有效的专家委员会机制应对危害食品安全犯罪司法认定的复杂性，成为诸多地方的探索的重点。在这一领域，上海市建立的药品和医疗器械不良反应监测中心食品药品安全专家库具有一定的示范意义。该监测中心是经上海市编制委员会批准成立的事业法人单位，是上海市食品药品监督管理局直属单位。其主要承担本市药品、化妆品、医疗器械不良反应的监测、安全风险评估及食品安全风险监测等职责。根据《上海实施细则》第33条的规定，对涉嫌“生产、销售不符合安全标准食品”、“生产、销售有毒、有害食品”、“生产、销售不符合保障人体健康的国家标准、行业标准医疗器械”犯罪案件等需要开展食品药品安全风险评估认定的涉嫌犯罪案件，各级食品药品监管部门、公安机关应当统一委托市不良反应监测中心负责受理风险评估认定。上海市不良反应监测中心应当组建由医学、药学、农业、食品、毒理、化学、微生物、营养学等方面的专家组成的食品药品安全专家库，从食品药品安全专家库中选取专家，对涉案食品药品是否足以对人体健康造成严重危害等进行风险评估认定。风险评估认定专家组应当由专家库中三名以上奇数的、具有中级或以上职称的专业技术人员组成，依照有关法律法规、技术标准和相关专业技术，对涉案物品来源、检验项目、检验方法、检测数据或者涉案物品特征进行科学分析后，出具风险评估认定意见。

后 记

本书由中国人民公安大学食品药品与环境犯罪研究中心的三位研究人员共同撰写。具体分工如下：

李春雷（中国人民公安大学教授，法学博士，食品药品与环境犯罪研究中心主任）

绪论，第二篇第四章，第三篇第九章。

陈　涛（北京警察学院侦查系副教授，法学博士；中国人民公安大学食品药品与环境犯罪研究中心副主任）

第一篇，第二篇第五章、第六章。

张伟珂（中国人民公安大学警体战训学院讲师，法学博士；食品药品与环境犯罪研究中心副主任）

第三篇第七章、第八章，第四篇。

各位作者在完成初稿以后，张学超、郝英兵、曾文远、张学永、李辉、邓雁玲等老师对稿件提出了诸多宝贵意见，陈鹏、孙海哲、宋文田、吴琳、孙益民、孙松鹤、张玉洁等硕士研究生进行了部分资料的搜集及数据整理、文字校对工作，特此一并致谢。书中不足之处，敬请批评指正。

编　者

2018 年 5 月